我国劳动者报酬份额变动趋势的研究

赵洪山 著

WOGUO LAODONGZHE BAOCHOU
FEN'E BIANDONG QUSHI DE YANJIU

浙江工商大学出版社
ZHEJIANG GONGSHANG UNIVERSITY PRESS

·杭州·

图书在版编目（CIP）数据

我国劳动者报酬份额变动趋势的研究 / 赵洪山著.
— 杭州：浙江工商大学出版社，2020.6
ISBN 978-7-5178-3907-1

Ⅰ.①我… Ⅱ.①赵… Ⅲ.①劳动报酬–研究–中国
Ⅳ.①F249.24

中国版本图书馆CIP数据核字（2020）第098560号

我国劳动者报酬份额变动趋势的研究

WOGUO LAODONGZHE BAOCHOU FEN'E BIANDONG QUSHI DE YANJIU

赵洪山 著

责任编辑	张婷婷	
封面设计	林朦朦	
责任印制	包建辉	
出版发行	浙江工商大学出版社	
	（杭州市教工路198号　邮政编码310012）	
	（E-mail：zjgsupress@163.com）	
	（网址：http://www.zjgsupress.com）	
	电话：0571-88904980，88831806（传真）	
排　　版	杭州红羽文化创意有限公司	
印　　刷	杭州宏雅印刷有限公司	
开　　本	710mm×1000mm　1/16	
印　　张	19.5	
字　　数	250千	
版 印 次	2020年6月第1版　2020年6月第1次印刷	
书　　号	ISBN 978-7-5178-3907-1	
定　　价	46.00元	

前言

　　合理的劳动者报酬份额是经济社会持续健康发展的重要条件。自20世纪90年代中期以来，我国的劳动者报酬份额发生了不利于劳动者的变动。劳动者报酬份额持续较低，对我国经济社会发展产生诸多不利影响：导致社会再生产难以顺利进行、总供给和总需求失衡、经济发展方式难以转变、社会不稳定，甚至还导致一部分人对我国改革的社会主义方向产生怀疑，等等。在此背景下，党的十七大报告提出"逐步提高居民收入在国民收入分配中的比重，提高劳动报酬在初次分配中的比重"；"十二五"规划建议提出"努力实现居民收入增长和经济发展同步，劳动者报酬增长和劳动生产率提高同步"；十八大报告提出在"实现发展成果由人民共享"的基础上，努力实现"两同步"和"两提高"；十八届三中全会又提出"着重保护劳动所得，努力实现劳动报酬增长和劳动生产率提高同步，提高劳动报酬在初次分配中的比重"；十九大报告强调"坚持在经济增长的同时实现居民收入同步增长、在劳动生产率提高的同时实

1

现劳动报酬同步提高"。劳动者报酬及其份额日益成为政府、学者和民众普遍关注的问题。

本书基于国内外学者对劳动者报酬份额的研究和一些经典理论，对我国改革开放以来劳动者报酬份额的变动进行了较深入研究，对美国、英国、日本和韩国的长期变动趋势和原因进行梳理和分析，并对我国劳动者报酬份额水平做出判断。在此基础上，结合我国国情，对影响我国劳动者报酬份额变动的因素进行了分析，并基于政府视角提出了保持合理劳动者报酬份额的对策建议。

本书结构如下：

第一章，导言。本章是总体概要，介绍了选题的背景与意义，详细归纳了国内外学者在该领域的研究成果，力求把握国内外学者目前在该领域的研究现状和跟踪的方向，明确了研究内容、研究思路、研究方法、研究结论和研究的创新点。

第二章，研究的理论基础。本章梳理了古典经济学、新古典经济学、马克思主义经济学以及凯恩斯经济学对劳动者报酬份额的研究，并对劳动者和劳动者报酬份额等一些基本概念进行了界定，确立自己研究的理论基础。

第三章，我国劳动者报酬份额变动趋势。本章介绍了计量劳动者报酬份额的数据来源、计量所涉及的方法、本研究所采取的计量方法，从收入法GDP中劳动者报酬、固定资产折旧、生产税和营业盈余，收入法GDP中第一、二和三产业劳动者报酬构成等，多角度对我国1978—2007年劳动者报酬份额数据变动趋势进行了描述，尤其是利用国际上的通用方法对我国劳动者报酬份额进行了调整，将其调整为雇员报酬份额，为同国外比较奠定了基础，最后还对我国劳动者报酬份额变动趋势的机理进行了分析。

第四章，劳动者报酬份额变动趋势比较分析。本章从多角度描述了美国1929—2010年雇员报酬份额变动情况，并对英国、日本和韩国雇员报酬份额运行趋势和原因进行了分析。比较后认为，我国劳动者报酬份额处于低水平稳定状态，尽管同日本和韩国差距较小，但同美国和英国相比差距甚大。

第五章，我国劳动者报酬份额较低的根源。市场经济发展初期资本稀缺，民营经济大发展对资本过度追求，产业结构变迁中的二产过高，劳动力无限供给以及劳资双方力量失衡导致的劳动者地位弱化，等等，都对劳动者报酬份额较低具有重要影响。

第六章，合理调整我国劳动者报酬份额的对策。本章首先对几个发达国家调整劳动者报酬份额的政府职能进行了梳理，再从推动政府有效转型，大力发展民营经济，产业结构高度化，形成规范的劳资双方行为主体促进劳资双方力量均衡等方面提出了对策。

第七章，我国劳动者报酬份额变动趋势的预测及结语。本章从劳动力供需出现有利于劳动者的趋向，劳动者维护自身权益意识的提高，政府具有保持合理劳动者报酬份额的外在压力和内在动力等，推断劳动者报酬份额在"十三五"及其以后时期会逐渐提升。最后，对研究结论和不足进行了总结。

研究创新点：

研究选题：尽管中央先后提出"两提高"和"两同步"，但总体成效并不明显，特别在提高劳动者报酬份额方面仍存在认识不一致、阻力较大等问题。该研究基于政府职能发挥视角提出政策建议，对保持合理的劳动者报酬份额有一定的意义。

研究方法：借鉴Solow（1958）提出的劳动份额产业结构分析方法，分析我国各产业劳动者报酬份额对总劳动者报酬份额的影响；借鉴国际上对雇员报酬份额或劳动者报酬份额的调整方法，对我国的劳动者报酬份额进行了调整，并对美国、英国、日本和韩国的劳动者报酬份额从多角度进行了纵向研究，为定位我国雇员报酬份额奠定了基础。

研究结论：一是认为我国市场经济发展过程中雇员报酬份额增加和劳动者报酬份额低水平稳定并行不悖；二是认为我国劳动者报酬份额长期的低水平相对稳定是多重因素综合作用的结果；三是认为劳动者报酬份额高低应同经济发展水平相适应；四是认为政府职能定位准确是劳动者报酬份额保持合理的关键。我国作为政府主导型的市场经济国家，劳动者报酬份额的不合理同政府介入过多有一定的关系。

目 录

第 一 章

导 言

| 第一节 | **研究背景和意义** |

人类经济发展史表明，劳动者报酬份额过高或过低都会给经济社会发展带来一定的负面效应，适度的劳动者报酬份额是经济长期持续稳定发展的必要条件。

就我国而言，劳动者报酬份额是高是低，有很多争议，但主流观点认为，劳动者报酬份额从20世纪90年代中期开始下降，目前仍处于比较低的水平。[①]这样的变动趋势对我国经济社会发展产生诸多不利影响：

一是导致社会再生产难以顺利进行。根据马克思主义经济学原理，生

[①]卓勇良：《关于劳动所得比重下降和资本所得比重上升的研究》，《浙江社会科学》2007年第3期。罗长远、张军：《劳动收入占比下降的经济学解释》，《管理世界》2009年第5期。白重恩、钱震杰：《谁在挤占居民的收入——中国国民收入分配格局分析》，《中国社会科学》2009年第5期。白重恩、钱震杰：《国民收入的要素分配：统计数据背后的故事》，《经济研究》2009年第3期。白重恩、钱震杰：《我国资本收入份额影响因素及变化原因分析——基于省际面板数据的研究》，《清华大学学报》(哲学社会科学版)2009年第4期。李稻葵、何梦杰、刘霖林：《我国现阶段初次分配中劳动收入下降分析》，《经济理论与经济管理》2010年第2期。张车伟、张士斌：《中国初次收入分配格局的变动与问题——以劳动报酬占GDP份额为视角》，《中国人口科学》2010年第5期。张车伟、程杰：《正确认识我国劳动报酬份额问题》，《中国人党政干部论坛》2013年第4期。谢攀、李文溥、刘榆：《谈判地位、价格加成与劳资博弈——我国劳动报酬份额下降的微观机制分析》，《中国高校社会科学》2013年第7期。陆雪琴：《中国劳动收入份额下降之谜：市场力量和制度成因》，浙江大学2016年博士论文。

产、分配、交换和消费是社会再生产过程内在统一的四个环节，每一环节出现问题都会影响社会再生产过程的顺利进行。劳动者报酬份额过低是分配领域，更准确地说是初次分配领域出现了问题，劳动者没有获得应该得到的劳动报酬，这一定会影响到生产、交换和消费的顺利实现。

二是导致总供给和总需求的失衡，进而导致过于依赖出口，贸易争端增多。这一视角主要源于西方宏观经济学。我国劳动者报酬份额偏低的一个重要原因是劳动者报酬偏低。劳动者报酬偏低，国内总需求始终小于总供给，总需求和总供给失衡。为了缓解这种失衡，生产的产品必须在国外寻求市场，致使许多中国制造品出口到国外，对国外生产同类商品的企业和劳动者带来不利影响，从而引起了大量的国际贸易摩擦。

三是导致我国经济发展方式难以转变。党的十七大报告提出加快经济发展方式的"三个转变"，而无论是由主要依靠投资、出口拉动向依靠消费、投资、出口协调拉动转变，还是由主要依靠第二产业带动向依靠第一、第二、第三产业协同带动转变，还是由主要依靠增加物质资源消耗向主要依靠科技进步、劳动者素质提高、管理创新转变。只要劳动者报酬不能保持适当的份额，这三个转变都难以从根本上来实现。十八届五中全会提出，实现"十三五"时期发展目标，破解发展难题，厚植发展优势，必须牢固树立并切实贯彻创新、协调、绿色、开放、共享的发展理念。十九大提出，必须坚定不移贯彻创新、协调、绿色、开放、共享的发展理念。这"五大发展理念"的牢固树立并切实贯彻，也离不开合理的劳动者报酬份额。

四是导致社会难以和谐稳定。劳动者报酬份额主要属于要素收入，是基于功能型的收入分配，收入差距过大主要基于个体或家庭收入，属于规模型的分配。尽管二者所考虑的问题不同，但一般而言存在一定的关联性，劳动者报酬份额过低通常会导致居民收入差距过大，甚至出现两极分化。因为，一般居民生活来源主要依靠其劳动报酬，在就业情况不变的情况下，劳动者报酬份额的偏低意味着其劳动报酬的偏低，这会直接影响到其生活水平，甚至影响到社会的稳定与和谐。根据周晓光和王美艳（2015）的研究，进入21世纪以来，中国的劳动争议案件数大幅增加，劳资冲突引发的群体性事件频繁发生。2005年大连日资企业工人罢工事件、2008年重庆出租车司机罢运事件、2010年广东南海本田公司工人罢工事件、2014年东莞裕元鞋厂罢工事件等，都引起了全社会的广泛关注。在所研究的279个群体性事件中，30.5%是工资或福利待遇引起的，另有21.9%是拖欠工资引起的。①这些事件既影响了罢工企业的正常生产，也影响到了社会的正常秩序和稳定。

五是使人们对我国改革的社会主义方向产生怀疑。党的十四大明确了我国经济体制改革的目标是建立社会主义市场经济体制。劳动者报酬份额持续下降，长期处于低水平，并且看不到扭转的迹象，这同人们所渴望的共同富裕有很大的差距。这种状况的长期存在，会使民众对改革的社会主义方向产生怀疑，等等。所以，十七大报告提出"合理的收入分配制度是社会公平的重要体现……逐步提高居民收入在国民收入分配中的比重，提高劳动报酬在初次分配中的比重"。"十二五"规划更是明确提出了"努力实现居民收入增长和经济发展同步、劳动报酬增长和劳动生产率提高同步"。十八大报告提出在"实现发展成果由人民共享"的基础上，努力实现"两同步"和"两提高"。十八届三中全会又提出"着重保护劳动所得，努力实现劳动报酬增长和劳动生产率提高同步，提高劳动报酬在初次分配中的比重"。十九大报告提出"必须始终把人民利益摆在至高无上的地位，

---

① 周晓光、王美艳：《中国劳资冲突的现状、特征与解决措施——基于279个群体性事件的分析》，《学术研究》2015年第4期。

让改革发展成果更多更公平惠及全体人民，朝着实现全体人民共同富裕不断迈进""坚持在经济增长的同时实现居民收入同步增长、在劳动生产率提高的同时实现劳动报酬同步提高"。

进入21世纪以来，对我国劳动者报酬份额的研究逐渐升温，特别是十七大以后，对劳动者报酬份额的研究逐渐成为一个热点，学者们从多角度对此进行了研究，研究的主要目的是使劳动者报酬份额达到同经济社会发展阶段相适应的水平，并且为政府提供一定的政策建议。这些研究成果一方面丰富了笔者的视野，另一方面也对笔者的研究构成了较大的压力。尽管如此，笔者觉得对我国劳动者报酬份额的研究仍需深入，主要基于以下考虑：一是研究者使用的基本概念不尽统一。例如，对于劳动者报酬的界定、劳动者报酬份额的界定等[①]。二是研究的时期较短。有的研究用了十多年的数据，有的甚至利用几年的数据，对较短时期的劳动者报酬份额变动进行研究，很难看清晰其发展脉络，也很难得出令人信服的结论。三是多数研究并没有采用国际上的通用标准。研究时，只是根据统计年鉴中的数据，并没有考虑到国际上对数据是怎样处理的，有些甚至连我国在某些年份统计口径的变化也没有考虑到。四是对发达国家劳动者报酬份额的研究不足。尤其是在进行比较研究时，只是借助于已有研究成果，并不辨别其研究的真伪，有时忽略了各国经济社会的发展阶段。五是得出的研究结论大相径庭。例如，劳动份额在经济社会发展过程中是否稳定？劳动份额在所处发展阶段是否适度？如何计量劳动份额？等等。由于以上问题的存在，研究结论差异较大，不利于明辨是非。为此，笔者将研究的起点定为从改革开放开始之时，有时甚至追溯到更早的历史时期，力求使研究更加符合发展的历程；按照国际上通用的标准对劳动者报酬份额进行重新调

---

①崔鹏：《提高"劳动所得"势在必行》，《人民日报》2009年12月3日。

整，并收集、计量和分析发达国家在我国相似发展阶段的劳动者报酬份额，最后进行比较分析；研究时，对国内外学者关于劳动者报酬份额变动的研究进行了详细深入的综述，并将中国国情融入其中；在一定假设条件下，对我国劳动者报酬份额变动趋势做了一定的预测；为使劳动者报酬额朝着合理的方向运行，探索了政府所应采取的对策；等等。

通过此研究，能够对我国劳动者报酬份额变动趋势有一个更清晰、更完备和更准确的认识，使得我国劳动者报酬份额同国外可比较，并进而断定究竟处于一个什么样的水平；总结分析我国过去、现在的劳动者报酬份额状况及其影响因素，并预测"十三五"及其以后劳动者报酬份额的变动趋势；针对我国政府主导型的市场经济，政府进行宏观调控有更为广阔的空间，基于政府视角提出了一定的政策措施，以使我国的劳动者报酬份额逐渐趋于合理。

第二节　　**国内外研究综述**

　　20纪80年代以来，发达国家劳动者报酬份额数据表明，劳动者报酬份额正在出现从升到降的转变。由于此转变的发生，以前所认为的劳动者报酬份额长期不变或相对稳定的观点逐渐受到质疑，学者们对劳动者报酬份额的研究逐渐趋热。本文对劳动份额研究的综述主要始于此。

一、国外学者对劳动者报酬份额的研究

（一）劳动者报酬份额是否稳定

　　进入20世纪80年代，发达国家特别是欧洲大陆国家的劳动收入占比由升转降（Blanchard，1997；Harrison，2002；Guscina，2006），使其再次成为人们研究的热点问题。多年以来，工资在国民收入中的比重都被视为经济学的核心变量之一，不少经济学家把工资比重看作一个分析常量，例如，Bowley's law（劳动收入份额是稳定的）。安东尼·阿泰金森指出，尼古拉斯·卡尔多（1957）观察到，"在英国和美国这类发达资本主义经济里，工作和利润在国民收入中的比重自19世纪后半叶起表现出卓越的恒定性"，后来被称为"典型化实施"。在劳动收入份额稳定性观点确立的过程

中，一些学者就对此产生过质疑。例如，Kuznets（1955）认为，在资本短缺和非熟练劳动力剩余的增长阶段，资本份额上升，在与熟练劳动力相联系的资本短缺减少的增长阶段，劳动份额稳定，然后上升。Solow（1958）认为，像许多奇迹一样，这一奇迹（工资份额的稳定性）可能也是一种错觉。因为，人们并不明白"国民收入中的工资份额是相对稳定的"和"在历史上几乎不变"的确切意思，有关文献并没有给出确切的定义。美国1929—1954年（甚至更长时期）的工资份额一直不是相对稳定的，在产业中和产业间劳动份额更是不稳定："二战"后，美国制造业劳动份额有所上升，而农业部门恰好相反。当一个经济学家说工资份额一直是相对稳定的，在某种意义上指的是比起人们的正常预期，实际变动趋于不变。他多次强调：正是Douglas生产函数的特性使稳定的收入分配理论得以形成。Blanchard（1996，1997）证明了一些OECD成员国劳动收入份额的变动，发现自20世纪80年代早期开始，欧洲大陆国家的资本份额一直不断增加，而在盎格鲁—撒克逊国家并没有任何明显变化。Krämer（1996）认为，工资份额界定和计算的巨大差别，使数据的可信性受到很大质疑，这也是在Keynes和Kalecki时代，人们对劳动份额稳定性怀疑的原因。Poterba（1997）的研究认为，美国的劳动份额正在趋于下降。

进入21世纪以来，关于劳动收入份额变动的研究快速增加，大多数研究都认为，劳动收入份额是变动的，并且在近三十年来基本上是下降的（Bentolila，Saint Paul，2003；Bernanke，2007；Blanchard，2006；Carter，2007；Guscina，2006；Orellana et al，2005；De Serres et al，2002；Young，2006；Hagen Krämer，2010；一些重要的经济机构，如IMF，2007；等等）。Bentolila和Saint Paul（2003）认为，在完全竞争市场下，劳动份额和资本产出率之间存在一一对应的关系，这种关系受进口材料价格和资本扩张型技术进步的影响，在垄断竞争条件下，劳动边际产品和真实工资之间存在差异，这种差异来自于劳动调整成本和工会工资议价能力的不同。他们探讨了OECD国家驱动劳动份额变动的因素，惊奇地发现在这些国家中劳动收入份额变动差异很大：英国的经历接近于"增长的标准化事实"，但围绕稳定水平有一个较大的波动；美国沿着温和的曲线下降，在20世纪80年代基本上平坦；而日本的经历相反，先是明显上升，1975年后才有明显下降；欧洲大陆国家是典型的驼峰型，先上升后下降，但实际上各个国家的经历是不同的，德国和法国在20世纪80年代早期达到了顶峰，而意大利和西班牙则是在20世纪70年代中期达到顶峰。Hagen Krämer（2010）认为，关于劳动收入份额稳定性的历史研究结论并不能成为收入分配的一般规律。从理论上看，Bowley's law（劳动收入份额是稳定的）建立在相当不稳定的经验基础上，这些研究并不能形成收入分配的一般规律；从实践上看，最近几十年的运行已经证明，劳动收入份额长期波动相当明显，目前的收入分配理论应当形成一种现代方法，该方法不应再基于像Bowley's law这样的无效假定之上。

尽管如此，劳动者报酬份额稳定仍然是当今的主流观点。Mankiw（2007）在其第六版的《宏观经济学》中认为，Paul Douglas注意到，长期以来，中国居民收入在劳资间的分配一直是大致稳定的……最近的美国数据也同Cobb-Douglas生产函数所表明的相一致……尽管在过去的四十年中，经济中发生了许多变化，但收入分配仍然能够容易地用Cobb-Douglas生产函数来解释。哈佛大学经济学家Martin Feldstein（2008）认为，"现在国民收入中归于雇员的份额大致同20世纪70年代的水平相同"，"两种主要的计量错误导致一些分析得出的结论为：劳动收入的提高一直赶不上劳动生产率的增长"，第一种错误是把注意力集中于工资而不是总报酬。由于附加福利和其他非现钞支付增加，工资没有总报酬提高得那样快。把生产率增长和总报酬相比较，而不是同狭隘的只是度量工资和薪水的增加相比较就显得重要。就经济总体而言，在总报酬中，工资和薪水支付占比从1970年的89.4%下降到2006年的80.9%。第二种错误是使用不同的价格平减指数来测度生产率和实际报酬。自1970年以来，使用同样的非农业经营部门产出价格指数，生产率以年均1.9%的速度在增长，而每小时的实际报酬以年均1.7%的速度增长。①

Hernando Zuleta（2008）认为，劳动和资本份额是稳定的，资本份额的稳定性在于土地份额的降低被物质资本份额的提高所弥补，劳动份额的稳定性在于原初劳动份额的降低被人力资本份额的提高所弥补。

（二）影响劳动者报酬份额的因素

尽管功能性收入分配在一定时期也曾饱受过被边缘化的倾向，但功能性收入分配一直是经济学长期研究的主题之一。众多学者从不同角度对影响劳动者报酬份额的因素进行了研究，这些因素主要包括对劳动者报酬份额的测度方法、技术变动、全球化、要素投入及其相对价格、经济结构、市场环境和政府所采取的政策等等。有些因素会独立地对劳动者报酬份额产生影响，但更多情况下是各因素通过相互作用对劳动者报酬份额产生影响。

1. 计量方法不同推导出的劳动者报酬份额不同

劳动者报酬份额实质是劳动者报酬同国民收入的比值，其大小取决于劳动者报酬和国民收入的测算。学者们在这方面进行了探讨，试图说明劳动者报酬份额的真实性。这方面的研究主要集中于劳动者报酬份额所包含的范围变化和调整方法等，得出的一般结论是：调整后的劳动者报酬份额

---

① Martin Feldistein. Did Wages Reflect Growth in Productivity? National Bureau of Economic Research Working Paper，2008.

比调整前有所提高。Kravis（1959）认为，在探讨诸如劳动者报酬变化是否是由就业从自雇者转移到企业引起的这类问题时，把雇主收入分为资本收入和劳动收入是必要的，并且应以一个固定比率来进行分配，他接受Johnson（1948）的计算方法，把企业家收入中的65%视为劳动者报酬，35%视为资本性收入。Johnson（1954）将企业家收入和农民收入中的2/3归为劳动收入，1/3归为资本收入。Young（1994）首先构建基于雇员年龄、性别、教育和所从事职业的每小时收入，然后使用这些数据来估计雇员收入，以及劳动收入不甚清晰的雇主、自雇者和不需要支付劳动报酬的家庭工人的劳动收入数据，推算的准则是按照年龄、性别、教育水平和从事职业相同的劳动者拥有同样的劳动收入。Gollin（2002）认为，一些国家横截面数据普遍同收入份额不变相矛盾是由于对劳动份额的计量方法不同引起的，通过对计量的劳动者报酬数据进行调整后，劳动者报酬份额不变仍然成立。在传统的计量过程中，只使用雇员报酬作为国民收入的一部分，而忽视了自雇者和企业主的劳动收入。为此，他提出了三种调整方法：一是把自雇者的所有经营盈余都作为劳动收入，二是自雇者的劳动和资本份额同他们在大企业和政府部门工作的劳动和资本份额相同，三是自雇者与雇员有相同的劳动报酬。对于那些需要对自雇者劳动收入进行调整的国家而言，这三种调整方法都会高估国民收入中的劳动份额。通过对新加坡、韩国和中国香港的数据进行调整，跨国间的劳动份额具有更大的一致性。他还指出，不考虑自雇者收入的要素份额评价有严重的缺陷，在贫穷国家更是如此。

法国经济学家托马斯·皮凯蒂（2013）认为，国民收入是资本收入和劳动收入之和。①他用资本主义第一基本定律来分析资本在国民收入中的比重。该定律说明了资本收益率、资本收入比以及国民收入中资本所占份额这三者之间的关系。具体公式如下：

$$\alpha = r \times \beta$$

其中α是资本所得在国民收入中的份额，表示当年的国民收入中，通过资本投资获得的收益份额；r是资本收益率，用来衡量一年内资本以任何法律形式（利润、分红、利息和租金等）带来的收益，以占投入资本价值的百分比来表示；β是资本/收入比，是指某时点的资本存量与当年国民收入的比值。在这里，α由两个变量来决定：资本收益率和资本/收入比。

皮凯蒂的资本收益率是综合考虑了各种资产类型之后的平均收益率，而不是某一种资产的收益率。资本收益率就是资本的边际生产率，即增加一个单位的资本所带来的产出，但在具体的实践中，资本和劳动这两种生产要素会产生替代。一方面，资本越多，其边际生产率就会降低；另一方面，如果资本能够较容易地替代劳动，其规模就会更快地扩大。如果资本

---

① 托马斯·皮凯蒂的"资本"均不包括经济学家们经常提及的"人力资本"。他认为，现代社会中的人力资本既不能被其他人所有，也不能在市场上进行交易。而资本是能够划分所有权，可在市场中交换的非居民人力资产的总和，不仅包括所有形式的不动产（含居民住宅），还包括公司和政府机构所使用的金融资本和专业资本（厂房、基础设施、机器和专利等）。这里使用的"资本"与"财富"可以相互替换。皮凯蒂认为，国民财富和国民资本都是指本国居民和政府在某个时点上能够被交易的所有财富的市场价值，等于全社会金融资产和非金融资产价值之和减去金融负债价值。但诺贝尔经济学奖获得者罗伯特·索洛对此有不同看法。他认为，财富是用所有的总资产减去总债务得出的结果，在英语中也经常被称为资本。但资本在经济学中是一种生产要素，是生产过程中的一个基本投入，例如厂房、机器、计算机等，这与财富有所不同。有一些资产具有价值，是财富的一部分，但不能生产任何东西，比如艺术品。此外，股票是财富的一部分，其价值会随金融市场波动，导致财富收入比大幅波动，而股票背后代表的公司生产性资本的价值波动相对较小。具体参见何帆：《21世纪资本论导读本》，中信出版社2015年版，第252—253页。

和劳动的替代弹性大于1，资本规模增加的速度更快，资本收益率下降的速度相对缓慢，结果是资本占国民收入的份额就会增加。根据皮凯蒂的研究，资本和劳动之间的替代弹性大于1，介于1.3—1.6之间，所以资本/收入比不断提高，资本收益率仍然能够保持在相对稳定的水平上，最终，资本所得占国民收入的份额也会越来越高。皮凯蒂认为，两种生产要素之间的替代弹性超过1有两点原因：一是资本有多种用途，为了避免某种投在特定用途上的资本的边际生产率的递减，资本会转向其他用途，进而减缓了资本的边际生产率，技术进步不断产生新的投资需求，新的投资有更高的回报率，也会抑制资本边际生产率的递减；二是近年来资本的流动性增强以及各国为争取外资而进行的激烈竞争，显著提高了资本的议价能力，也在很大程度上阻碍了资本收益率的递减。[①]

由于资本主义第一定律只是说明资本收益率、资本收入比以及国民收入中资本所占份额三者之间的关系，但这三个变量究竟是怎样决定的并没有明确。为此，托马斯·皮凯蒂又引入了资本主义第二定律：

$$\beta = s/g$$

通过资本主义第二定律，我们可以得出：更高的储蓄率和更低的增长率会带来更高的资本收入比。

托马斯·皮凯蒂将劳动收入份额界定为：1－资本收入份额。他通过对历史数据最完整的两个国家英国和法国的研究发现，在18世纪末和整个19世纪，英国法国的劳动收入比重大体上都是65%—60%，20世纪中期上升到75%—80%，随后20世纪末到21世纪再度下降到70%—75%。

[①]萨默斯对此提出不同观点，他认为，皮凯蒂在计算时忽略了资本折旧，因此混淆了资本总收益率和净收益率。萨默斯从净值分析了资本和劳动的替代弹性是0.6，皮凯蒂高估了资本收益率，但从皮凯蒂的历史数据来看，资本收益率的变动趋势又非常稳定，也难以区分两者的对错。具体参见何帆：《21世纪资本论导读本》，中信出版社2015年版，第259—260页。

2. 技术进步对劳动者报酬份额的影响

（1）技术快速创新使得资本更新加快，对劳动者报酬份额具有负效应

Shiller（2000）认为，历史经验表明，信息技术的快速创新使生产率快速提高，资本商品（包括与IT相关的）很快就变成陈旧资本，不能同其他生产因素进行适宜的结合，这些资本类同于Solow（1962）的Putty-clay资本①。Hornstein，Krusell和Violante（2002，2003）对此研究进行了深化，认为以IT为基础的资本商品使用的不断增加，有益于资本份额的增加。如果不同时期安装的资本商品具有不同的技术水平，创新速率的加快将增强对劳动力市场的扰动。如果劳动力市场存在搜寻摩擦，快速的创新速率和putty-clay资本的退化能够提高利润份额。因为，同现存的资本相比，快速的创新速率使新资本更易被吸引到企业，为同putty-clay资本相适应，就业要更频繁变动，企业和工人间的匹配率降低，工人更容易失去工作和经历一个较长的失业期，这就内在地提高了企业的议价力，于是企业可获取来自于搜寻摩擦的大部分租金。在企业自身面临较少竞争压力的情况下，这种效果更强。Luci Ellis和Kathryn Smith（2007）认为，最近几年（实际上始于20世纪80年代中期）发达国家的利润一直在较快增加，利润份额也在增加。通过对以前影响利润份额上升的主要因素控制后②，得出利润份额的上升趋势仍较明显。他们认为，持续的技术进步和创新提高了对陈旧资本的替代速率，引起资本和劳动者的更快变动，企业能够获取市场摩

---

①Putty-clay相对于putty-putty，是物质资本的一个显著特征。汪丁丁曾形象地解释为，当一台机床还处于图纸设计阶段时，它承载的资本具有可塑性，像橡胶般可塑（Putty）；当一台机床被生产出来之后，它承载的资本不再具有任何可塑性，像瓷器般不可塑（clay）。一旦该种物质资本被生产出来加以使用，凝固在现有物质资本中的生产技术就不易改变，仅能同相应的生产要素结合，在使用期间不能对要素价格的相对变化做出反应。

②这些主要因素包括：商业周期、劳动市场管制解除和中国等新兴市场经济体进入全球贸易体中来等。

擦所创造的大部分经济剩余。这种提高本质上是对经济租金的再分配，但绝对不是最优选择。劳动力市场制度刚性越大，这一效应越强。对利润份额跨国模式的研究也表明，利润份额量和产品市场管制程度之间存在着正向关系，建议通过竞争和创新来压低过高的利润。Petri（2009）通过区分隐藏在行业劳动份额变化背后的两个微观机理：一般工厂劳动份额的变化和微观结构变化，把劳动份额变动、生产率提高和工资增长联系起来；由于行业生产率和工资增长一起决定了劳动份额的变化，行业生产率和工资增长的微观机理类同于劳动份额变动的机理。

（2）资本密集型的技术进步导致劳动者报酬份额下降

Guscina（2006）使用18个OECD成员国在1960—2000年的面板数据，认为资本密集型技术进步趋向于提高利润（从1985年后），降低劳动份额。在讨论技术进步对收入中劳动份额的影响时，他认为，一方面应肯定技术进步的积极效应：技术进步直接提高了人均收入，因而使经济中的每个人都能受益；一个国家专业化生产其具有比较优势的商品和劳务，生产率增长得以提高，生活水准也得以提高等。另一方面，也应看到技术进步促进了国民收入中劳动份额的下降：如果技术是劳动扩张型的（20世纪60年代和70年代），劳动投入的促进效果是提高实际工资，因而提高了国民收入中归于劳动的份额（假定劳动和资本间的替代弹性的绝对值小于1）；相反，以信息技术革命为导向的资本扩张型的技术进步提高了资本回报及其份额。但在所考察的阶段，回归分析表明技术进步一直是资本扩张型的，对劳动份额的总体效应是使其下降。以此为基础，他认为，OECD成员国国民收入在劳资间的分配是对资本扩张型技术进步的调整，过去几十年中劳动份额的变动是一种均衡，并不是一个单纯的周期现象。

（3）要素节约型的创新对劳动者报酬份额的影响

Zeira（1998）和Zuleta（2006）提出了基于创新的经济增长模型。在这些模型中，要素稀缺产生了投资于要素节约的创新激励。人们在投资时，会减少对稀缺要素的需求，提高对相对丰富资源要素的使用。如果要素价格由要素的边际生产率决定，那么劳动节约型的创新将减少工人的收入份额，提高资本收入份额。

3. 全球化对劳动者报酬份额的影响

全球化作为同劳动份额变动相伴的一个重要因素，通过国际贸易、劳动力供给、资本流动等几个重要渠道对劳动份额产生影响。

（1）国际贸易对劳动者报酬份额的影响

国际贸易是经济全球化的一个重要特征。多数研究认为，国际贸易总体上对劳动者报酬份额具有负效应。

一是国际贸易对发达国家的劳动者报酬份额具有负效应，对发展中国家的劳动者报酬份额具有正效应。

全球化有助于贸易的增强和不同国家的专业化，对发达国家的劳动者报酬份额产生负效应，对发展中国家的劳动者报酬份额具有正效应。据Heckscher-Ohlin模型，贸易使一国专业化生产其具有比较优势的产品，一国出口其要素相对充裕的产品，进口其要素相对稀缺的产品，趋向于使各国间的要素回报均等化。就发达国家来看，贸易的结果将降低对本国劳动的需求，从而使劳动者报酬份额下降；就发展中国家而言，贸易的结果将增加对本国劳动的需求，从而使劳动者报酬份额增加。Heckscher-Ohlin-Samuelson（HOS）模型进一步认为，在自由贸易条件下，同质的生产要素在各国的相对报酬和绝对报酬都将相等。21世纪初发展起来的新新贸易理论进一步认为，出口企业相对于本土企业效率较高，贸易发展使出口企业更易于生存。在发达国家中，出口企业是资本密集型企业，这就使劳动需求由于出口企业的发展而下降，从而导致本国的劳动者报酬份额下降。Guscina（2006）使用18个OECD成员国在1960—2000年的面板数据，认为同发展中国家日益增加的贸易对工业化国家的劳动者份额有负面影响，回归检验这一结果比较稳健，这一结论也同Heckscher-Ohlin模型的预测结果相一致。

贸易开放使得资本丰富国家的劳动者报酬份额下降，但这一结果并不能对所有OECD国家的经历进行有效解释（有些国家劳动者报酬份额变动不大）。Decreusey和Maarekz（2011）使用8个OECD国家在1970—2005的数据，对标准的HOS模型解释OECD国家劳动者报酬份额变动提出了质疑，使用具有工资刚性的Davis（1998）模型，发现在工资相对刚性的国家，全球化引导要素流向资本密集型和劳动者报酬份额低的部门，提高了劳资间的总替代弹性，同发展中国家的贸易开放使这些国家的劳动者报酬份额降低，而在工资市场决定的国家，全球化不会改变跨部门的要素分配，在总增加值中的部门权重没有改变，总劳动者报酬份额保持不变。关于劳动者报酬份额的古典观点强调了劳资间替代，劳动者报酬份额变动产生于资本深化和技术变化。实际上，自Blanchard（1997）以来，许多研究者就背离了完全竞争范式。例如，Checchi和Garcia-Penalosa（2007）认为，在封闭经济中，失业津贴、最低工资或工会议价能力提高了劳动者报酬份额，而在开放情况下，贸易对劳动者报酬份额的影响大小取决于该国是否具有工资刚性的特征。

二是国际贸易对所有国家的劳动者报酬份额具有负效应。

Ortega和Rodriguez（2002）以及Harrison（2002）等持不同观点，认为国际贸易对所有国家的劳动者报酬份额具有负效应。Harrison（2002）研究了100多个国家（不但有富裕国家，而且包括贫穷国家）的面板数据，分析了这些国家在1960—1997年劳动者报酬份额的变动趋向，使用实际贸易量对GDP比率来度量贸易的程度，认为这种对称（发展中国家劳动者报酬份额增加和发达国家劳动者报酬份额下降）不会持续，在所有国家中，贸易增强和劳动者报酬份额具有负相关，并以贸易开放对劳工的议价能力有负向效应来进行论证。

可以看出，Heckscher-Ohlin模型假定的一个条件是资本和劳动（甚至技术）在国际的不可流动（在每个国家都是固定的），国际贸易充当了对要素流动的替代，所以，劳动者报酬份额变动主要是由于生产率的提高，而贸易的影响较小。而在后全球化时代，古典贸易理论的这一基础解体，资本和劳动等要素的跨国流动越来越频繁，并成为后全球化时代的一个主要特征，甚至工厂为了寻求较低的生产成本（低税收、低工资和补贴等）也可在不同国家流动，要素流动同比较优势一起来决定贸易方式，国际贸易对劳动者报酬份额变动的影响逐渐增强，同生产率一起成为影响劳动者报酬份额变动的主要因素，这使得贸易开放对工业化国家劳动者报酬份额的负向效应更强。

此外，一些学者对国际贸易影响劳动者报酬份额的研究深化到中间产品贸易，最后认为中间产品贸易降低了劳动者报酬份额。Grossman和Rossi-Hansberg（2006）认为，来自于中间产品贸易的劳动生产率提升效果可能比最终产品贸易要大。因为，除了竞争对生产部门的影响外，中间产品贸易也降低了使用中间产品部门的生产成本。Florence Jaumotte和Irina Tytell（2007）认为，跨国贸易和资本流动障碍的缩减，以及交通和通信技术进步，使得企业更容易将其产品部件移动到成本较低的外国生产——离岸外包或境外生产。外包不仅转移了发达国家的低技能产品，而且使发展中国家能够从事相对复杂的产品加工，从而更有利于本国相对稀缺的要素（资本或高技能工人），劳动者报酬份额仍然下降。

三是劳动者报酬份额的变动同贸易模式紧密相关。

Krugman（2008）研究了同国际贸易模式演进相伴的劳动者报酬份额变动，将最近30年贸易模式演进划分为三个阶段。在20世纪70年代，发展中国家主要出口原材料，而发达国家出口工业制成品，国际贸易对发达国家的劳动者报酬份额具有负效应，而对发展中国家具有正效应。在20世纪80年代，来自发展中国家工业制成品的份额占总出口的比重提高，国际专业化主要由人力资本的相对禀赋，即技术工人来决定，劳动者报酬份额的变动依赖于技术密集型和非技术密集型产品相对价格的变化。在20世纪90年代后期，国际贸易模式发生了重要的转型：来自于发展中国家的出口量提高得很快，新兴国家同发达国家间的工资差距逐渐扩大。

（2）劳动力全球化对劳动者报酬份额的影响

一是劳动力全球化影响了劳资双方的议价能力。Phelps（2006）认为，全球劳动力的供给增加，使得参与到经济活动中的劳动力没有对等的资本存量，致使劳动力工资低。Luci Ellis 和 Kathryn Smith（2007）认为，几个重要的发展中国家融入全球经济中，全球低技能劳动力大量供给，减少了发达经济体劳动的回报，并且这一过程至少要持续到全球资本存量调整到新的均衡水平。如果劳动价格的相对下降不能充分抵消对劳动的替代，生产要素的替代弹性小于1，归于劳动的要素收入份额将下降，这同以前的研究结论大致相同（Andersen，Klau 和 Yndgaard（1999））。Jaumotte 和 Tytell（2007）使用18个发达国家1982—2002年的数据，借助计量模型，按照贸易价格、境外生产和外来移民，对技术进步和劳动市场政策变动加以控制，分析劳动份额和劳动力全球化的关系，结果为劳动力全球化对发达国家劳动份额具有负效应，对发展中国家的劳动份额具有正效应。发展中国家出口的是劳动密集型商品，即主要是非技能劳动力所生产的商品。20世纪80年代初以来，发达经济体的劳动份额一直下降，并且劳动份额下降比雇员劳动报酬份额下降的程度更大，反映为总劳动力中其他类型工人（自雇者、雇主和家庭工人）的劳动份额缩减更大。Palley（2009）也认为，中国、印度和苏联融入世界经济中来，特别是劳动力的大量供给，对工资收入产生更大的向下压力。中国大量的劳动力及其流动，吸引跨国公司的资本和技术流入中国，导致全球产品低价格供给，中国特定的经济政策又强化了这一激励：鼓励出口和外资流入，通过低估汇率、工资抑制和不公平的贸易政策（如补贴）等。巨大的劳动力供给拉低了发达国家的工资，也抑制了发展中国家工资的上升。

二是劳动力和产品市场政策的变化对劳动份额变动的影响。Blanchard（1998）认为，失业津贴在中长期会导致劳动份额下降。在劳资间替代弹性比较高的情况下，失业津贴替代率的增加提高了工人的保留工资，在短期导致劳动份额的上升，但随着就业的向下调整，劳动份额可能下降到最初的水平。Bassanini 和 Duval（2006）、Annett（2006）强调了税收楔子的降低、失业救济的削减和产品市场管制解除等因素，认为这些因素有助于就业增长，但 Cabellero 和 Hammour（1998）、Giammarioli 等（2002）认为，对产品市场的管制导致市场灵活性的缺乏，企业能够获取部分可利用的租金，有利于利润份额的增加。

三是针对劳动力全球化对劳动份额影响采取的政策建议。Florence Jau-motte 和 Irina Tytell（2007）认为，发达国家的政策制定者应从三个维度进行政策调整：一是改善劳动力市场运行。逐步缩减税金，使工人能够获取更多的工资总额，确保失业救济替代率不会对寻找就业产生阻碍；增强经济的灵活性，使工人能够自由地从衰退部门向扩张部门流动。二是改善受教育和培训的机会。工人的技能应跟得上快速的技术变化和持续的创新，能够同来自发展中国家的技术工人在国际市场上进行竞争；应增加教育和培训的支出，特别应注意支出效率，评价和培训目标应最大化其效率。三是在调整期对工人进行足够的社会保护。为他们提供适当的收入支持来缓冲（而不是阻碍）调整过程，使卫生保健对长期就业依赖较少，提高福利的可携带性，增强劳动力流动；对从衰退部门转移出来的年龄稍大和教育水平较低，以及他们的技术专用于衰退部门的工人，应使他们的成本最小化。

(3) 资本流动对劳动者报酬份额的影响

资本流动增强对劳动者报酬份额总体上具有负向效应。

一是资本流动增强使劳动者议价能力降低。Rodrik（1997）认为，在劳资议价博弈下，资本流动增强使资本存在转移到国外生产的威胁，从而增强其在议价中的地位，利润对工资的比率会逐步提高。但应明确的是，由于在其模型中要素价格比率的变化对就业产生的影响并没有被考虑进去，所以，关于资本流动对劳动份额的影响也存在不清晰之处。Harrison（2002）构建了一个劳资间剩余租金的博弈模型，认为不管厂商和工人谁拥有较强的议价优势，他们都会就剩余租金进行议价，同资本相比，工人再配置的成本较大，归于劳动的剩余租金随着企业迁移到国外而下降，资本控制有助于劳动份额的增加。Blanchard（2002）认为，国家内或国家间竞争的增强使租金减少，金融资本的到处流动，物质资本的重新迁徙，使原先的一些传统观点不再适用，通过市场进行再分配的范围进一步缩小，设法占用租金可能导致企业移动到新兴市场。Jayadev（2007）认为，在控制了其他因素后，资本流动对劳动份额有直接的负向效应（低收入国家样本除外）[①]，并且这一负效应会持续到中期，其原因在于开放改变了劳资间的议价能力，日益增加的资本流动提高了资本租金，这一发现为资本流动削弱了劳动者的议价能力从而导致劳动份额下降提供了有力支持，这一现象主要集中于发达国家。资本流动加快对流动性相对较弱的劳动带来了一定的压力，因而减少了劳动份额。此外，他还认为议价效应同所研究的

----

①随着收入水平的提高，资本账户开放对发达国家的劳动份额具有强的负效应，对中等收入国家的劳动份额一般也具有负效应，但在贫穷国家，实证分析并没有提供足够证据来说明议价力能够解释劳动份额下降。

特定经济有关，由于发达国家的跨国企业具有迁移到国外的优势，以及对发展中国家的工资（已经接近维持生计水平）挤压空间比发达国家更低，发达国家的议价效应比发展中国家更强。Palley（2009）认为，在新经济中，随着工厂迁移到成本较低的区域，资本流动决定了贸易方式，而不是比较优势决定贸易方式。

二是FDI（外商直接投资）对劳动者报酬份额的影响。Harrison（2002）认为，FDI使得发达国家的劳动份额下降。Decreuse Bruno 和 Maarek Paul（2008）以劳动力市场存在摩擦为前提，构建了一个当地和外商企业并存的两部门静态模型，外商企业比当地企业更具有生产能力[①]，但面临着更高的进入成本（金融开放程度和进入的机会成本），得出了FDI对劳动份额具有双重效应：市场力和技术进步产生的负效应，不同企业日益增加的劳动力市场竞争产生的正效应，并发现制造业部门的劳动份额同FDI与GDP的比值呈U-shaped关系，但大多数国家陷入了曲线的下降部分。随着金融开放，不管劳动份额是增加还是下降，平均工资都在提高，工人福利得以改善。FDI的负效应随FDI存量对GDP比率而下降，FDI对劳动份额的最大影响产生于金融开放的早期阶段。一些学者还从地理经济的角度探讨了FDI对劳动份额的影响。John Dunning（1988）认为，特定的区位优势有助于解释FDI的性质和方向。确定特定的区位优势产生于同特定位置相联系的资源和要素禀赋的使用。生产劳动密集型商品的企业可能投资于劳动力资源丰富的国家，而生产资本密集型的商品可能投资于资本丰富的国家。这意味着FDI使那些使用丰富要素的部门扩张，作为结果，提高资源丰富要素的总产出弹性和收入份额。FDI使东道国中要素相对充裕的部门进一

[①]外商企业能从发达技术中获益，外资所有者进入高生产率的部门，外资所有企业较易获取资本等。

步扩张，因此，FDI应当能够提高该充裕要素的产出弹性和收入份额。对于发达国家，FDI意味着劳动收入份额的下降。基于企业异质性的新新贸易理论认为FDI企业效率较高，倾向于多使用资本和技术，少使用劳动，从而导致劳动收入份额下降。

三是资本账户自由化对政府支出形成约束，使劳动者报酬份额下降。Garrett和Mitchell（2000）认为，资本账户开放迫使政府遵从市场经济规律，因而缩小了政府的作用。Harrison（2002）进一步发现，不论是对于穷国或者是富国，日益增加的政府支出有助于劳动份额的增加，资本账户开放使政府在经济中的支出程度受到约束，劳动份额会下降。

（4）全球化对劳动者报酬份额影响研究述评

西方学者从多角度研究了全球化对劳动者报酬份额的影响，可以得出如下结论：一是众多研究都是基于跨国研究，多则达到上百个国家。[1]二是所研究的对象大多为发达经济体，集中于对美国、欧盟等。三是全球化过程中劳动同资本相比处于弱势。充足的劳动力供给、资本的跨境流动、技术创新速度加快和境外生产等使劳动者的议价能力降低，都是有力的证据。四是20世纪80年代以来的全球化是劳动者报酬份额降低的重要原因。

跨国研究能够从总体上认识全球化下的劳动者报酬份额，但跨国研究存在一定问题：在跨国研究中，有大量的因素影响劳动者报酬份额，每一因素在跨国研究中所起的作用相对较小，即维度效应困扰着跨国研究方法。此外，跨国回归分析会受到没有被考虑的变量参数异质性影响，数据特质的差别使得很难进行跨国企业层面劳动者报酬份额的可靠比较，所以对单个国家进行细致分析就显得尤为必要。由于发达经济体同发展中国家

---

[1]Slaughter，Matthew J.International Trade and Labor-Demand Elasticities.Journal of International Economics，2001，Vol.54 (June)，pp.27-56.

比较起来，经济社会发展比较成型，基础材料比较完备，该方面的研究学者实力较强，所以，关于全球化对发达国家劳动者报酬份额影响的研究较多，而对新兴市场经济国家，特别是发展中国家的研究相对不足。劳动力全球供给的增加和劳动节约型技术进步的运用，对全球化过程中的劳动者报酬份额总体具有负向效应，如果没有政府政策的适当干预，这一趋势可能还会持续下去。

应辩证看待全球化对劳动者报酬份额的影响。全球化下，劳动者报酬份额下降是不争的事实，但应看到：尽管总劳动者报酬份额在下降，但实际劳动报酬在所有发达经济体中一直在稳定增加，并且在20世纪90年代后随着经济增长在加速。这一趋势反映了就业增长和每个工人实际劳动报酬的增加。事实上，如果贸易增加和生产率提高引起的经济收入（总蛋糕的规模）的积极效应大于这一收入分配到劳动者份额中的负面效应，发达经济体中的工人仍然能够更富有。要素流动使得同等质量的生产要素获取的净收益等同于净成本，劳动力的全球化使得新兴市场国家的工资逐渐趋同于发达经济体，从而为新兴市场国家的工人带来巨大的收益。来自于制造业部门的一些数据也实证了新兴市场国家的实际工资（用购买力平价修正的）在快速趋同于发达经济体，特别是亚洲发展较早国家和地区（中国香港、韩国、新加坡和中国台湾）的真实工资相对较高，而其他的亚洲国家和地区（中国内地等）趋同的步伐较慢。

应全面看待全球化对劳动者报酬份额影响的研究。从成效来看：研究得出全球化对劳动者报酬份额影响的总体结论，并从多角度进行了分析，这些研究对于深刻理解全球化对劳动者报酬份额的影响提供了一定的理论支撑和方法指导。总体结论为：20世纪80年代以来的全球化是劳动者报酬份额降低的重要原因，定性了全球化对劳动者报酬份额的影响。从研究视角来看：从国际贸易、劳动力全球供给、资本流动和技术进步等角度来研究，开拓了研究的视野，为综合研究提供了基础。具体来说：就国际贸易而言，研究在逐步深化。研究从基于完全竞争范式的 Heckscher-Ohlin 模型、Heckscher-Ohlin-Samuelson（HOS）模型，到对完全竞争范式的质疑，引入工资刚性、企业异质性、失业津贴、最低工资和议价力等来对劳动者报酬份额变动加以阐释；从最终产品贸易对劳动者报酬份额的影响，深入到中间产品贸易对劳动者报酬份额的影响等，针对全球化对发展中国家劳动者报酬份额影响方向的不一致，也给出了一定的解释。就劳动力全球供给而言，研究认为劳动力全球供给的增加对发展中国家的劳动者报酬份额具有负效应，并对发展中国家劳动者报酬份额影响方向的不一致给出了合理解释，认为这些不一致是由于研究时所选取的参照系的不同。如单纯从劳动力流动到发达国家，以及利用供需原理来分析，从发展中国家流入到发达国家的劳动力，以及发展中国家的现有劳动力的实际工资都会增加，劳动者报酬份额也会增加；如单纯从中国释放出大量的劳动力来分析，这些劳动力在流动到发达国家的同时，也会更多地流动到国内的就业队伍中，这可能既降低发达国家的劳动者报酬份额，又降低中国的劳动者报酬份额。在此基础上，一些研究者还从劳动力市场政策角度探讨了对劳动者报酬份额的影响，并提出了一些政策措施，这些对劳动者报酬份额保持在合理的范围具有重要的作用。就资本流动而言，得出了比较一致的结论：资本流动对劳动者报酬份额具有负效应，并深化到劳动者议价能力削弱这一层面，总体上能对客观现实进行合理解释。所研究的 FDI 对劳动者报酬份额的影响比较辩证：既考虑到市场力和技术进步产生的负效应，又考虑到不同企业日益增加的劳动力市场竞争产生的正效应，这对我们分析问题都具有较好的启示意义。就技术进步而言，能够站在新经济下来研究技术进步对劳动者报酬份额的影响，将技术的快速创新、资本更新加快和劳动力就业经常处于扰动作为一个系统来进行分析，并将劳动节约型技术考虑进去，来说明技术进步对劳动者报酬份额的负效应，反映该领域的最新成果。从不足来看：由于可利用材料的有限性和可利用分析工具的选择问题，全球化对劳动者报酬份额影响的综合研究不够，将国际贸易、劳动力全球化、资本流动和技术进步等影响因素纳入到一个整体框架来分析劳动者报酬份额的研究有待增强。

应将发达国家的研究成果结合实际运用于我国，解释和揭示我国劳动者报酬份额的变动。按照经典贸易理论，贸易增加有利于发展中国家的劳动者。我国经过多年的对外开放，利用的外资总量不断增大，外贸依存度也处于较高的位置，但我国的劳动者报酬份额却从20世纪90年代中期开始趋于下降①，这主要源于市场化过程中劳动力的大量供给，但更为重要的一个事实是：我国的地方政府将低劳动力成本和低劳动保护作为招揽投资者的一个重要手段，使资本谈判能力上升。从理论上看，外资的大量流入在一定程度上会缓解资本的稀缺性，使劳动者更具谈判能力，从而能提高劳动者报酬份额，但由于我国地方政府偏向资本，特别是偏向外资，再加上外资通过"用脚投票"的方式在不同省份间转移，而劳动力却因户籍制度等因素的约束存在流动的障碍等，外资流入对劳动者报酬份额的正效应被抵消，劳动者报酬份额下降。

4. 不完全竞争对劳动者报酬份额的影响

标准的新古典理论框架表明，妨碍市场竞争的劳动力市场制度都会导致效率降低（Botero et al.，2004；Caballero et al.，2004），并利用俘获理论加以解释。Bentollia 和 Saint-Paul（2003）把劳动份额变动和竞争工资的偏

---

① 张车伟等（2010）在白重恩等（2009）、李稻葵等（2009）和罗长远等（2009）等研究的基础上，运用国际通用的核算方法对我国的劳动份额进行了调整，发现1978—2007年中国劳动份额显示了相对稳定性，其最高值为1995年的45.69%。详见：张车伟、张士斌：《中国初次收入分配格局的变动与问题：以劳动报酬占GDP份额为视角》，《中国人口科学》2010年第5期，第34—35页。

离联系在一起，这种竞争工资取决于集体谈判。Giammarrioli 等（2002）通过劳动力市场制度变更，解释了欧洲劳动力市场从 20 世纪 80 年代以来的变动。Berthold 等（2002）分析了法国和德国日益减少的劳动份额和日益增加的失业率之间的关系，并把这些关系归结为劳动力市场制度，认为这一制度允许劳动力分配一些本属于资本的租金，劳动力市场制度外生于经济的底层结构，并且这一制度对市场失效不能提供任何补救方法，也对经济环境变化不会产生相应的变化。一些学者（Grossman，2004；Helpman，2005；Acemoglu，Antràs，Helpman，2005）将组织理论和聚集现象联系起来，从生产能力、监控技术和缔约环境对决策和外商直接投资的影响方面进行了探讨。Benjamin Bental 和 Dominique Demougin（2009）从道德风险和投资不可逆性两种摩擦，来说明劳动力市场制度对劳动者议价能力的影响：一方面，道德风险强迫雇主把租金的一部分给予雇员，以激励他们努力工作；另一方面，投资不可逆性使得雇主在雇员收益份额增加的情况下减少投资。劳动者的议价能力决定了两种摩擦的相对重要性：当劳动者有较高的议价能力时，道德风险问题减少，但投资增加问题产生；当资本拥有高的议价能力时，道德风险增加，而投资增加问题缓解。最适宜的情况就是计划者通过议价能力的变动来平衡道德风险和投资不可逆性，并通过考察改善了的监控条件对劳动份额、劳动者努力程度和投资的影响，来解释 OECD 国家在过去二十多年中的劳动份额下降。

Tali Kristal（2010）认为，国民收入"蛋糕"在劳资间的分配是一种零和冲突，国民收入劳动份额变动趋向的大部分原因可归结为工人阶级组织力量在经济（工会化和罢工活动）和政治层面（政府的民生支出）上的体现、工人阶级的构成力量和工人阶级联合的程度等。他还通过描述从 1960—2005 年 16 个工业化民主国家国民收入的劳动份额，揭示了两个长期的趋向："二战"后劳动份额的提升和 20 世纪 80 年代早期开始下降，认为工人阶级的议价能力揭示了劳动份额的动态变化。

二、国内学者对劳动者报酬份额的研究[①]

（一）要素投入和技术进步对劳动者报酬份额的影响

1. 要素投入对劳动者报酬份额的影响

劳动和资本间的替代或互补关系对劳动者报酬份额的影响是研究者关注的主要问题，但不同学者对资本和劳动之间究竟是互补关系，还是替代关系存在不同的观点。

有的研究认为资本和劳动之间是互补关系。罗长远等（2009）利用中国各省份1987—2004年数据，发现资本产出比同劳动者报酬份额显著正相关。他们认为，在劳动力供给富于弹性的情况下，资本的不断积累促使劳均资本拥有量和劳动的边际产出提高，如果各要素按照边际产出获得报酬，劳动者的收入将随着资本的积累不断提高，资本与劳动之间替代弹性的绝对值为0.94，资本与劳动之间是互补关系。其他的一些学者通过实证研究也得出劳动和资本之间是互补的观点，但在对劳动者报酬份额影响的方向上观点不同。白重恩等（2009）利用1997—2003年省际面板数据，以发达国家的研究结论为基础，假设要素替代弹性小于1，劳动者报酬份额具有反周期性[②]，论证了我国劳动者报酬份额近十年来的不断下降。

另一些研究认为，资本和劳动之间是替代关系。白重恩等（2009）利

[①]相关内容发表于《宁夏大学学报》（人文社科版）2011年第33卷第5期，标题为《我国学者对劳动收入份额决定因素的研究综述》。

[②]劳动者报酬份额具有反周期性：繁荣时期劳动者报酬份额低，萧条时期劳动者报酬份额高。

用中国工业企业1998—2005年的面板数据，发现工业部门要素的替代弹性为1，如果强制性增加工资和其他劳动力成本，势必会导致资本对劳动的替代，从而对劳动力的需求减少，总劳动收入不会增加。如果从更长的时期来看，企业为减少成本，会选择资本更加密集型的生产技术，最终会降低劳动者报酬份额。在此基础上，他们认为，在过去十年中，政府对劳动力市场的过度干预很可能造成对劳动总收入不利的影响。而李稻葵等（2009）利用2000—2004年的中国企业调查数据，发现资本对劳动的比值与劳动者报酬份额呈现负相关，资本与劳动之间存在较强的替代关系。

应当指出的是，上述实证分析都是利用新古典经济模型，但由于各研究者利用的数据和研究的对象不同，最后得出的结果也不尽相同。此外，一些学者认为，由于中国处于转型期，运用新古典经济模型来解释中国经济的运行并不能令人信服，利用凯恩斯模型来解释中国经济的运行更为合理。

2. 技术进步对劳动者报酬份额的影响

我国学者借助西方已形成的研究成果，尤其是利用全要素生产率（TFP）、单位劳动时间GDP或信息通信产业资本存量份额来表示技术进步，从多角度研究了技术进步对劳动者报酬份额的影响，并取得了一定的研究成果，总体上认为技术进步对劳动者报酬份额具有负向效应。

黄先海等（2009）利用1989—2006年的数据，用工资收入代替劳动收入，通过引入希克斯要素偏向型的技术进步[①]，将劳动者报酬份额的变动分解为乘数效应、资本深化效应及劳动（或资本）节约型技术进步效应。研究的结论为，在多数年份，劳动密集型部门和资本密集型部门都发生了

[①] 当资本和劳动比为不变值时，YK/YL增大，每一个工人生产函数的向上移动所表示的技术进步为劳动节约型技术进步。

劳动节约型技术进步，劳动节约型技术进步对劳动者报酬份额的增长起负向作用，劳动节约型技术进步对劳动者报酬份额的影响大于资本积累对劳动者报酬份额的影响，并提出要稳定劳动者报酬份额必须更多关注资本节约型技术进步的作用。最终总结为：技术进步对要素收入比重变动有重要的影响，尤其是劳动节约型技术进步对劳动者报酬份额的作用更为直接。

宋冬林等（2010）利用1978—2007年的时间序列数据，进一步将不同类型的技术进步（中性、非中性和资本体现式）细分，发现不同类型技术进步都呈现技能偏向特征，其中资本体现式技术进步与技能需求和技能溢价①的互补关系更强，随着体现先进技术的设备投资高速增长，技能偏向型技术进步会获得快速发展，我国现阶段技术进步具有物化型和技能偏向型的双重特性。

此外，一些学者进一步研究了劳动异质性对劳动者报酬份额的影响。王永进等（2010）运用1993—2004年中国31个省区市的数据，构建了一个包含有技能劳动、非技能劳动和物质资本的三要素模型，认为技能偏向型技术进步通过增加对技能劳动者的需求来提高劳动者报酬份额，但物质资本收益的提高和对非技能劳动者需求的减少，会降低劳动者报酬份额。如果资本与技能劳动者之间是互补关系，技能劳动者供给与劳动者收入占比之间呈现的是"U"形关系，技能偏向型技术进步就可以对劳动者报酬份额的下降做出解释。

不过，罗长远等（2009）使用单位从业人员的产出水平表示技术进步，认为由于工资增速远落后于劳动生产率，技术进步或者劳动生产率的改善并没有显著提升劳动者报酬份额，就整个经济体而言，劳动生产率相对于工资的较快增长是一个不争的事实。此外，白重恩等（2009）利用中

---

①由于不同人力资本所有者技能和劳动生产率的差异，形成劳动报酬的非均等化。

国工业企业的面板数据，也发现技术因素①对工业要素分配份额影响很小，政府对劳动力市场的过度干预是更有效的解释变量。

(二) 经济全球化对劳动者报酬份额的影响

经济全球化对劳动者报酬份额的影响因素主要有：对外贸易、外商直接投资占 GDP 比重等。

1. 对外贸易对劳动者报酬份额的影响

根据经典的贸易理论（Stolper-Samuelson 定理），我国在劳动密集型产品上具有比较优势，劳动密集型产品出口的增加会使劳动者收入增加，但现实却是劳动者报酬份额的下降。姜磊等（2008）利用中国省级 1996—2006 年数据，研究了对外贸易对劳动者报酬份额的影响，认为我国对外出口的就业效应大于劳动生产率效应，对外出口对劳动者报酬份额具有正效应；对外进口的就业效应小于劳动生产率效应，对外进口对劳动者报酬份额则具有负效应，但对外贸易对劳动者报酬份额的总效应为正。罗长远等（2009）认为，出口对于劳动者报酬份额的影响为正，但并不显著，外资在中国出口中所占比重大幅上升到 50% 以上和中国出口结构向资本相对密集的产品转移是这一结果的主要原因，说明要利用 Stolper-Samuelson 解释劳动者报酬份额变动，还要考虑到其他的影响因素。还有一些学者认为，出口贸易的增加将使国内高生产率的企业迅速扩张，因而出口贸易将使劳动者报酬份额下降。周明海等（2010）发现我国出口贸易对劳动者报酬份额效应为负，出口产品复杂度的上升和出口企业效率的提高可能是其重要原因，并利用企业异质性贸易理论来加以论证。就实证来看，由于学者们研究的视角不同，研究的结论也不尽一致，所以，国际贸易对劳动者报酬

---

① 代表技术变化的资本-产出比和代表行业技术差异的行业因素。

份额影响的方向并不明确。

2. FDI对劳动者报酬份额的影响

FDI对劳动者报酬份额的影响总体比较明确：方向为负。研究主要集中于FDI的中国特性和FDI通过影响工资和劳动生产率来决定劳动者报酬份额。

罗长远等（2009）认为，FDI不利于劳动者报酬份额的提高，而劳动者报酬份额的提高反过来也不利于吸引外资。在我国财政分权的体制下，地方政府为了促进本地更快的发展和更多的财政分成，在招商引资上纷纷展开了竞争，这在某种程度上强化了资本的谈判地位，劳动者在同资本的议价中处于不利地位。主要来源于邻近国家和地区的外资，其主要目的就是利用中国廉价的劳动力和优惠的政策，也使得劳动者报酬份额降低。邵敏等（2009）利用1998—2003年工业部门的省级面板数据，认为外资进入程度的提高对工业行业劳动者报酬份额的降幅具有较强的解释力。外资影响我国工业行业劳动者报酬份额的途径为：通过影响工资增长[1]，以及劳动生产率增长[2]，来影响我国工业行业劳动者报酬份额。而外资对劳动者报酬份额的这种负向作用主要来源于其负向的"工资溢出"效应。并认为，负向的"工资溢出"效应产生的可能原因是：在东道国技能劳动力供给不足的情况下，由于外资企业支付的工资水平高于内资企业，技能劳动力或其他人才会向外资企业流动，使内资企业的平均工资水平下降。

---

[1] 外资进入对东道国工资水平的直接效应与"工资溢出"效应：直接效应为外资企业支付的工资水平高于内资企业；对于不同的东道国,外资企业的这种"工资溢出"效应是不同的。

[2] 在劳动力转移过程中，由于剩余劳动力的存在,使得企业能够压低工人工资，进而使工业部门的劳动所得低于劳动边际生产率。

(三) 劳动力流动对劳动者报酬份额的影响

研究总体认为，"二元经济"和劳动力供给富于弹性，是我国劳动者报酬份额下降的重要原因。

李稻葵等（2010）以刘易斯"二元经济"为背景，构建了一个"二元经济"劳动力转移模型，认为在经济发展过程中，劳动力不断从农业部门向工业部门转移，由于农村剩余劳动力产生的"摩擦工资"①带来了劳动者报酬份额的"U"形变化，但中国目前基本上仍处于"U"形发展的左半边，劳动者报酬份额随着工业化和城市化的进程逐步下降，在未来几年内随着经济的发展和劳动力的转移，特别是当人均GDP达到6000美元（按照2000年固定美元的购买力平价计算）之后，劳动者报酬份额也会在到达拐点之后逐步回升，并提出了相应的对策：包括要按照经济发展的客观规律，调整经济结构，促进服务业发展，完善劳动经济制度，健全高效、可持续发展的现代市场经济劳动体系，等等。龚刚等（2010）以凯恩斯理论为基础，构建了一个非均衡动态模型，认为我国"二元经济结构"下劳动力的无限供给是导致劳动者报酬（这里指劳动者的工资收入）份额下降的主要原因。在二元经济结构下，劳动力的无限供给不仅使得工资不能随劳动力需求增长而增长，同时也使劳动生产率和物价的变化对工资的影响不够敏感。这意味着，当存在劳动生产率的提高或物价上涨时，工资并不能得以及时提高，即使提高也不够显著，经济增长和劳动生产力提高所带来的利益大部分转化为利润而不是工资，劳动者并不能合理分享经济增长的成果。

---

① 在劳动力转移过程中，剩余劳动力使得企业能够压低工人工资，进而使工业部门的劳动所得低于劳动边际生产率。

李稻葵等的模型假设劳动力只在工业和农业部门间转移，忽略了劳动密集型的服务业发展对劳动者报酬份额的影响，而龚刚等建立的具有凯恩斯主义特征的非均衡动态模型，基于需求的视角对劳动者报酬份额下降给出了与李稻葵等不同的机理解释，更符合中国的现实。两者研究的共同点是：随着经济增长，劳动力需求不断上升使剩余劳动力供给逐渐消失，工资将逐渐恢复对劳动力市场供求关系的反映。这意味着当经济发展到一定程度时，工资的增长率会随经济的增长而更快地上升，从而使劳动者报酬份额下降的趋势得以逆转。

（四）经济发展对劳动者报酬份额变动的影响

1. 经济发展和劳动者报酬份额间的"U"形关系

源于Kuznets经济发展和收入分配间的"倒U"假说，成为许多学者信奉和研究的对象，由于劳动者报酬份额是收入分配重要的组成部分，自然也成为研究的重点，主要围绕经济发展和劳动者报酬份额间是否存在"U"形关系展开。

罗长远等（2009）的研究表明，我国劳动者报酬份额随经济发展水平的提高而降低，人均实际GDP（1987年价格）每提高1%，劳动者报酬份额将下降0.13%。同时，在加入人均实际GDP的平方项后，发现了经济发展水平与劳动者报酬份额之间的确存在"U"形关系。白重恩等（2009）的研究表明，资本收入份额随人均GDP的增长而增长，从另一侧面验证了劳动者报酬份额与经济发展间存在反向关系，同时人均GDP对模型的解释贡献最大。他们认为，在收入水平不断增加的情况下，经济结构转型导致的资本收入份额的变化可能并不是单调的，后者的变化方向取决于各部门资本收入份额的差异。当然，这一实证并没有验证罗长远等所提出的"U"形关系。

事实上，Kuznets经济发展和收入分配间的"倒U"假说一直在受到质疑，Kuznets本人也并没有直接认可。他认为得出的结论是"5%的经验材料和95%的推测，此中还可能有如意算盘之嫌疑"，并分析了影响收入分配的其他因素。所以，我们以此为基础研究经济发展对劳动者报酬份额的影响应全面考虑所涉及的因素。

2. 产业结构变动对劳动者报酬份额的影响

研究主要借助Solow（1958）的行业分解方法来实证劳动者报酬份额的内部变动情况。白重恩等（2009）通过对三大产业进行分解，发现中国产业结构变动对总体劳动者报酬份额变动具有重要影响，劳动者报酬份额下降部分是由产业结构变动引致的，即农业向非农产业转换所产生的负向的结构影响，使总体劳动者报酬份额降低，部分是由工业部门自身劳动者报酬份额下降所引起的。罗长远等（2009）发现产业结构变化和不同产业劳动者报酬份额以正相关性同时波动，加剧了整个经济劳动者报酬份额的波动。由于整个经济劳动者报酬份额的波动大于产业层面劳动者报酬份额的波动，产业结构变化和劳动者报酬份额的产业差异（即"Kuznets事实"）并未在加总的层面上促使劳动者报酬份额趋于稳定（即"Kaldor事实"）。中国劳动者报酬份额的波动更符合"Kuznets事实"而不支持"Kaldor事实"。在1996年之前，中国劳动者报酬份额上升，与三次产业内部的劳动者报酬份额均有增加，以及第一、三产业比重提高有关，而最主要的原因则是第二产业劳动者报酬份额提高；在1996年之后，第一产业比重不断下降，但第三产业比重却未有更大幅度的上升，导致劳动者报酬份额的降低。除此之外，三次产业的劳动者报酬份额均出现下降也是促使整个经济劳动者报酬份额下降的重要原因。

以此为基础，李稻葵等（2009）认为，我国以城市化和工业化为特征的经济发展将使剩余劳动力从农业大量转移到工业，经济转型中的非农化产业结构和农村劳动力转移应该是解释目前我国劳动者报酬份额下降的主要原因。肖文等（2010）将产业结构细分到行业，对工业内部劳动者报酬份额的变动趋势进行了行业分解，发现各细分行业内部同时出现了劳动者报酬份额下降的情况，产业结构由劳动密集型向资本密集型转变对劳动者报酬份额产生了向下的压力。通过比较固定权重和加权平均的总体劳动者报酬份额，发现产业结构变动对劳动者报酬份额下降的解释能力比较有限，起决定作用的是各行业内部决定劳动者报酬份额的因素。

（五）制度结构变动对劳动者报酬份额的影响

1. 国企改制对劳动者报酬份额的影响

李稻葵等（2009）运用国有企业比重来解释劳动者报酬份额变动，认为劳动者报酬份额与国有股比重存在负相关，可能的原因是机械行业的国有企业比重比纺织行业高，而国有企业更多的是资本密集行业，劳动者报酬份额较低。白重恩等（2009）利用国有、集体、法人、外商和港澳台经济在全部实收资本中的比例来代理企业目标差异，发现国有企业改制导致工业部门的劳动者报酬份额下降了4.7个百分点，认为这是由于国有企业平均劳动报酬份额明显高于非国有企业，劳动者报酬份额下降是要素市场扭曲减少所致，国有企业改制是工业部门的劳动者报酬份额下降的主要原因之一，其解释力度占到了模型预测值的51%。可以看到，这一解释同李稻葵等的解释完全相反。二者的主要差别是在研究该问题时所选择的解释变量不同，并且分析问题的视点不同：一个是利用国有企业比重和资本密集度来解释，另一个是利用各经济在实收资本中的比重和平均劳动者报酬份额来解释。

2. 民营化等对劳动者报酬份额的影响

罗长远等（2009）利用非国有部门的就业比重代表民营化，认为民营化后的企业报酬支付更能反映市场的供求关系，"工资侵蚀利润"的状况得到扭转，而国有企业改制后的富余劳动力对劳动力市场产生了供给冲击，对工资产生向下的压力，民营化对劳动者报酬份额的影响显著为负。周明海等（2010）基于企业异质性理论[①]，认为国企改制、民营化和外资进入为特点的所有制结构将通过提高经济的效率使劳动者报酬份额下降。

3. 劳动力市场制度对劳动者报酬份额的影响

市场经济条件下，劳资双方的议价能力是决定劳动者报酬份额的重要因素，而议价能力又受制度，特别是劳动力市场制度的影响。任太增（2010）认为，劳资双方讨价还价的能力取决于一系列制度因素。这些制度因素的作用为，工资的历史传统和有关最低工资的规定为劳资双方进行谈判提供了起点，劳动力市场结构决定了劳资双方基本的谈判能力，工人的选择权和第三方力量会强化或弱化某一方的谈判能力。在我国，买方垄断的劳动力市场结构，工人选择权的丧失，资方偏向的第三方力量等，表明我国的制度环境具有资方偏向，劳动者报酬份额过低。

（六）测度方法对劳动者报酬份额的影响

我国没有关于劳动者报酬份额的直接统计数据。不同学者运用不同的数据所进行的研究，带来了数据的可信度和可比较性问题。一些学者已经认识到这一问题，运用国际上通用的方法对我国的劳动报酬数据进行调整。

生产税净额的处理：在劳动报酬份额的计算中，作为分母的GDP可以按市场价格法计算，也可以按要素成本法计算，要素成本法GDP为市场价

---

①表示不同所有制企业生产效率的差异和以国企改制、民营化和外资进入为特征的所有制变化。

格法减去生产税净额。根据Batini等（2000）的研究，工人和企业的收入应该来源于企业的经济行为，但生产税净额支付给了政府而非企业，因此，生产税净额应该从GDP中剔除，即以要素成本法计算劳动报酬份额。有些学者通过剔除生产税净额这一"楔子"，对我国劳动者报酬份额进行了研究。白重恩、钱震杰和周明海等都对此进行了研究。如果以要素成本法计算中国劳动报酬份额，1996年后我国劳动报酬份额开始下降（白重恩、钱震杰，2009）。周明海等（2010）的研究更加深入，不但在估算劳动者报酬份额时剔除了生产税净额的影响，而且对此进行了比较研究，认为生产税净额比重的增加，将高估劳动者报酬份额的下降幅度。

非法人企业劳动报酬份额的处理：非法人企业的收入不能直观地划分为劳动所得或资本所得，必须进行调整后才可计量劳动者报酬份额。常用的方法为：忽略个体经济的劳动者收入/GDP，这种方法低估了劳动者报酬份额，适合于非法人企业比例低的行业，如制造业；（劳动收入＋非法人企业收入）/GDP，这种方法将非法人企业的全部收入归于劳动者收入，因而会高估劳动者报酬份额，适用于纯劳动者服务行业；劳动者收入/（GDP－非法人企业收入），这种方法隐含的假设是非法人企业与法人企业劳动和资本的收入份额相同；劳动者收入/受薪雇员×总雇用人数/GDP，这种方法假设受薪雇员与自我雇佣的平均工资相等，该方法虽然简单，但可能导致行业水平上的劳动报酬份额大于1，可能高估劳动报酬份额；非法人企业收入的2/3归劳动，1/3归资本，这一方法在发达国家曾经使用过。现有文献多采用忽略个体经济的劳动者收入/GDP进行劳动者报酬份额估计。对于中国非法人企业收入的划分，2003年以前非法人企业的劳动报酬和营业利润全部归入劳动所得，但2004年以后国家统计局对核算方法进行了调整，将非法人企业劳动报酬及经营利润全部划入营业利润，而将农业营业盈余和劳动者报酬统一记为劳动者报酬，导致2004年后劳动报酬份额大幅下降。为了与2004年之前的数据具有可比性，需要按2003年之前的方法对2004年以后的数据进行调整。在未做调整的情况下，2003—2004年下降5.3个百分点，经调整后劳动报酬份额实际上升1个百分点，所以统计因素是2004年劳动报酬份额下降的主要原因（罗长远、张军，2009）。2009年国家统计局再一次对收入法GDP的统计核算方法进行调整，使得劳动报酬份额突然上升到46.7%，比2007年上升7个百分点，但具体的调整方法未作说明。与中国统计核算体系采取的方法不同，对非法人企业劳动报酬份额度量更为准确的方法是使用非法人企业收入的2/3归劳动，1/3归资本。张车伟等（2010）使用1978年以来的有关数据，按照国际通用的方法，对中国劳动报酬数据进行了调整[1]，中国劳动者报酬份额从1978年的40.1%上升到1995年45.7%，此后下降到2007年的39.2%，前后下降1个百分点，而未调整的劳动报酬份额从1978年的49.6%上升到1995年51.4%，此后下降到2007年的39.7%，下降10个百分点，变动幅度较大。结果表明：调整后劳动者报酬份额在改革开放以来的大部分时间内保持了相对稳定，仅仅在最近几年开始出现明显下降。中国初次收入分配格局存在的问题不是劳动者报酬占GDP份额的下降，而是这一比例水平长期过低，初次收入分配格局似乎陷入了一种低水平稳定状态，这种状态是不利于劳动者收入分配的。白重恩和钱震杰（2009）将农业劳动报酬份额（要素成本法）按生产函数法调整后，发现1978—1994年劳动报酬份额上升约6个百分点，1995—2004年下降2个百分点，总体劳动报酬份额波动不大。

对非法人企业劳动报酬是否进行调整所得到的结果差异较大。罗长远和张军（2009），肖文和周明海（2010）仅对2004年的统计因素进行调整后发现，产业结构变动和产业内劳动报酬份额的变动共同加剧了总体劳动

---

[1] 主要对农村家庭经营收入和个体工商户经营收入进行调整。

报酬份额的波动，即总体劳动报酬份额的波动大于产业内劳动报酬份额的波动，产业间效应和产业内效应的共同作用并没有使劳动报酬份额处于稳定状态。但张车伟和张士斌（2011）利用调整后的数据对劳动报酬份额进行分解后表明，产业内劳动报酬份额的波动幅度大于总体劳动报酬份额的变动幅度，总体劳动报酬份额表现出相对的稳定性，只是同发达国家和其他新兴市场国家相比，中国劳动报酬份额偏低，是美国的55%，日本的68%，与新兴市场的劳动报酬份额相差10%。白重恩等（2009）认识到由于统计口径的变化所带来的2003—2004年劳动者报酬份额的跳跃性变化，为同以前数据可比，按照以前的统计口径对2004年的数据进行了调整。研究表明，在1995—2004年间，劳动者报酬份额降低了10.73个百分点，其中2003—2004年统计核算方法的改变使劳动者报酬份额被低估了6.29个百分点。可见，由于中国正处于经济转型期，要素市场存在不同程度的扭曲，且农业和服务业存在诸多统计上的困难，对于劳动报酬份额是否稳定，进一步的研究需要市场体系和统计核算体系的不断完善。

三、国内外研究述评

纵观国内外研究成果，对劳动者报酬份额都进行了多角度分析。发达国家注重对劳动者报酬份额进行更微观、更深层次的研究，角度多为技术变动、要素投入和价格的相对变动、产业结构影响、劳动力市场制度等等。由于发达国家的市场化程度较高，崇尚市场自由，对政府在保持合理的劳动者报酬及其份额的职能和对策性研究较少。我国学者从进入21世纪以来，特别是2007年以来，对劳动者报酬份额的研究逐渐深入。尽管研究时间比较短，但由于借用发达国家的研究方法和手段，研究成果也逐渐多起来。不过，在研究中存在一些问题，如统计口径不尽一致，统计数据来源不规范，盲目进行跨国比较，等等，并且缺少结合我国国情的系统化研究。基于此，有必要对我国劳动者报酬份额变动趋势作进一步研究。

第三节 ▶ **研究的主要问题**

一、我国劳动者报酬份额怎样变动?

目前,学者们对我国劳动者报酬份额的变动存在一些争议。多数学者认为,我国劳动者报酬份额处于下降趋势。梁东黎(2008)认为,20世纪90年代中期以来,我国的劳动报酬在初次分配中的比重出现较大幅度下降,从1996到2005年,劳动者报酬比重下降了22.6%,平均每年下降2.5%。需要注意的是,这一结论是依据《中国统计年鉴》和《中国国内生产总值核算历史资料:1995—2002》计算而得,而目前研究中最常用的是《中国国内生产总值核算历史资料:1952—2004》,这一数据是经过修订后的数据,更为准确。此外,在2004年,国家统计局对收入法核算GDP的统计口径进行了调整[①]:一是个体业主的收入从以前的劳动收入变为企业盈

———————————

[①]2004年之前,个体劳动者通过生产经营获得的纯收入,全部视为劳动者报酬,包括个人所得的劳动报酬和经营获得的利润(中华人们共和国国家统计局,2003);在2004年的中国经济普查中,《中国经济普查年度国内生产总值核算方法》对个体经营户的收入核算方法进行了调整:个体经济业主的劳动报酬和经营利润不易区分,都被视为营业利润。农户从事的各种农林牧渔活动较难分清劳动报酬和营业盈余,收入全部统计为劳动者报酬。

余；二是农业不再有营业盈余，此研究也没有进行调整。李稻葵、刘霖林、王红领（2009）认为，GDP中劳动份额的演变呈现"U"形规律，我国也不例外，目前正处于"U"形曲线的左侧，不过这一研究只是进行理论计量分析，并没有对我国的数据进行纵向深入研究。罗长远、张军（2009）认为，1996—2006年，劳动报酬占GDP的比重（简称劳动收入占比）从54%下降至40%，所使用的数据基本同梁东黎（2008）一样。白重恩、钱震杰（2009）利用GDP收入法核算数据，研究了1978年以来我国国民收入中的劳动收入份额，发现1978—1995年的劳动收入份额基本保持不变，但1995年以来却下降了约10个百分点，并且认为2004年统计核算方法的调整使劳动收入份额大约被低估了6.29个百分点。在2010年，白重恩等对此进一步研究，结果表明：劳动者报酬份额在1978—1984年间小幅上升、1984—1994年间无明显波动、1995年以来具有11.79个百分点的显著下降，其中1995—2004年间下降10.73个百分点、2003—2004年间突然下降了5.25个百分点。龚刚、杨光（2010）认为，改革开放以来中国的工资性收入占国民收入的比例越来越低，考虑到劳动生产率的变化后，我国的工资性收入占国民总收入的比例在不断下降，1979年的比例为70%，2006年降低到30%左右。这一结论的得出也是直接使用《中国统计年鉴》中的数据加以计算，并且仅考虑工资，并不是实际的劳动者报酬。相比较而言，张车伟、张士斌（2010）的研究更接近于真实情况，通过运用国际上通行的方法，对《国内生产总值核算历史资料1952—2004》进行了重新调整，认为我国劳动者报酬份额基本上是处于一种低水平稳定状态。但少数学者却持不同的意见，华生（2010）认为，通过借助国际统计口径对我国的劳动者报酬份额数据进行调整，我国的劳动者报酬份额不是在降低，而是在上升。

笔者力图通过研究来回答我国劳动者报酬份额究竟是怎样变动的，研究劳动者报酬份额变动，应对劳动者报酬及劳动者报酬份额进行界定。因国家统计局对劳动者报酬的界定同美国商务部经济分析局（BEA）对雇员报酬的界定有一定的差异，我国的劳动者所包含的范围比雇员要广泛得多，所以需对劳动者报酬份额进行重新界定①。美国商务部经济分析局（BEA）核算雇员报酬份额时，使用的是国内总收入（GDI）和国民收入（NI），GDI和GDP只是按不同方法核算，二者在数量上相同，即GDI＝GDP（美国商务部经济分析局资料）。我国的这些数据可在《中国统计年鉴》和《历年国内生产总值核算历史资料》中获取，美国的数据可在美国商务部经济分析局网站获取，将劳动者报酬份额界定为劳动者报酬同地区生产总值（GDP）的比值。利用该方法进行研究时，涉及雇员报酬、企业盈余、固定资产折旧和生产税净额，可横向和纵向考察各自的份额变动情况。此外，将其中的税收因素剔除，只考虑劳动者报酬份额和资本报酬额，从而推出我国劳动者报酬份额在该层次的变动情况等。

二、我国劳动者报酬份额处于相似发展阶段国家的怎样水平？

对于我国劳动者报酬份额究竟处于发达国家的什么样的水平，少数学者进行了探讨，但总体来说存在问题较多。一是直接引用发达国家的研究成果来说明我国劳动者报酬份额偏低。在阅读文献时，我们经常可以看到据发达国家的研究，或者是据发达国家的经验，其劳动者报酬份额处于怎样的水平，却很难确认这一数据的真实性。引用研究成果本无可非议，但应说明所引用数据的出处，所用到的基本概念的界定，这是本研究所要理清的问题之一。二是进行数据的盲目比较。在概念界定不清晰的情况下，

---

①详见第三章第一部分劳动者报酬的界定。

有些数据是不具有可比性的。例如，劳动者报酬份额分子或分母的界定，如果分子或分母所包含的内容不相同，则很难进行比较，也难以说明问题，一些学者以工资代替劳动者报酬就是一很好的例证。三是在进行比较时忽略了经济体发展的不同阶段。我们经常可以看到，目前发达国家的劳动者报酬份额是多少多少，我国同此相比存在较大差距，但却忽视了经济发展的阶段性。基于此，笔者在数据的可比性方面做了一定的尝试：收集了美国、英国、日本和韩国等国家的长期历史数据，从中归纳分析其劳动者报酬份额的变动趋势，并将二者进行比较。

三、我国劳动者报酬份额偏低的根源

影响劳动者报酬份额的根源因素较多，多数学者也只是从某个角度进行研究，这样的研究比较深刻，但因为我国处于转型期，情况比较复杂，一两个因素很难说明我国劳动者报酬份额的根源，从该角度来看，研究缺少一定的系统性。为此，研究该问题时，笔者既考虑劳动者报酬份额在市场经济发展下的一般规律，又将我国的特殊国情融入进去，进行综合分析。

（一）根源因素之一：我国经济发展的阶段

一般而言，在经济社会发展的特定阶段，劳动者报酬份额具有一定的规律性。例如，在市场经济发展初期，最稀缺的要素是资本，资本在生产投入中所发挥的作用就大，其获取的收益就应当高，其在创造的GDP中所占的份额就会高。我国在20世纪90年代初确立了社会主义市场经济体制，开始真正走向了市场化之路，是否可认为是属于市场经济发展初期？如果是，资本是否稀缺？在稀缺的情况下，劳动者报酬份额变动也要符合这一规律。

（二）根源因素之二：我国经济发展的方式

尽管我党已经提出要转变发展方式，并且要以科学发展观为指导，但长期形成的"以经济增长为中心"路径依赖，很难在短期内得以扭转。在具体的实践中，各地基本上仍在沿袭"以经济增长为中心"。政府主导型的市场经济，又强化了对这一发展方式的路径依赖。这样的发展模式和政府管制格局，对经济增长具有巨大的促进作用，但目前看来也具有较大的弊端。其中之一就是不利于劳动者报酬及其份额的增加：在"以经济增长为中心"的模式下，地方政府的行为都要围绕此来进行运作，各地在招商引资方面的无序竞争，偏向资本倾向的日趋严重，都使劳动者在初次分配中的诸多权益得不到保障，工资拖欠、大量剩余价值为资方所占有等，时有发生，更不用说改善。所以，经济发展的方式也是影响我国劳动者报酬份额的根源因素。

（三）根源因素之三：我国产业结构的变迁

产业结构的变迁可以说是经济发展阶段在中观层次（相对于经济发展和企业经营）上的反映。随经济发展阶段的变动，产业结构也应随之变动，产业结构应同发展阶段相适应。但通过文献梳理和计量发现，就长期趋势而言，发达国家农业就业人口降低的过程就是劳动者报酬份额提高的过程，但在我国却出现了不同的情况：许多学者认为，我国劳动者报酬份额随第一产业（农业）份额的降低而降低。为什么会得出这样截然不同的结果？如何对此加以解释？这些也都是需要解决的问题。

（四）根源因素之四：我国劳动力市场的影响

我国的劳动力市场及其制度是对劳动者报酬份额变动具有重要意义的

解释变量。受传统"二元体制"约束，我国大量的劳动力被限制在第一产业，但改革开放的进行，使其在短时间内得以释放，再加上城镇国有或集体企业的改制所释放的大量下岗人员，我国劳动力供给在改革后的较长一段时间段内基本上是无限供给，使其只能获取稍高于维持生计的报酬。此外，"二元体制"难以及时有效破除，也对劳动者就业形成了一定的阻碍。所有这些都对劳动者报酬份额具有不利影响。

（五）根源因素之五：我国劳资力量的非均衡

市场经济发展规律表明，劳资双方力量的相对均衡是劳资双方各自获取公平报酬的基础。发达国家劳资双方力量相对均衡的形成，经历了相当长的时期。我国现在基本上仍处于转型期，计划经济下劳资双方利益基本一致的格局已经被打破，但新的格局并没有形成。就总体而言，同资方相比，劳动者的弱势地位日益明显，这都不利于劳动者报酬的增加，也不利于劳动者报酬份额的提高。

四、合理调整劳动者报酬份额的措施

政府是影响劳动者报酬份额变动的一个重要变量，特别在政府主导型的市场经济下，尤其如此。本书基于政府视角，探讨保持合理的劳动者报酬份额所应采取的措施。主要设想为：一是政府目标行为的公正。政府作为主体，其目标行为公正至关重要，直接关系到发展成果怎样分享，劳动者报酬份额能否保持合理。二是通过发展民营经济来带动就业。就业是民生之本，通过就业才能获得劳动报酬，目前就业主要集中于民营经济，通过民营经济发展来带动就业自然成为要研究的问题。三是产业结构的高度化。转变经济发展方式，结构调整为主线。在我国分产业劳动者报酬份额构成中，第二产业劳动者报酬份额明显偏低，第三产业的就业吸纳能力和就业弹性总体较高。通过发展第三产业逐步提高其产值比重，应该是提高劳动者报酬，进而提高劳动者报酬份额的重要举措。四是培育劳资供需双方组织行为的规范，促进劳资力量均衡。劳动者报酬份额不但取决于劳动力的供需和劳动生产率情况，而且还取决于劳资双方力量的对比。劳资双方力量失衡，劳动者处于劣势，是劳动者不能获取合理报酬，劳动者报酬份额偏低的一个重要原因。

第四节　研究思路和方法

一、研究思路

本书从对争议比较多的劳动者报酬份额这一现实问题出发，提出了研究的意义和价值。在对国内外研究文献进行详细归纳总结的基础上，理出了我国劳动者报酬份额变动趋势需要进一步研究的问题。对我国劳动者报酬份额按照国际统计口径进行了重新计量，并且从多维度展开。为准确判断我国劳动者报酬份额的高低，对美国、英国、日本和韩国的劳动者报酬份额或雇员份额数据也相应进行了多维度计量和分析。针对劳动者报酬份额的变动趋势，利用已有研究成果并结合我国国情，分析影响的根源因素。为保持劳动者报酬份额的合理，从政府视角提出了相应的对策。

二、研究方法

本文注重计量方法对数据的多重处理，并将定量和定性分析结合。研究劳动者报酬份额变动趋势要运用大量的权威数据，但许多数据并不能直接获取，只有通过计量。为保证劳动者报酬份额数据的可比性，还从多重视角加以展开。在劳动者报酬份额定量分析的基础上，挖掘其内在规律性，并进行定性归纳；在进行定性的同时，注重量的分析。

实证和规范相统一。以实证为基础，对实证结果进行规范分析。实证重在探讨劳动者报酬份额变动的客观规律，规范重在对该结果的评析，在进行规范分析时，注重实证基础，力求二者相统一。

第五节　研究创新点

　　本书是对我国劳动者报酬份额变动趋势的系统研究，创新主要体现在选题、研究方法和研究成果三个方面。

一、研究选题

　　中央从2006年开始进行新一轮分配政策调整，强调"更加注重社会公平"，先后提出"两提高"和"两同步"，但由于存在认识不统一和阻力较大等问题，并没有取得预期成效，特别是对于提高劳动者报酬份额更是缺少有效对策。本书通过对我国劳动者报酬份额变动趋势进行研究，特别是基于政府职能发挥视角提出一些政策建议，无疑对提高劳动者报酬份额有一定意义，也对"扩大中等收入群体，增加低收入者收入……坚持在经济增长的同时实现居民收入同步增长、在劳动生产率提高的同时实现劳动报酬同步提高"的政策落实有重要的作用。

二、研究方法

　　借鉴了西方发达国家的研究成果，特别是Solow（1958）提出的劳动份额产业结构分析方法，分析我国各产业劳动者报酬份额对总劳动者报酬份额的影响，并以经济比较发达的浙江作为例证进行了深入研究。此外，还借鉴国际上对雇员报酬份额或劳动者报酬份额的调整方法，对我国的劳动者报酬份额进行了调整，尤其是将我国的劳动者报酬中自雇者收入加以剔除，得出比较准确的我国劳动者雇员报酬份额，并对美国、英国、日本和韩国的劳动者报酬份额从多角度进行了纵向研究，将我国雇员报酬份额同这些国家的数据相比较。

三、研究结论

一是认为我国市场经济发展过程中雇员报酬份额增加和劳动者报酬份额低水平稳定并行不悖。在市场经济发展的最初过程中，劳动力逐渐从农业就业转向非农就业成为一种必然现象，由此带来了总劳动力人口中从事雇佣工作的劳动力逐渐增多，雇佣人员总报酬增加，雇员报酬份额也增加。由于我国第一产业劳动者报酬份额较高，第二、第三产业劳动者报酬份额较低，尤其是第二产业的份额更低，经济发展过程是产业结构高度化的过程，在第三产业还没有成为绝对主导之前，也就是在第二产业仍然起重要作用的情况下，总劳动者报酬份额一定较低，呈现低水平稳定。

二是认为我国劳动者报酬份额长期的低水平相对稳定是多重因素综合作用的结果。这些因素包括市场经济发展阶段、经济发展方式选择、劳动力供需、劳动者的议价能力和政府职能发挥等。

三是认为应辩证看待劳动者报酬份额的高低，只要是同经济发展水平相适应的劳动者报酬份额都是合理的。劳动者报酬份额有高有低，经济发展理论已经表明，在不同的经济发展阶段一般应有相应的劳动者报酬份额。由于市场或政府等因素的扭曲所导致的使劳动者报酬份额低于这一正常水平，才应当被认为是低的，是不合理的。只要是同经济发展水平相适应的劳动者报酬份额，是市场经济规律正常作用结果的劳动者报酬份额，尽管从数值来看较低，但也不能认为是低的，因为这一水平是合理的水平。

四是认为政府职能定位准确是劳动者报酬份额保持合理的关键。发达国家政府一般不介入功能型收入分配，而我国作为政府主导型的市场经济国家，政府对功能型收入分配干预过深，其职能定位至关重要。从某种程度上说，我国劳动者报酬份额的不合理同政府介入过多有一定的关系。政府职能主要定位在法律法规制定实施、劳资双方行为主体培育、政策引导等方面。

第 二 章

研究的理论基础

第一节 ▶ # 古典经济学对劳动者报酬份额的研究

对经济学基本问题的研究，其理论基础一般都要追溯到古典经济学。收入分配是经济学研究的一个重大问题，David Ricardo 曾强调"确立收入分配的规则是政治经济学的主要问题"。他在 1820 年 10 月 9 日对马尔萨斯的信中写道："你认为，政治经济学是对财富的性质和来源的研究——我认为，它应该研究各个阶级如何瓜分它们共同创造的社会产品的规律。无法得到有关其数量的规律，但比较可靠的关于比例的规律却可以被找出来。每一天，我都更加确信：前者的研究是徒劳的，而只有后者才是经济科学的真正目的。"[①]劳动收入份额作为收入分配中的一重要问题，对其研究自然也应追溯到古典经济学。古典经济学在该领域的主要成就为：

一是对劳动者报酬重要组成部分工资的界定。Adam Smith（1776）在商品的自然价格和市场价格的基础上论证了劳动工资的演进，认为劳动生产物构成了劳动的自然报酬或自然工资，在经济发展的原始状态下，劳动者独享全部劳动生产物，但随着土地私有和资本积累的出现，这一状况就宣告终结。首先是地主的地租从用在土地上的生产物中被扣除，其次是利润（垫支资本的收益或利息）从用在土地上的劳动生产物中被扣除。并对

---

① [英] 约翰·梅纳德·凯恩斯：《就业、利息和货币通论》（重译本），高鸿业译，商务印书馆 1999 年版，第 8 页。

劳动工资进行专门的说明："劳动工资一语，都普遍理解为，在劳动者为一人而雇用他的资本所有者为另一人的一般情况下，劳动获得的工资。"① 19世纪初法国政治经济学的主要代表人物萨伊（1803）提出，物品的价值由资本、土地和劳动三种生产要素共同创造，三要素的所有者理应取得相应的报酬，形成了按要素分配理论的核心内容。他认为，物质是一个既定的量，并非人力所能创造。人力只是改变已经存在的物质形态，使原来的效用扩大或提供新的效用。效用是物品价值的基础，人们认为某些东西有价值的原因在于该种物品具有效用，所以，创造效用便是创造财富。在生产过程中创造效用的不仅有劳动、资本，还有土地，物品的价值由资本、土地和劳动这三要素共同创造，三要素的所有者应根据其贡献获取相应的报酬，即工人得到工资，资本所有者得到利息，土地所有者得到地租。

二是对劳动报酬重要组成部分工资的决定。在工资的决定上，无论是 Adam Smith 还是 David Ricardo，他们都认为，工资受两种因素所支配。Adam Smith（1776）认为："劳动的货币价格，必然受两种情况的支配：其一，是对劳动的需求；其二，是生活必需品和便利品的价格。"②David Ricardo（1821）认为，在货币价值不影响货币工资的情况下，"工资便似乎是由于以下两种原因而涨落：第一，劳动者的供给和需求；第二，用劳动工资购买的各种商品的价格。"③这里应当注意的是，Adam Smith 只研究了对劳动的需求，而 David Ricardo 不仅考察了劳动的需求，而且研究了劳动的供给，并指出，在社会的自然发展过程中，由于劳动者的供给继续按照相同的比率增加，而其需求的增加率较慢，劳动者工资就其受供求关系调

---

① ［英］亚当·斯密：《国民财富的性质和原因的研究》（上卷），郭大力、王亚南译，商务印书馆2002年版，第60页。

② 同上，第79页。

③ ［英］李嘉图：《政治经济学及赋税原理》，郭大力、王亚南译，商务印书馆1962年版，第81页。

节的范围而言，将有下降的趋势。两位学者都考虑了用劳动工资所购买的必需品的价格，即劳动者的生存工资对劳动货币价格的决定。事实上，被Marx誉为政治经济学之父的William Petty在此之前已经认为工资由工人"为生活、劳动和繁衍后代"的需要所决定。David Ricardo（1821）将Adam Smith（1776）的自然价格进一步界定为，不受偶然或暂时原因扰乱所具有的购买力。自然价格是劳动者大体上能够生活下去并不增不减地延续其后代所必需的价格，其大小取决于劳动者维持其自身与其家庭所需的食物、必需品和享受品的价格。随着社会的进步，劳动的自然价格总有上涨的趋势（原因在于规定自然价格的主要商品由于生产的困难而有涨价的趋势）。此外，Adam Smith论证了资本主义生产方式下的资本和劳动所得与各自在生产中的地位有着直接的关联。他认为，劳动者的普通工资，到处都取决于劳资双方所订的契约。这两方的利害关系绝不一致。劳动者盼望多得，雇主盼望少给。劳动者都想为提高工资而团结，雇主却想为减低工资而联合。在通常的情况下，由于雇主人数较少，团结较易，拥有的资本较多，能控制和操纵舆论，并且拥有政府的支持，雇主在争议过程中处于有利地位。实际上David Ricardo也强调了工人和资本家间的对立，在《政治经济学及赋税原理》中，他多次强调"如果工资上涨，利润就必然会下降"[1]。

三是劳动者获取的工资是一种剩余。在Adam Smith看来，工资、利润和地租是一切收入和可交换价值的三个根本来源，在总收入中减去维持固定资本和流动资本的费用，剩下的才留给居民自由使用，是以不侵蚀资本为条件的。这一论断也可从《国富论》中推出，他认为，劳动者对工资的

---

[1]［英］李嘉图：《政治经济学及赋税原理》，郭大力、王亚南译，商务印书馆1962年版，第81页。

需求，是由于一国收入和资本增加的结果，会随着收入和资本的增加而增加，而收入和资本的增加就是国民财富的增加。要想使劳动工资提高，就必须不断增加国民财富，并且最高的劳动工资出现在最快变得富裕的国家，而不是出现在拥有庞大的现有国民财富的国家。David Ricardo认为，只要能够增加工业资本家的利润，促进生产力的发展，牺牲工人阶级的利益是应该的。Marx曾指出，"Ricardo曾把资本主义生产方法，当作生产一般的最有利的方法，当作财富生产的最有利的方法，这种看法，对于他的时代，是正确的……如果Ricardo的见解大体上合于工业资产阶级的利益，那只因为（并以此为限）他们的利益，和生产的或人类劳动生产力的发展的利益相一致"①。

四是对劳动工资的非干预性。Adam Smith崇尚自由放任资本主义，尤其强调了劳动所有权的重要性，他认为，劳动所有权是一切其他所有权的主要基础，所以这种所有权是最神圣不可侵犯的。一个穷人所有的世袭财产，就是他的体力与技巧，不让他以他认为正当的方式，在不侵害他人的条件下，使用他的体力和技巧，那明显是侵犯这最神圣的财产。一个人适合不适合雇佣，无疑地可交由有利害关系的雇主自行裁决。立法当局假惺惺地担忧着雇主雇佣不适当的劳动者，因而出于干涉，那明显地不只是压制，而且是僭越。②而David Ricardo在研究了支配工资的法则后，认为"工资正像所有其他契约一样，应当由市场上公平而自由的竞争决定，而绝不应当用立法机关的干涉加以统制"③。

①［德］卡尔·马克思：《剩余价值学说史》（第2卷上册），三联书店1951年版，第296—297页。
②［英］亚当·斯密：《国民财富的性质和原因的研究》（上卷），郭大力、王亚南译，商务印书馆2002年版，第115页。
③［德］李嘉图：《政治经济学及赋税原理》，郭大力、王亚南译，商务印书馆1962年版，第93页。

Adam Smith、David Ricardo 的著作，由于没有清晰地说明劳动者报酬份额在长期所采取的线路，我们只能了解到劳动工资，这一劳动者报酬的最初形式，对于劳动者报酬份额尚没有进行深入探讨，也看不出在长期经济发展过程中，劳动者报酬份额是否稳定。Adam Smith（1776）一方面认为，从长期看，工资增长应同国民收入增长相一致；另一方面，他又多次强调生产力进步对国民财富增加的重要性，而稳定的工资份额会影响产品的增长。自 David Ricardo（1821）《政治经济学及赋税原理》出版以来，国民收入中的劳动份额就成了经济学家感兴趣的一个主题。David Ricardo 不但强调了"确立收入分配的规则是政治经济学的主要问题"，而且指出了租金份额、利润份额和劳动份额随时间变化而变化。

David Ricardo 劳动工资的理论基础主要为边际理论和剩余理论，这两种理论为马克思和新古典理论所继承，其剩余理论成为马克思主义经济学的主要来源，用于解释剩余在劳资间的分配，而其边际理论（边际报酬递减规律）成了新古典经济学收入分配的理论基础，用于解释租金份额。

第二节　马克思主义经济学对劳动者报酬份额的研究

在劳动者报酬份额研究方面，马克思继承了Ricardo的剩余理论，不过马克思的理论同Ricardo的理论在两个方面不同。第一个区别是：关于工资是维持生计的原因。Ricardo认为，由于人口的增加，劳动工资停留在维持生计的水平；马克思则认为产业后备军的存在，使得劳动工资只能够维持生计。第二个区别是：资本积累的动力。Ricardo认为，更高的利润率导致资本进行积累，而马克思认为追求剩余价值的内在动力和竞争的外在压力，迫使资本家进行资本积累。

马克思劳动者报酬份额理论以其劳动价值论为基础，分析了劳动力的价值和使用价值，认为工资是劳动力价值或价格的转化形式，劳动力的价值由生产和再生产这种特殊物品所需要的社会必要劳动时间所决定，并且强调了劳动力独特的使用价值，在此基础上研究了资本积累和资本有机构成，并指出了利润率的下降趋势。劳动者报酬理论主要体现在以下三个方面：一是剩余分配基准方法的变化。马克思认为，劳动力供给价格是劳动力的再生产成本，利润是工资的剩余，将劳动工资作为分配的基准，这一区分同古典经济学明显不同，古典经济学是以利润为基准。二是劳动力价值（工资）的变动性。劳动力的价值就是维持劳动力所有者所需要的生活资料的价值，包括自己和家人维持必要生活的费用、继续接受教育的费用等，会随着这些生活资料的价值变动而变动，此外还包含着历史和道德的因素。三是利润率下降并不会导致利润份额的下降。马克思首次把资本区分为不变资本和可变资本，并把不变资本和可变资本的比率定义为资本的有机构成。他认为，随着资本长期持续的积累，资本有机构成必然提高，利润率必然下降。在马克思的模型中，利润率等于剩余价值率与资本有机构成加1之和的比率，在其他情况不变的条件下，剩余价值率增加会增加利润率，而资本有机构成的提高将降低利润率。马克思这一理论秉承了 Smith、Ricardo 和 Mill，也为 Keynes 所认同。应该注意的是，因马克思假定当资本有机构成提高的时候，劳动供给价格是不变的，所以，利润率下降绝不是真正的来自于资本有机构成不断提高的规律。也应该看到，即使利润率下降也不意味着总利润的下降或者总利润份额的下降，因为按照马克思的看法，即使利润率下降，一般来说，总利润也会增加，并且资本家也会采取措施，例如通过延长工作日和劳动强度、将工资降到劳动力价值以下、使不变资本要素变得便宜等"反向影响"，来扭转利润率下降趋势。四是马克思认为劳动者报酬份额随着经济发展而下降。马克思认为，"不管工人的报酬高低如何，多数工人的状况必然随着资本的积累而日趋恶化"。随着人均产出的增加，工资份额必然下降，工人生活状况恶化，只有通过工人阶级的集体行动来强迫资本家减少剥削程度，并给予工人一部分剩余。

从马克思的劳动份额理论可以看出，马克思继承了 Adam Smith 关于工人和资本家地位对工资影响这一分析线索。马克思认为，工资和利润分别是工人对劳动力的所有权与资本家对资本的所有权在经济上的实现，工资和利润在国民收入中所占份额的大小，取决于这两种所有权对抗的结果。按照这一思路，当资本家在分配时拥有绝对主导权，他们就会压低工人的工资，甚至低到仅够维持身体所需的生活资料价值。工人要想改变命运，必须进行争斗。同时，我们从马克思的著作中可以看出，在资本主义发展过程中，国家对资本家和工人的斗争有重要的影响，从而对劳动份额的决定就具有重要的作用。马克思在《资本论》中指出，"资本在它的萌芽时期，由于刚刚出世，不能单纯依靠经济关系的力量，还要依靠国家政权的帮助才能确保自己榨取足够的剩余劳动的权利，它在那时提出的要求，同它在成年时期不得不忍痛做出的让步比较起来，诚然是很有限的"[①]。在14世纪中叶至17世纪末，资本借助国家政权的力量力图迫使成年工人接受工作日的延长程度，同19世纪下半叶国家在某些地方为了限制儿童血液变成资本而对劳动时间规定的界限大体相一致，这是很自然的了。[②]只是到了资本主义生产方式更加成熟时，由于工人的罢工和其他一些因素，国家才采取了一系列有利于劳动者的法律，使工人在初次分配中的地位有所提高，从而劳动份额较高。这一分析路径也为后来的制度经济学所继承，在分析价值分割时强调工资和利润背后的制度因素，工资不仅取决于劳动力供求状况，而且也取决于双方的谈判能力。"因此，资本是根本不关心工人的健康和寿命的，除非社会迫使它去关心。"[③]"尽管居民的健康是国民资本的一个重要成分，但恐怕必须承认，资本家根本不想保持和珍惜这个财富……工厂主关心工人的健康状况是被迫的。"[④]

[①][德] 卡尔·马克思：《资本论》（第1卷），人民出版社1975年版，第300页。
[②]同上，第301页。
[③]同上，第299页。
[④]《泰晤士报》1861年11月5日。

第三节 新古典经济学对劳动者
报酬份额的研究

新古典经济学在研究要素报酬时继承了 Ricardo 的"边际"原理，其主要代表人物 Alfred Marshall 在劳动报酬份额方面的贡献在于：一是将均衡概念引入到政治经济学中，借助于"边际增量"来论证价值、工资和利息等的决定。Marshall 认为，工资是劳动这一生产要素的均衡价格，也就是劳动的需求价格和供给价格相均衡的价格，劳动的需求价格取决于"劳动边际生产率"（在其他因素不变的情况下，最后增加的那一个劳动者所提供的生产率），劳动的供给价格由养活、训练和维持有效劳动的成本决定的。二是劳动和资本在资本主义社会中的共赢，即劳动报酬会随经济增长而增加。Marshall 认为，工人和资本家的收入都会随着劳动和资本的生产率的提高而增加，二者之间是相互依赖和结合的，工人应该同资本家合作，而不是斗争。在《经济学原理》中，他做出的结论为："一般资本和一般劳动，在创造国民收益上是相互合作的，并按照它们各自的（边际）效率从国民收益中抽取报酬。它们的相互依存是极为密切的；没有劳动的资本，是僵死的资本；不借助于他自己或别人的资本，则劳动者势必不能永存。哪里的劳动奋发有力，哪里资本的报酬就高，资本的增殖也很快。由于资本和知识，西方国家的普通工人在许多方面都比以前的王公吃得好，穿得好，甚至住得也好。"①三是劳动者在议价中处于不利地位。Marshall认为，由于劳动力具有损耗性，出卖劳动力的往往都是穷人，离开劳动市场后的工人无法保存劳动，等等，劳动力是可以毁坏的，它的卖主在议价中往往处于不利地位。劳动者在议价中的这种不利地位具有如下效果：直接效果就是降低劳动者的工资，间接效果就是降低劳动者的工作效率，从而也降低劳动者劳动的正常价值，也使得劳动者以低于他正常价值出卖劳动的机会会增加。

研究劳动者报酬份额还应提到新古典的另一位代表人物 J. B. Klark。Klark（1899）在《财富的分配》中提出了边际生产力分配理论，从总量、购买和使用投入的生产要素费用和收入上，对各种投入要素的功能性分配进行了研究，认为资本家为了实现利润最大化，必须首先了解劳动的边际产品和劳动的价格。在竞争性行业，劳动的价格（工资）由整个劳动力市场所决定，厂商利润最大化的条件是劳动的边际产品价值等于工资，实际上是设想按照生产要素的贡献来论证功能性收入份额的正确性。《财富的分配》的序言指出："本书的目的在于说明社会收入的分配是受着一个自然规律的支配，而这个规律如果能够顺利地发挥作用，那么，每一个生产要素创造多少财富就得到多少财富。尽管工资可以根据人与人之间自由的磋商来调整，但是由自由磋商而产生的工资标准，倾向于和产业中由劳动所生产出来的那一部分产品相等，这是本书的主张。"②此后的经济学家也证明了在完全竞争的市场均衡条件下，如果每种投入要素都按其边际产品价值进行支付，要素的报酬就会等同于总产品价值，即产品耗尽原理。

Paul Douglas 和 Charles Cobb 基于美国数据，借助 Cobb–Douglas 生产函

---

① ［英］马歇尔：《经济学原理》（下卷），陈良璧译，商务印书馆2005年版，第215页。
② ［美］克拉克：《财富的分配》，商务印书馆1983年版，序言第1页。

数，论证了"劳动者报酬份额在时间上倾向于大致稳定"。Paul Douglas 把不变工资份额引入新古典增长和分配理论。在1934年的"工资理论"中，他估计了劳动的生产弹性在60%—80%之间，并发现这和当时的工资份额有高度的一致性。随后，借助于数学家 Charles Cobb 的帮助，使用欧拉定理和 Cobb-Douglas 生产函数，Douglas（1967）进一步说明收入分配是外在决定的，应该等于劳动和资本的生产弹性，在函数中劳动和资本所得份额应等于其对应的指数。劳动的贡献份额即工资所占的相对份额为a，资本的贡献份额即利润所占的份额为1−a。根据美国1899—1922年的统计资料，a取值为0.75，1−a则为0.25，就是说，工资和利润各自占国民收入的75%和25%，两者之比为3:1。

事实上，在19世纪末，劳动份额变动的观点逐渐被收入分配份额长期稳定的观点所代替。在20世纪初，Arthur L. Bowley（1920，1937）通过对1890—1913（另一数据为1860年以来）英国功能性分配的实证性研究，结论为：在1880—1911或1913，1913—1924，劳动所得对总收入的比例没有任何重要的变化。考虑到的众多类型收入有一种稳定性，得出劳动份额稳定的观点，从而成为首位明确表述劳动份额稳定观点的经济学家。Samuelson用 Bowley 名字来定义这一规则。同时还可以看到，Bowley（1919）在较早的时候，已经注意到英国工资份额在行业间存在较大的差异。认为在产业结构发生明显变化的情况下，而要素份额却保持相对稳定，这一事实的背后一定存在着一种神秘的、补偿性的行业重新分配，探讨这种机理相当重要。[①]这也为以后的研究提供了新的视角。

Hicks（1932，1936，1963）系统地论述了替代弹性、收入份额和技术进步偏向之间的相互依赖，详细揭示了稳定收入份额应具备的情形。Hicks

---

①Bowley A L.The Division of the Product of Industry，1919.

在1932年出版了《工资理论》，同 Douglas 先前出版的书名相同。在这本书中他首次系统梳理了替代弹性、收入份额和技术进步偏向的相互依赖，为新古典份额理论打下了基础。他认为，资本和劳动间的替代弹性经常是一致的。

Hicks 认为，替代弹性为：e＝d(b/a)/(b/a)÷d(Pa/Pb)/(Pa/Pb)

d(b/a)/(b/a)为投入数量比率的相对变化,d(Pa/Pb)/(Pa/Pb)为价格比率的相对变化，e 为二者之比。如果实际工资率相对实际于利息率在增加，并且这一变化伴有资本对劳动的预期增加，那么这些变化对相对收入份额的影响取决于 e 的取值是大于 1、等于 1 或小于 1。如果实际工资/实际利息率的比率和资本/劳动的比率的相对变化正好相互抵消，那么相对份额将保持不变；如果实际工资/实际利息率的比率相对上升，大于资本/劳动比率的上升，那么替代弹性就小于 1，劳动份额就会提高。

Solow（1958）对劳动者报酬份额的稳定性产生了质疑。当新古典增长理论在 20 世纪 50 年代中期成型时，收入份额不变的观点几乎出现在所有的著作中，但 Solow 多次强调：正是 Cobb-Douglas 生产函数的特性形成了不变的收入分配份额。他不相信关于不变工资份额的奇迹。在《对相对份额的不变性怀疑注解》中，他认为，在单个产业中，总工资份额变动趋向比个体工资份额在长期波动强烈，而不是工资份额的不变。

第四节　**凯恩斯经济学对劳动者
报酬份额的研究**

　　Keynes在《通论》中，并没有直接论述劳动者的报酬份额，但却论述了实际工资和就业量在短期间的负向关系。在论述古典经济学的第一个假设前提（工资等于劳动的边际产品）时，认为其将维持这一假设前提。他认为，在既定的组织结构、设备和技术条件下，实际工资和产出数量（从而和就业量）是唯一（负）相关的。如果就业量增加，那么在短期内，每一个劳动者所得到的以工资表示的报酬一般必然下降，从而利润上升。一般说来，只有在实际工资下降时，就业量才会伴随着实际工资的下降而增加。此外，Keynes论述了工资的弹性或刚性。他认为，维持稳定的货币工资的一般水平是在封闭制度中最应采用的政策（至少在短期应该如此），但在具体的行业中，工资一定程度的伸缩会促进劳动者从相对衰落到相对兴旺行业的转移，工资伸缩具有好处。他比较偏好的政策是：使工资缓慢上升，同时使价格保持稳定。因为，预期将来的工资较高要比预期将来的工资较低更容易把实际的就业量维持在充分就业的范围内，货币工资温和上升的趋向在心理上很可能会带来鼓舞人心之处。

　　Michal Kalecki对劳动者报酬份额的研究在于：一是认为商业部门增加值中的工资份额非常稳定。Kalecki是首先形成商业部门增加值中工资份额非常稳定这一理论的经济理论家之一，也是首先将其作为一种规则的人士之一。Kalecki 在 1938 年的《计量经济学》上发表的关于收入分配决定的文章中，把垄断程度看成主要的决定性因素，认为垄断程度、原材料价格与单位工资成本的比率和产业构成对私人部门总收入中工资相对份额具有决定因素。这篇文献有重要的意义，因为这是 Kalecki 首次把关于英国和美国 1880—1935 年工资份额的统计数据放到了一起，其数据来自于 Arthur L. Bowley（1920，1937）和 Colin Clark（1937）对英国的研究和计算，汇集了英国和美国体力劳动者在国民收入中的相对份额的发展，并在某些重要的方面对数据进行了修正。由于在构造两个国家国民工资单时面临许多困难，Kalecki 认为这是一个"假设的工资单"，并得出英国的最大工资份额是 43.7%（1931），最小是 40.7%（1911），美国的最大工资份额是 40.2%，最小是 39.3%（1923），国民收入中体力劳动者的份额在短期和长期是不变的，因此能够被称为是一种法则。凯恩斯参照了这篇文章，并再造了两个图表。他认为不管总体的产出水平和贸易周期阶段怎样，国民收入中分配到劳动中的部分是稳定的。二是对影响劳动份额的因素进行了研究。Kalecki 认为，劳动份额变化受以下因素的影响：一个是那些价格由成本决定的产业的平均标价的变化影响；另一个是通过影响对初级品的需求进而作用于原材料价格对单位工资成本之比率的资本家支出的变化。在随后的研究中，Kalecki 考察了劳资谈判对分配的作用。他认为，如果谈判能够改变对单位主要成本的标价的话，谈判就能够改变劳动的份额。在劳动力供给不足的情况下，商品价格的上涨允许"较大的工资上涨"，因为在商品价格和成本之间具有较大的差额。如果一个产业受到工会的压力而大幅提高工资，对这一差额的侵蚀就更为可能，特别应当指出的是，即使在商品价格没有明显上涨的情况下，这之间的差额仍然存在被工资侵蚀的状况，因为一个行业不会使其商品的价格上涨到同其他行业商品在竞争时缺乏竞争力这样一种程度。

Kaldor（1957）在充分就业假定的基础上进一步认为，长期中工资和利润份额不变，资本劳动比率和劳动生产率几乎以同样的增长率扩张和利润率保持不变，是任何有信服力的经济增长模型都必须具备的条件。他（1961）把工资份额不变的思想引入后凯恩斯增长和收入分配理论，甚至将劳动份额的长期稳定性定性为经济发展过程中的"特征事实"。

假定充分就业的总产出为 Y，利润储蓄倾向为 s_p，工资储蓄倾向为 s_w，并且 $s_p > s_w$，储蓄等于独立决定的投资，在短期均衡中，收入在工资和利润间分配。

则
$$I = s_p P + s_w W = s_p P + s_w (Y-P) = (s_p - s_w) P + s_w Y$$

$$\frac{I}{Y} = (s_p - s_w) \frac{P}{Y} + s_w$$

或
$$\frac{P}{Y} = \frac{1}{s_p - s_w} \frac{I}{Y} - \frac{s_w}{s_p - s_w}$$

从上述公式可以推出，在储蓄倾向既定的情况下，收入中的利润份额仅取决于投资对产出的比例，并且这一比例是外在决定的，在工人的储蓄倾向为零的情况下，利润量等于资本家的支出总量。

有些学者甚至认为，劳动份额的稳定性是"经济学上的伟大比率"。在 20 世纪 50 年代以后，工资份额稳定性的观点成为新古典以及后凯恩斯收入分配理论中的一块基石，但由于其已成为一种"特征事实"，对此研究逐渐减少，不过，劳动份额不变的观点至今仍在功能性收入分配理论中居于主流。

基本概念的界定

一、劳动者的界定

在《中国统计年鉴》中的收入法 GDP 核算中，我们可以看到劳动者报酬对应的英文为 Compensation of employees，正确翻译应为雇员（注意雇员同劳动者的区别，否则很难进行研究）报酬。对于劳动者，有多种解释，其中《现代经济学词典》就有三种解释：一是劳动或劳动力（Labor），指社会可用于生产过程的一切人力资源[1]；二是劳动力（Labor force），基本上由正在工作的和正在寻找工作的人员构成，包括在业者和失业者，学生、退休人员和从事家务的妇女和家庭主妇通常不被列为劳动力，某些失望的工人也不被列入劳动力，因为他们并不积极寻找工作[2]；三是劳动力（Labor power），是马克思用以表述工人卖给资本家的商品的一个专用术语，

---

[1] [英] 戴维·W. 皮尔斯：《现代经济学词典》，宋承先、寿进文、章雷等译，上海译文出版社 1988 年版，第 330 页。
[2] 同上。

工资率是劳动力这种商品的价格[①]。本文的劳动者指的是参加劳动并以自己的劳动收入为生活资料主要来源的人。但在同国外进行比较时，有时进行适当调整，调整到等同于雇员，不过会进行适当说明。

需要说明的是，雇员只是劳动者的一部分。我国是按劳动者来衡量劳动报酬的，这不但包括了拥有雇佣关系的雇员报酬，而且把不具有雇佣关系的农户和个体业主等的收入也归为劳动报酬，而国际标准将这部分收入算作混合收入，将其同营业盈余放在一起，一并算作营业盈余和混合收入，在计量报酬时只是衡量雇员的报酬，所以，通过这两种方法得出的数据不具有可比性。要进行比较，需要将我国的劳动者报酬份额转化为雇员报酬，将农户或个体户这些混合收入从现有劳动报酬中剔除，或者将发达国家的雇员报酬转变为我们所理解的劳动者报酬，就是将混合收入按适当的方法划归到劳动者报酬中。

二、劳动者报酬份额的界定

一般意义上的雇员报酬份额是雇员报酬和增加值的比率，但在具体运用时会出现两种问题：雇员边界和雇员报酬的界定，以及增加值的界定。正如Krueger（1999）所认为的，劳动份额的测度看起来很简单（劳动者的总报酬除以国民收入），但这一定义掩盖了几个棘手的问题。例如：谁是雇员？雇员应该包括CEO和业主吗？雇员报酬又包括哪些内容？公司官员的股票期权应该算作劳动收入吗？人力资本的投资回报应当作为劳动收入或者是资本收入？如何处理退休工人收到的长期的健康保险？高级总裁和

---

①［英］戴维·W.皮尔斯：《现代经济学词典》，宋承先、寿进文、章雷等译，上海译文出版社1988年版，第331—332页。

经营所有者的收入，多少应该归于资本，多少应该归于劳动？财产收入中多少归于劳动和资本？等等。[1]对这些问题的回答取决于要素份额使用的意图，所以在进行研究时，要对劳动者报酬份额给予清晰界定，对劳动者报酬及其份额的正确测度也显得尤为重要。Gollin（2002）认为，被观察到的多数跨国数据的不一致，事实上源自于对劳动者报酬不正确的测度。这种测度依靠许多因素：自我雇佣、非工资报酬、退休支付、来源不同部门的数据汇总、政府部门和间接税以及住房部门。Gollin 尤其讨论了对自我雇佣问题的不同解决办法[2]，认同 Young（1995）提出的对这个问题的解决方法，按自雇者同雇员相同或相近的职位、性别、年龄和教育等来确定劳动者的报酬，然而这个程序比较复杂，需要很详尽的微观数据。

为深刻理解劳动者报酬的含义，有必要对劳动者报酬份额这一定义的演变过程进行详细梳理。

古典经济学家的劳动者报酬即是工资，劳动者报酬份额即是工资总额同国民收入的比率。[3]这也是在目前的研究中，一些学者直接运用工资与 GDP 的比率来作为劳动者报酬份额的依据。例如，有研究认为，发达国家的工资一般占到企业运营成本的50%左右，而在中国不到10%[4]。事实上，有些数据并不准确，以美国为例，1981年以后的雇员工资和薪金份额就低于50%，2011年甚至降到了44.2%[5]。

对工资份额的准确计算需要工资单数据和国民收入数据，由此形成了

---

① Krueger Alan.Measuring Labor's Share.American Economic Review，1999，89（2），p.45.

② Gollin D. Getting income shares right.Journal of Political Economy，2002（110），pp.466–469.

③ 在古典经济学时期，只有国民收入的用法，并无GDP。

④《提高"劳动所得"势在必行》，《人民日报》2009年12月3日。

⑤ 源自美国经济分析局GDI份额，从理论上说，GDP＝GDI。

国民收入账户。由于英国不仅是收入结构理论的最早起源地,而且也是对国民收入实证和评价的最早起源地,因此,国民收入账户的演变首先起源于英国。早在17世纪,William Petty 等就进行了探索。从19世纪末开始,一直持续到20世纪30—40年代,有关国民收入账户的术语和概念最终成型,才确立了国民收入账户分类。由于这些问题的存在,计算工资和工资份额的时序数据,以及进行国别比较就显得比较困难。在18世纪末期,英国首先对计算国民收入的方法进行了调整,1842年还引入了收入税,通过这些渠道获取的数据比仅从贸易和生产统计中获取的数据可信度更强,所以,在英国使用要素收入方法而不是支出方法来衡量工资份额。这种方法也被 Bowley 所采用,Bowley 起始于1860年的工作,使英国国民工资单数据在一个相当长的时期内可以被后来的研究所利用,即使这样,Bowley 自身也承认:"我不认为统计资料能足以精密测量1880年前的收入、薪水或工资,就是在1880年以后,也仍有很大的不确定性。"在20世纪50年代,英国对1920—1938年间的工资单数据又进行了修订,质量有明显的提高。Bowley 的研究和出版物被引起广泛注意,并具有相当大的影响,被认为是要素报酬份额稳定性的最早提出者。

随着经济的发展,单纯用工资已经很难反映劳动者的报酬情况。劳动者报酬逐渐扩展到除工资外的薪水、各种补贴和社会保障,等等,现在的额外福利占劳动者报酬的比重越来越高。以美国为例,20世纪初期,雇员获取的报酬形式主要为工资,但在世纪末期的时候,一个正常雇员获取的报酬中有25%是以福利形式存在的[1],这些福利被称为附加福利,包括由雇主支付的健康、生活和失业保险,退休和储蓄计划以及年休假等。现

---

[1]Thomas Moehrle G. The Evolution of Compensation in a Changing.Bureau of Labor Statistics.

在，随着可变的支付计划变得日益重要，例如利润分享和股票期权等，组成报酬的福利元素在继续发生演变。此外，新出现的福利形式在对雇员激励方面的成效更加明显，例如家庭医疗等，这些福利形式也变得越来越重要。

我国国家统计局对劳动者报酬的定义是：指劳动者因从事生产活动所获得的全部报酬。包括劳动者获得的各种形式的工资、奖金和津贴，既包括货币形式的，也包括实物形式的，还包括劳动者所享受的公费医疗和医药卫生费、上下班交通补贴和单位支付的社会保险费等。对于个体经济来说，其所有者所获得的劳动报酬和经营利润不易区分，这两部分统一作为劳动者报酬处理。但在2004年，国家统计局又将个体经济的收入归为企业盈余。美国国民经济分析局对雇员报酬的界定是：雇员报酬是雇员工作的报酬收益，是工资和薪金收益以及对工资和薪金补充额的总量。工资和薪金收益由雇员货币报酬组成，包括公司官员的报酬，佣金、通胀保值债券和奖金，对某些延期支付方案的自愿雇员供款，以及以实物表示的收入。工资和薪金收益由垫付款和应付工资减去现款支付的工资组成。对工资和薪金的补充额是雇主对社会保险和其他劳动收入的出资。从此可以看出，我国劳动者的范围要大于美国的雇员范围，美国非雇佣人员的劳动收入并没有被计入雇员报酬，而是被计入了混合收入，这从美国经济分析局国民收入的统计构成中也可看出。

计算劳动者报酬份额时，在明确雇员及其报酬的基础上，还应明确其度量的分母，即经济体所创造的增加值。由于各学者在研究时对国民产值的定义不同，所以，在核算劳动者报酬份额时并没有共同的标准。只是到了第二次世界大战前夕，英国在军事调动时需要准确的统计数据，国民收入、国民生产总值这些目前常用的精确术语才被提出，并得以界定。国民生产总值这一概念在1940年前并没有被引入统计核算中，只是到了1952

年，当经合组织要求其成员国引入一个统一的和国际上可比较的国民核算分类体系时才得以运用。通过对文献梳理，可以看出，学者们在研究过程中经常运用GNP、GDP、GDI作为劳动者报酬份额的分母。一般而言，尽管这些数据有一定的出入，但总体差异不大，所以，基于不同的研究目的，均可以采用。但也要注意，在按成本构成计量劳动者报酬份额时，通常使用NI作为分母[1]，这样得出的数据就会明显提高。这也是有些学者在谈到劳动收入份额时给出的比值较高，而另一些学者给出的比值较低的一个根本原因。只是他们在说明问题时，并没有给出数据的来源。考虑到数据的可获得性和同其他国家的可比较性，本文在计量劳动者报酬份额时，主要选取GDP数据作为分母。为深入研究劳资间的分配比例，有时也使用NI作为分母，不过在研究时会给出明确说明。

本文对劳动者报酬份额的界定为：劳动者报酬同GDP的比率（在分析时如有变动，会有所说明）。劳动者报酬份额等于劳动者报酬总量同GDP总量之比，劳动者报酬总量取决于就业的劳动者人数和各劳动者所获得的报酬。在GDP总量一定的情况下，劳动者报酬总量的增加源于以下情况：在就业劳动者人数不变的情况下，就业劳动者报酬的增加或者就业劳动者报酬有增有减，但增加的劳动者报酬之和大于减少的劳动者报酬之和；在就业劳动者报酬不变的情况下，就业人数增加；就业劳动者人数和就业劳动者报酬同时增加；就业人数增加，但就业劳动者报酬减少，就业人数增加带来的劳动者报酬增加超过了就业劳动者报酬的减少；就业人数减少，但就业劳动者报酬增加，就业人数减少带来的劳动者报酬减少低于就业劳动者报酬的增加，等等。如果考虑到GDP的变化，情况会更复杂。

---

[1] NI只是GNP的一个重要组成部分，是GNP扣除间接税减补贴和资本折旧以后的部分。

第 三 章

我国劳动者
报酬份额变动趋势

第一节 ▶ **劳动者报酬份额计量及其选择**

在经济学中，收入分配可以说是一个永恒的主题。收入分配是关于经济中的个人和集团对国民收入进行分配的机制的理论。收入分配一般区分为两种性质：一种是按功能的收入分配，是指国民产品在不同生产要素（土地、资本和劳动）所有者之间进行的分配；另一种是个人收入分配，涉及个人收入的决定因素，而不管个人收入是从什么生产要素中派生出来的。①功能性收入分配也称要素收入分配，是以生产要素为主体的分配，依据生产要素在社会生产中发挥的作用或做出的贡献，对生产成果进行的分配，将要素在生产中的功能与分配联系在一起，反映了应以要素贡献的大小来确定其报酬或价格水平高低的基本要求，合理的要素价格是资源合理配置的重要前提条件之一。对功能性收入分配的研究又可以从宏观层面或微观层面来进行，微观层面一般是指各生产要素按照其在生产中的贡献，对本单位（一般为企业）增加值所进行的分配，而宏观层面是各类型生产要素的集合对地区生产总值的分配。本文研究主要为宏观层面，并且基于SNA核算体系。按照SNA体系，政府是提供公共服务的主要部门，同企业部门一样，也是生产部门，也创造增加值；金融机构作为企业部门也

①［英］戴维·W.皮尔斯：《现代经济学词典》，宋承先、寿进文、章雷等译，上海译文出版社1988年版，第156页。

创造增加值；城乡自雇者创造的增加值为住户部门增加值。将政府部门增加值、企业部门增加值、住户部门增加值进行加总就是GDP。

一、劳动者报酬份额的数据来源

我国劳动者报酬份额的数据主要来源于以下渠道：一是1995年以来《中国统计年鉴》提供的各省份收入法GDP项目构成数据。二是《中国国内生产总值核算历史资料（1952—1995）》《中国国内生产总值核算历史资料（1996—2002）》和《中国国内生产总值核算历史资料（1952—2004）》分别提供的1978—1995年、1995—2002年和2002—2004年各省份收入法GDP项目构成数据，分产业的收入法GDP项目构成数据，还提供了第二、三产业的细分数据。三是通过国民经济核算中的投入产出表。四是《中国统计年鉴》从1998年开始发布的资金流量表数据。收入法国内生产总值主要包括四项：劳动者报酬、生产税净额、固定资产折旧和营业盈余。

计算公式为：

增加值＝劳动者报酬＋生产税净额＋固定资产折旧＋营业盈余

由于《中国国内生产总值核算历史资料（1952—2004）》是截止到目前所修订的最新数据，在本文的研究中，主要使用该数据，2004年以后的数据用《中国统计年鉴》中各省份GDP收入法项目构成数据来补充。

二、劳动者报酬份额的计量公式

前面已经论述，劳动者报酬属于功能性收入分配，是劳动者提供的劳动这一生产要素贡献所获取的收益。地区生产总值是劳动者获取的劳动报酬、资本获取的利润、土地获取的地租和政府获取生产税的加总。

在计算劳动者报酬份额时，通常采用地区生产总值作为分母，一是因为此数据便于获取，二是便于进行国际比较，因为多数国家提供的数据都是GDP。本研究首先按照此来计算劳动者报酬份额。

采用的计算公式为：

$$Ls＝劳动者报酬/ GDP$$

由于政府在初次分配中获取生产税（政府对生产单位从事生产、销售和经营活动以及因从事这些活动使用某些生产要素所征收的各种税、附加费和规费等），如果把政府当作一个独立的经济部分，生产税可以看作是对政府提供服务的收益，但在研究劳资间的分配时，政府收取的这部分应当剔除。在这种情况下，计算公式为：

$$Ls＝劳动者报酬/（GDP－生产税净额）$$

有的研究在进行计算时，将固定资产折旧也进行剔除，只考虑劳动者报酬和营业盈余所组成的劳动者报酬份额。计算公式为：

$$Ls＝劳动者报酬/（GDP－生产税净额－折旧）$$

本文主要以第一种劳动者报酬份额的计算方法为主，同时为研究需要，在不同的情况下，也进行另外两种计算。

在前面的论述中，已经说明劳动者同雇员的区别，劳动者比雇员涵盖的范围更加广泛，包括一部分自雇者。在我国的国民经济核算中，劳动者报酬包括了自雇者（2004年以前将自雇者，比如个体户的劳动报酬和经营盈余全部归为劳动者报酬），而国外的数据大多为雇员报酬，美国经济分析局和《国际统计年鉴》中提供的数据也多为雇员报酬数据，在国外其他数据较难获得的情况下（只有极少的研究将自雇者的收入算为混合收入，并进行了适当调整），只能对我国的劳动者报酬数据进行调整。因此，对劳动者报酬进行适当调整是同国外进行有效比较的关键。本文按照国际上通用的调整方法进行了调整，对我国劳动者报酬的调整，主要涉及农民的经营性收入和城镇个体户经营性收入。我国的大多数农民属于典型的自雇者，但在2004年以前的统计中将其所有经营性收入都计为劳动报酬。由于农民数量相当大，这种计算方法严重高估了我国的农业劳动者报酬份额，也高估了全国总劳动者报酬份额。改革开放后城镇个体户增长较快，其经营性收入增长迅速，如果全部计入劳动者报酬也会高估全国劳动者报酬份额。调整计算公式如下：

$$Ls' = W'/Y = [(Wa - 1/3Iam) + (Wn - 1/3Inm)]/Y$$

Ls′表示调整后的劳动者报酬份额，W为未调整的劳动者报酬，W′为调整后的劳动者报酬数据，Y为地区生产总值（GDP），Wa为未调整的农业劳动者报酬数据，Wn为未调整的非农业劳动者报酬数据，Iam为农民的经营性收入，Inm为城镇个体工商户的经营性收入。

在目前对我国劳动者报酬份额的研究中，存在不同的计量方式和结果，笔者首先对此加以分析，然后按照国际上通用的标准对我国的劳动者报酬份额进行调整。

劳动者报酬份额变动测算及
趋势描述

一、直接使用统计数据测算的劳动者报酬份额变动

计量方法：第一，加总《中国国内生产总值核算历史资料（1952—2004）》和《中国统计年鉴（2005—2008）》中各省份劳动者报酬、固定资产折旧、生产税净额和营业盈余得到各省的地区生产总值；第二，加总各省的地区生产总值得到全国的地区生产总值；第三，加总各省的劳动者报酬得到全国的劳动者报酬；第四，全国劳动者报酬除以全国地区生产总值得到全国的劳动者报酬份额。尽管这一算法受到了一些学者的质疑①，但由于这一算法可以获得比较连续的数据，所以笔者仍然采用这一算法。但需要说明的是，由于国家统计局没有提供2008年和2013年的劳动者报

---

① 这些学者认为，由于各地上报的地区生产总值一般高于国家统计局的数据，最终得到的全国地区生产总值明显低于各省份加总的地区生产总值。我国国内生产总值核算数据包括国家和地方两个层级，"省际收入法数据"属于地方核算数据，所以也存在高估。由于劳动者报酬和生产税高估操作较难，固定资产折旧和营业盈余高估的可能性更大，而这两项主要属于资本收入，所以可能会高估资本收入，进而高估资本收入份额。不过笔者认为，利用的数据是经过调整的国内生产总值，能够较好说明问题。

酬数据，这两年数据缺少；国家统计局也没有提供国内生产总值连续核算的历史资料，2005年以前及其以后的数据来自于不同的渠道，可能存在口径不一的问题。

表3-1　1978—2014年我国劳动者报酬份额变动趋势

年份	劳动者报酬份额(%)	年份	劳动者报酬份额(%)
1978	49.64	1999	49.97
1979	51.45	2000	48.71
1980	51.18	2001	48.23
1981	52.71	2002	47.75
1982	53.58	2003	46.16
1983	53.54	2004	41.55
1984	53.68	2005	41.33
1985	52.74	2006	40.61
1986	52.82	2007	39.74
1987	52.02	2009	46.62
1988	51.69	2010	45.01
1989	51.55	2011	44.94
1990	53.31	2012	45.59
1991	52.12	2014	46.50
1992	50.04	最大值	53.68
1993	49.49	最小值	39.74
1994	50.35	平均值	49.12
1995	51.44	标准差	3.94
1996	51.21	变异系数	0.08
1997	51.03	年均变化	-0.18
1998	50.83		

数据来源：1978—1992年取自《中国国内生产总值核算历史资料（1952—1995）》；1993—2004年取自《中国国内生产总值核算历史资料（1952—2004）》；2005—2014年取自《中国统计年鉴（2006—2015）》。

从表3-1的变动趋势可以看出，改革开放以来，我国劳动者报酬份额经历了上升、下降、再上升这样一种变动趋势。从改革开放之初的约

50%，上升到1984年的53.68%，随后在1990—2002年保持稳定，2002年以后出现明显下降，下降到2007年的39.74%，但到2014年又上升到46.50%。具体来看：从1978—1990年的劳动者报酬份额总体上是上升的，1990年达到了53.31%，其间的1984年甚至达到了整个研究区间的最大值53.68%。1990年后开始下降，尤其是从1995年开始，基本走上了下降通道，几乎每年的劳动者报酬份额同上一年相比都在下降（这也是多数研究者通常所认为的劳动者报酬份额变动的转折点）。在下降过程中，2004年还有一个陡降，从2003年的46.16%降低到2004年的41.55%，降低了近5个百分点，这主要是由于统计口径变化所致。在2004年以前，个体经营户生产经营获得的纯收入，都被算作劳动者报酬，这种算法高估了劳动者报酬份额；2004年以后，个体经营户获得的纯收入，都被视为营业盈余，这又低估劳动者报酬份额。在经济发展过程中，个体户的数量也在发生变化，这也会影响劳动者报酬份额的变动趋势。2007年出现了所研究期间的最低值39.74%，比最高值低了近14个百分点。这也是众多学者认为的我国劳动者报酬持续下降时期。2009年后，劳动者报酬份额又呈现出逐渐上升的趋势。从劳动者报酬份额的平均值来看，1978—1999年间的数据都高于均值49.12%，随后年份的数据都低于均值。研究期间劳动者报酬份额的标准差为3.94，各年劳动者报酬份额偏离均值仍较大，但年均变动率为−0.02%。

研究劳动者报酬份额变动趋势，也可以从另外一种路径来分析，即从GDP四部分构成。为使数据具可比性，本研究使用《中国国内生产总值核算历史资料（1952—2004）》以及按照统一口径的《中国统计年鉴》。从表3-2数据看，1993—2014年，劳动者报酬份额最大值为1995年的51.44%，最小值为2007年的39.74%，高低相差近12个百分点，平均值为46.86%，2002年以后的每一年份都低于该数值，标准差为3.74，说明劳动者报酬份额整体变动幅度在所研究的时期内并不是很大，但有些年份的劳动者报酬份额偏离平均值却很大。从固定资产折旧来看，1993—2014 年间的最大值为 2005 年的 14.93%，最小值为 1996 年的 12.74%，平均值为 13.59%，标准差为 0.63，其间的总体波动不大。从生产税净额来看，最大值为 2012 年的 15.89%，最低值为 1993 年的 11.68%，平均值为 14.43%，标准差为 1.33。从经营盈余来看，最大值为 2007 年的 31.29%，最小值为 1998 年的 21.68%，高低相差近 10 个百分点，平均值为 25.12%，2004 年以后的数据多高于平均值，标准差为 3.13，波动也较大。从数据可以看出，固定资产折旧和生产税净额尽管在所研究时期稍有提高，但总体变动不大，劳动者报酬份额的下降主要是由于经营盈余份额的提高，2004 年企业营业盈余份额出现陡增，数值为 31.29%，比 2003 年高了 6 个多百分点，2007 年达到最高点 31.29%，2004—2007 年都维持在 30% 左右的水平，都比较高，但 2009 年（2008 年的数据缺少）又出现陡降，数值为 24.67%，降低了近 7 个百分点。尽管国家统计局官方没有说明，笔者觉得，企业经营盈余出现的陡升或陡降可能是统计口径出现了变化。如果确实是这样的话，所研究的结论需要进一步调整。需要指出的是，企业经营盈余份额的陡升或陡降，恰恰同相应年份劳动者报酬份额的陡降或陡升相联系，而同时期的固定资产折旧份额和生产税净额却没有发生较大的波动。如果存在调整，调整对劳动者报酬份额和企业经营盈余影响最大，而对固定资产折旧份额和生产税净额份额影响相对小些。

表3-2 1993—2014年我国初次分配格局

年份	劳动者报酬份额(%)	固定资产折旧份额(%)	生产税净额份额(%)	营业盈余份额(%)
1993	49.49	14.05	11.68	24.78
1994	50.35	13.83	12.00	23.82
1995	51.44	12.96	12.27	23.33
1996	51.21	12.74	12.89	23.15
1997	51.03	13.04	13.65	22.28
1998	50.83	13.24	14.26	21.68
1999	49.97	13.43	14.89	21.71
2000	48.71	14.07	15.31	21.92
2001	48.23	13.92	15.63	22.21
2002	47.75	13.80	15.59	22.85
2003	46.16	13.91	15.77	24.16
2004	41.55	14.10	14.06	30.29
2005	41.40	14.93	14.12	29.56
2006	40.61	14.56	14.16	30.67
2007	39.74	14.16	14.81	31.29
2009	46.62	13.51	15.20	24.67
2010	45.01	12.87	15.24	26.88
2011	44.94	12.92	15.61	26.54
2012	45.59	12.86	15.89	25.66
2014	46.50	12.89	15.64	24.97
最大值	51.44	14.93	15.89	31.29
最小值	39.74	12.74	11.68	21.68
平均值	46.86	13.59	14.43	25.12
标准差	3.74	0.63	1.33	3.13

数据来源：1993—2004年取自《中国国内生产总值核算历史资料（1952—2004）》；2005—2014年取自《中国统计年鉴（2006—2015）》。

研究劳动者报酬份额变动趋势，还可以从三次产业构成来分析。这种研究方法是将总劳动者报酬份额看成是各产业劳动者报酬份额的加权平均，权数是各产业增加值占地区生产总值的比重，各产业劳动者报酬份额是各产业劳动者报酬占该产业增加值的比重（详见表3-3）。

表3-3　1978—2007年我国分三次产业劳动者报酬份额

年份	劳动者报酬份额（%）	一产劳动者报酬份额（%）	二产劳动者报酬份额（%）	三产劳动者报酬份额（%）
1978	49.64	86.67	31.03	43.31
1979	51.45	86.55	31.4	45.79
1980	51.18	87.11	31.76	45.71
1981	52.71	88.4	31.72	45.7
1982	53.58	81.02	32.64	45.19
1983	53.54	87.12	30.95	44.91
1984	53.68	87.48	32.64	45.8
1985	52.74	87.82	34.54	42.72
1986	52.82	82.15	35.13	49.34
1987	52.02	85.56	35.46	43.33
1988	51.69	84.99	36.13	43.08
1989	51.55	84.34	37.25	38.15
1990	53.31	85.64	38.89	43.34
1991	52.12	79.64	39.04	47.67
1992	50.04	84.72	37.33	43.3
1993	49.49	85.69	39.36	42.05
1994	50.35	85.13	39.61	44.1
1995	51.44	86.08	41.52	43.81
1996	51.21	86.54	41.4	43.43
1997	51.03	86.41	42.04	43.67
1998	50.83	86.64	42.44	43.68
1999	49.97	86.47	41.88	43.74
2000	48.71	85.65	40.62	43.92
2001	48.23	85.44	40.29	43.93
2002	47.75	84.46	39.92	44.35
2003	46.16	83.44	38.75	43.36
2004	41.55	90.56	33.25	36.26
2005	41.33	–	–	–
2006	40.61	–	–	–
2007	39.74	–	–	–

年份	劳动者报酬份额（%）	一产劳动者报酬份额（%）	二产劳动者报酬份额（%）	三产劳动者报酬份额（%）
最大值	53.68	90.56	42.44	49.34
最小值	39.74	79.64	30.95	36.26
平均值	49.68	85.62	36.93	43.84
标准差	3.97	2.22	3.91	2.74

数据来源：《中国国内生产总值核算历史资料（1952—1995）》《中国国内生产总值核算历史资料（1952—2004）》，2005—2007年取自《中国统计年鉴（2006—2008）》。

表3-3表明，总劳动者报酬份额是各产业劳动者报酬份额的加权平均，通过对其产业分解，可更清晰看出其产业构成变动，也即第一、第二、第三产业劳动者报酬份额的变动是如何影响总劳动者报酬份额变动的。1978—2004年[①]，第一产业由于所使用的资本相对于第二和第三产业较少，投入的生产要素主要为劳动力，第一产业劳动者报酬份额明显高于第二、第三产业，平均值85.62%，是第二产业平均值的2.32倍，是第三产业平均值的1.95倍。具体到各产业劳动者报酬份额变动：第一产业劳动者报酬份额总体未出现明显的持续上升或下降，只是在1991年出现了陡降，从1990年的85.64%降到1991年的79.64%，但随后1992年恢复到84.72%；第二产业劳动者报酬份额以1998年为转折点，前期处于上升态势，随后下降；第三产业劳动者报酬份额总体波动不大，均值为43.84%。在2004年，各产业劳动者报酬份额都有明显变动，第一产业陡增，第二、第三产业出现陡降，第一产业从2003年的83.44%增到2004年的90.56%，第二产业、第三产业则分别从2003年的38.75%、43.36%降到2004年的33.25%、36.26%，

---

① 2004年以后，没有合适的按产业构成的劳动者报酬数据，所以也没有办法来计量按产业构成的劳动者报酬份额，也即是说，真正有比较意义的是1978—2004年的数据。

总劳动者报酬份额也从2003年的46.16%陡降到2004年的41.55%。

　　西方学者在研究劳动者报酬份额变动的时候，有时将生产税净额剔除，其主要目的在于研究劳动者报酬在劳资间的分配。如果继续将生产税净额剔除来研究劳资间的分配份额，可得到下表3-4。从表3-4看出，剔除生产税净额后，劳动者报酬份额都明显提升，但变动趋势同前述研究并没有发生本质变化。1993-1998年的劳动者报酬份额从56.03%增至最大值59.27%，随后逐年下降，这一转折点同没有剔除前的变动趋势相比，推迟了3年。在下降过程中，2004年也陡降近7个百分点，2004年以后的份额都低于平均值54.77%，2007年达到最低值46.65%，同最大值相差近13个百分点。整个研究期间数据的标准差为4.07，某些年份的劳动者报酬份额偏离平均值较大。固定资产折旧份额在研究期间的波动仅2个百分点，标准差为0.69，是劳动者报酬份额、固定资产折旧份额和经营盈余份额中最小的。相对于其他要素而言，每年的固定资产折旧份额偏离平均值不大。与劳动者报酬份额变动相对应，经营盈余份额在此期间也发生了较大波动，最大值为2007年的36.73%，最小值为1998年的25.28%，这恰好分别对应劳动者报酬份额的最低值和最大值的年份，标准差为3.72。固定资产折旧和经营盈余二者之和可以称之为资本收入，二者同地区生产总值相比，就是固定资产折旧份额和经营盈余份额，劳动者报酬份额的减少就是固定资产折旧份额和经营盈余份额之和的增加。

表3-4　1993—2014年剔除生产税净额后的分配格局

年份	劳动者报酬份额(%)	固定资产折旧份额(%)	营业盈余份额(%)
1993	56.03	15.91	28.06
1994	57.21	15.72	27.07
1995	58.63	14.77	26.59
1996	58.79	14.63	26.58
1997	59.09	15.11	25.80

年份	劳动者报酬份额(%)	固定资产折旧份额(%)	营业盈余份额(%)
1998	59.27	15.44	25.28
1999	58.71	15.78	25.51
2000	57.51	16.61	25.88
2001	57.17	16.50	26.33
2002	56.57	16.35	27.08
2003	54.80	16.52	28.68
2004	48.35	16.40	35.24
2005	48.67	16.59	34.74
2006	47.31	16.96	35.73
2007	46.65	16.62	36.73
2009	54.98	15.94	29.09
2010	53.11	15.18	31.71
2011	53.25	15.30	31.45
2012	54.21	15.29	30.50
2014	55.12	15.28	29.59
最大值	59.27	16.96	36.73
最小值	46.65	14.63	25.28
平均值	54.77	15.85	29.38
标准差	4.07	0.69	3.72

数据来源：1993—2004 年取自《中国国内生产总值核算历史资料（1952—2004）》；2005—2014 年取自《中国统计年鉴（2006—2015）》。

二、调整后劳动者报酬数据及前后数据对比

通过对农民和个体户劳动者报酬的调整，可以发现我国劳动者报酬份额在1978—2007年的变动范围介于39.16%—45.69%之间，最大值为1995年的45.69%，最小值为2007年的39.16%，纵向来看，1978年的劳动者报酬份额为40.15%，而2007年的劳动者报酬份额为39.16%，两者仅相差

0.99个百分点，可以认为在此期间劳动者报酬份额具有一定的相对稳定性。分阶段来看，1978—1990年，劳动者报酬份额逐步上升到45.31%，上升了近5个百分点；1990—2002年，劳动者报酬份额稳定在43.72%—45.69%；2002年以后，劳动者报酬份额开始明显下降，到2007年下降了近5个百分点。在整个发展阶段，劳动者报酬份额总体上相对稳定（见表3-5）。

表3-5　调整后的1978—2007年我国劳动者报酬份额数据变动趋势①

年份	劳动者报酬份额(%)	年份	劳动者报酬份额(%)
1978	40.15	1996	45.30
1979	41.71	1997	45.33
1980	40.90	1998	45.59
1981	41.58	1999	45.11
1982	41.09	2000	44.42
1983	40.94	2001	44.26
1984	42.68	2002	44.08
1985	43.38	2003	42.81
1986	43.94	2004	39.99
1987	43.72	2005	40.37
1988	43.91	2006	39.90
1989	44.07	2007	39.16
1990	45.31	最大值	45.69
1991	45.05	最小值	39.16
1992	43.82	平均值	43.09
1993	43.72	标准差	1.96
1994	44.64	变异系数	0.05
1995	45.69	年均变化	0.69

数据来源：1978—1992年取自《中国国内生产总值核算历史资料（1952—1995）》；1993—2004年取自《中国国内生产总值核算历史资料（1952—2004）》；2005—2007年取自《中国统计年鉴（2006—2008）》。

———————————

①该表为张车伟的研究成果，鉴于统计数据的可获得性和可比较性，数据只列举
到2007年。

　　调整前后劳动者报酬份额的比较：一是劳动者报酬份额变动的总体趋势。调整后的劳动者报酬份额变动不大，相对稳定。在研究所考察的时期内（1978—2007），1978年的水平同2007年的水平大体相当；调整前的劳动者报酬份额存在较明显的从高到低变动，2007年为最低值，最大值和最小值相差近14个百分点，标准差为3.97，明显大于调整后的1.96。二是调整后的劳动者报酬份额明显低于调整前。调整前的平均值为49.68%，调整后的平均值为43.09%，低了6个百分点。三是1995年以后的劳动者报酬份额处于下降态势。无论是调整前，还是调整后，1995年以后的数据都在下降，2004年以后的几年下降尤其明显。四是2004年以后的调整前后数据逐渐趋同（参见图3-1）。这一趋同从20世纪90年代初期已经开始，到2004年以后已经变动不大，逐渐趋于重合。五是农业劳动者报酬份额同非农业劳动者报酬份额的差距在明显缩小。调整前农业劳动者报酬份额平均值为85.62%，非农业劳动者报酬份额的平均值约为40%，差距相当大，而调整后的均值分别为52.79%和39.54%，差距仅约13个百分点。

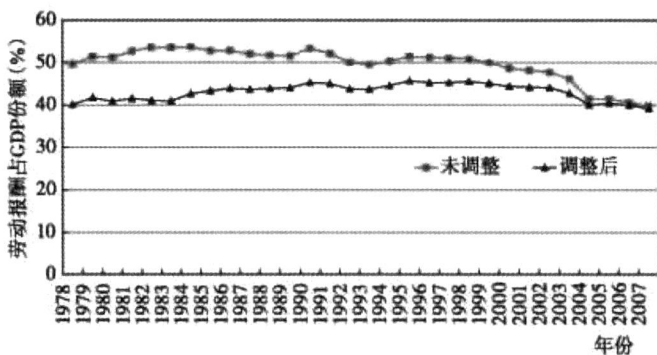

图3-1　调整前后劳动者报酬份额对比[①]

———————

①该图为张车伟的研究成果。

应注意的是，调整后的劳动者报酬份额尽管比原有数据更准确，但还存在一些问题。

一是对于农村个体户的收入，没有单独进行调整。按照国家统计局施发启（2010）的研究，2004年第一次经济普查数据对城乡个体户采取不同的处理方法：城镇个体户的所有混合收入都被视为营业盈余，而农村个体户的混合收入都被视为劳动报酬，利用这种方法调整的劳动报酬可能被低估，从而低估劳动者报酬份额。但在2008年我国第二次经济普查中，个体户只调查两个数据：户数和雇佣的人数，对个体户的财务状况并没有进行调查。国家统计局利用个体户税收资料，来推算个体户创造的增加值。具体处理方法为：利用个体户所在行业的营业盈余同其增加值的比重乘以一个调整系数（通常小于1），来估算个体户的营业盈余，最终推算出个体户的劳动报酬。由于所乘的调整系数小于1，估算出的营业盈余会偏低，最终推算出的个体户劳动报酬也较高。通过这种调整方法，推算出的2008年劳动者报酬份额，可能会有一个大的提高。[①]

二是对农民收入的调整。国际上是将农民的收入作为混合收入来计算的，将其同营业盈余归到一起，是同雇员报酬分开的，只是在比较要素份额的时候，对混合收入进行调整，将其分劈为雇员报酬和营业盈余。本文对混合收入的分劈并不彻底，如果分劈彻底的话，我国的劳动者报酬份额可能更低（详见表3-6）。

---

①宋晓梧、李实、石小敏等：《中国收入分配：探究与争论》，中国经济出版社2011年版，第61页。

表3-6　剔除农民和个体户经营收入的雇员报酬份额

年份	劳动者报酬份额（%）	调整的劳动者报酬份额（%）	自雇者收入份额（%）	雇员报酬份额（%）
1978	49.64	40.15	28.47	11.68
1979	51.45	41.71	29.22	12.49
1980	51.18	40.90	30.84	10.06
1981	52.71	41.58	33.39	8.19
1982	53.58	41.09	37.47	3.62
1983	53.54	40.94	37.8	3.14
1984	53.68	42.68	33.00	9.68
1985	52.74	43.38	28.08	15.3
1986	52.82	43.94	26.64	17.3
1987	52.02	43.72	24.9	18.82
1988	51.69	43.91	23.34	20.57
1989	51.55	44.07	22.44	21.63
1990	53.31	45.31	24.00	21.31
1991	52.12	45.05	21.21	23.84
1992	50.04	43.82	18.66	25.16
1993	49.49	43.72	17.31	26.41
1994	50.35	44.64	17.13	27.51
1995	51.44	45.69	17.25	28.44
1996	51.21	45.30	17.73	27.57
1997	51.03	45.33	17.10	28.23
1998	50.83	45.59	15.72	29.87
1999	49.97	45.11	14.58	30.53
2000	48.71	44.42	12.87	31.55
2001	48.23	44.26	11.91	32.35
2002	47.75	44.08	11.01	33.07
2003	46.16	42.81	10.05	32.76
2004	41.55	39.99	4.68	35.31
2005	41.33	40.37	2.88	37.49
2006	40.61	39.90	2.13	37.77
2007	39.74	39.16	1.74	37.42

年份	劳动者报酬份额（％）	调整的劳动者报酬份额（％）	自雇者收入份额（％）	雇员报酬份额（％）
最大值	53.68	45.69	37.80	37.77
最小值	39.74	39.16	1.74	3.14
平均值	49.68	43.09	19.79	23.30
标准差	3.97	1.96	10.13	10.09

数据来源：1978—1992 年取自《中国国内生产总值核算历史资料（1952—1995）》，1993—2004 年取自《中国国内生产总值核算历史资料（1952—2004）》，2005—2007 年取自《中国统计年鉴（2006—2008）》。调整中运用到《中国统计年鉴（1979—2008）》城乡居民经营性收入和从业人员数据。

前文已经说明，劳动者是一个比雇员更宽泛的范畴，国外正式的统计资料一般只给出雇员报酬及其份额。为同国外进行有效比较，可将我国的劳动者报酬份额进一步转化为雇员报酬份额，调整方法为从未调整的劳动者报酬数据中剔除农民和个体户的一部分经营收入。从表3-6中可以看出，1978—2007 年间，我国雇员报酬份额基本在增加，从改革之初的12%左右，上升到2007年的37.42%，尤其是2004年以后更是明显增加，而自雇者收入份额则明显下降，从改革之初的30%左右，下降到2007年的1.74%，二者的标准差都比较大，都超过了10，自雇者的标准差甚至达到10.13。将我国雇员报酬份额变动趋势和劳动者报酬份额变动趋势综合来看，一方面，雇员报酬份额在增加，另一方面，劳动者报酬份额处于低水平稳定，雇员报酬份额增加和劳动者报酬份额低水平稳定相伴而生，认清这一点，是正确判断我国劳动者报酬份额变动趋势的实证基础。

我国劳动者报酬份额变动的
机理分析

改革开放以来，我国劳动者报酬份额的变动趋势总体上保持着相对稳定，波动不是太大，可以划分为如下几个阶段：1978—1990年的稍有上升；1990—2002年的大致稳定；2002年以后的明显下降，以及2007年以后的回升。按照前面对研究的综述，劳动者报酬份额的变动主要取决于劳动力的供求关系变动、产业结构变动、市场经济发展、技能偏向的技术进步、劳动生产率变动、劳资双方在经济关系中的地位，以及全球化的变动。

以党的十一届三中全会为标志，我国拉开了改革的序幕。农村率先在全国进行了改革，家庭联产承包责任制和统分结合的双层经营体制逐渐在全国推行，这极大地调动了广大农民的生产积极性，有效地提高了农民的劳动生产率。在粮食丰产的同时，国家也及时提高了粮食收购价格，农民收入明显提高，在调整前的劳动者报酬份额变动趋势中可以清晰看出这一发展态势，1984年达到了高点，为53.68%。但在调整后的数据中，农民作为自雇者，其经营收入为混合收入，应将其分劈为劳动者报酬和经营盈余，所以变动并不是很明显，1978—1983年变化不大，只是到1984年才有明显提高。1984年以后，改革的重点逐渐转向城市，国有企业着手探索自主经营、自负盈亏、富有活力和效率的经营体制，企业经营自主权进一步扩大，效益也得到了一定的提高，企业员工的报酬水平有了一定的提高。与此同时，我国独具特色的乡镇企业得以快速发展，在1984—1988年间，国家对乡镇企业的支持政策全面放开，支持力度明显加大，乡镇企业经历了第一个发展高峰，乡镇企业从业人员数量从5028万增加到9545万[①]，这无疑会大大增加劳动者报酬，提高劳动者报酬份额。通过这些机理分析，该阶段的劳动者报酬份额总体上得以提高，这一变动持续到1990年。在进行体制转型的过程中，我国的发展方式也进行了转型，在产业选择和发展方面，从重工业优先发展逐渐转向了比较优势发展，劳动力资源优势得以逐渐发挥，这在一定程度上会提高劳动者报酬和扩大就业，增加我国劳动者报酬份额。

进入20世纪90年代以后，对市场化进程探索加快，尤其是1992年确立了社会主义的市场经济体制，经济体制改革的方向得以明确，这一进程推进更快。在整个90年代，国有企业按照建立现代企业制度的方向，继续改革，一批大中型国有企业被改制为国有独资、有限责任和股份有限公司，多数小型国有企业和集体企业通过改组、联合、兼并、租赁、承包、股份合作和出售等形式也进行了改革，下岗失业人员增多。乡镇企业在此时期继续得以大力发展，吸纳了大量的农村剩余劳动力和下岗失业人员，大大拓宽了劳动力的就业渠道。据2008年6月18日的《经济日报》：1992—1996年，乡镇企业进入全面改革与发展的新阶段，从业人员从10581万人增加到13058万人。乡镇企业的大发展，不但吸纳了国企改革带来的失业人口，更重要的是使就业人口逐渐从农业转向了工业，带来了就业结构的深刻变化。减员增效所带来的就业人口减少，很多就业人员被乡镇企业所吸纳，这一时期的总体劳动者报酬份额并没有发生大的变化。

[①]李力：《我国乡镇企业进入新一轮发展时期》，《经济日报》2008年6月18日。

进入21世纪后，尤其是到2007年以前这段时期，随着发展战略的推进，劳动力比较优势尽管仍然在经济发展中发挥着重要作用，农村中的剩余劳动力继续大量流出，被吸纳到经济发达区域的企业中，为经济发达区域的经济发展做出了重要贡献，但是，由于对地方政府领导考察的GDP导向固化，各地方政府纷纷展开了经济增长的竞争，经济竞争主要依靠投资，这使原本稀缺的资本在经济结构中的地位越来越凸显，劳动者报酬并没有被合理支付。我国多年的资本形成率都在30%以上，有些年份更高就是例证。尤其是加入WTO后，为促进本地经济的快速增长，各地出台了许多招商引资的优惠政策，创新了众多的招商引资手段，将招商引资作为地方经济发展的一号工程，采取驻点招商、全民招商等，为招揽外资，有些地方政府甚至以牺牲劳动者的基本权益为代价，部分地方政府的行为目标发生了严重偏差，劳动者报酬处于较低水平。按照经典的理论，外资进入能够缓解资本的稀缺，应该有利于劳动者报酬的增加和劳动者报酬份额的提高，但在我国却没有出现这样的情况，这只能说明资本流入带来的对劳动者报酬提升的正效应被其他的负效应所抵消，而这种抵消很可能就是来自于劳资力量的变化朝着不利于劳动者的方向在发展。

2007年后，劳动者报酬份额不断提高。首先是党和政府对提高劳动者报酬越来越重视，出台和实施了一系列的政策和措施。党的十七大报告指出，深化收入分配制度改革，增加城乡居民收入。要坚持和完善按劳分配为主体、多种分配方式并存的分配制度，健全劳动、资本、技术、管理等生产要素按贡献参与分配的制度，初次分配和再分配都要处理好效率和公平的关系，再分配更加注重公平。逐步提高居民收入在国民收入分配中的比重，提高劳动报酬在初次分配中的比重。党的十八大报告又指出，千方百计增加居民收入。实现发展成果由人民共享，必须深化收入分配制度改革，努力实现居民收入增长和经济发展同步、劳动报酬增长和劳动生产率提高同步，提高居民收入在国民收入分配中的比重，提高劳动报酬在初次分配中的比重。初次分配和再分配都要兼顾效率和公平，再分配更加注重公平。深化企业和机关事业单位工资制度改革，推行企业工资集体协商制度，保护劳动所得。党的十九大报告也提出，坚持在经济增长的同时实现居民收入同步增长、在劳动生产率提高的同时实现劳动报酬同步提高。党和政府对劳动者报酬份额的重视，促进了有效提高劳动者报酬措施的实施。例如，各地不断提升最低工资标准，最低工资标准提高的幅度和频率不断增加。尽管最低工资制度对劳动者报酬份额的影响机理比较复杂。因为，最低工资制度的实施会带来劳动收入、资本收入和GDP的变动，从而导致劳动者报酬份额的变动。但总体而言，最低工资制度的实施对劳动者报酬份额有两方面的影响。一方面，其实施会提高所覆盖劳动者或其他就业人员的收入，在其他情况不变的条件下，将提高劳动者报酬份额；另一方面，劳动要素价格的提高，将会使企业改变要素投入和雇佣决策，减少就业数量或关门倒闭，降低劳动者报酬份额。最低工资制度实施究竟是带来劳动者报酬份额的下降还是提高，最终取决于上述两种结果的较量。

最低工资制度降低劳动者报酬份额的机理：最低工资制度的实施减少就业数量，进而引起总劳动收入降低，劳动者报酬份额降低。一是制度的实施使企业改变雇佣决策，降低就业数量。依据完全竞争理论，最低工资是高于市场出清的工资，是对市场均衡的扰动，其实施一定会降低就业数量。首先，制度的实施会导致部分劳动者的边际产品价值低于其所得报酬，企业雇佣这些劳动者变得不经济，就会减少雇佣量，就业人数下降，劳动者报酬份额降低。其次，制度的实施导致企业倒闭。最低工资标准的提高使部分企业的经营状况从盈利转向亏损，引起企业倒闭。再次，制度的实施会降低劳动密集型企业的劳动者报酬份额。多数劳动密集型企业的劳动者技能水平相对较低，对劳动力价格比较敏感，但这些企业的劳动者报酬份额都比较高，一旦这些企业减少就业数量或退出市场，势必会降低整个经济的劳动者报酬份额。二是最低工资制度的实施使企业改变要素投入，降低就业数量。这主要通过资本对劳动要素的替代来影响劳动收入比重，称之为替代效应。投入要素相对价格的变化是导致替代效应发生的主要原因。当要素的相对价格发生变动时，企业会相应调整要素投入。最低工资制度的实施促使劳动者工资提高，企业就会使用更多相对廉价的资本对其进行替代。例如，企业会更多地采用自动化程度较高的设备进行生产，降低对劳动力的需求。这几年各地正在实施的大规模"机器换人"，其实质就是资本对劳动的替代。随着资本投入增加和劳动投入减少，要素收入分配将偏向资本所有者，劳动者报酬份额降低，这也是我国目前发展阶段经济发达区域劳动者报酬份额相对低于中西部的原因之一。

最低工资制度提高收入比重的机理：最低工资制度的实施增加就业人员劳动收入，进而引起总劳动收入增加，劳动者报酬份额提高。一是最低工资制度的实施提高了被覆盖劳动者的收入。对企业而言，原来只需要按照市场出清价格向劳动者支付的工资水平，由于最低工资标准的实施迫使其必须向被覆盖劳动者支付高于市场出清价格的最低工资，企业向这些劳动者支付的工资总额增加，劳动者报酬份额增加。这种效应相当于企业按照法律和政策规定对劳动者进行补偿，称之为补偿效应。补偿效应的大小取决于最低工资标准的高低和执行力度。一般而言，较高的最低工资标准意味着更多的劳动者被覆盖，补偿效应就明显。例如，英国1999年开始实施的最低工资制度，提高劳动收入的效应不及美国，一个重要的原因就是英国的最低工资标准比美国低，被覆盖的劳动者群体过小。此外，最低工资制度的执行力度也影响劳动收入。如果执行力度差，就会削弱补偿效应。一般而言，发达国家的执行力度要比发展中国家要好，其补偿效应也高。二是最低工资制度的实施会提高工资水平高于最低标准的劳动者收入。最低工资制度的实施推动了低技能劳动力相对价格的提高。企业为应对这一变化，一方面会增加对高技能劳动者的需求，减少对低技能劳动者的需求，最终提升高技能劳动者的工资水平，这种效应称为溢出效应。另一方面，就企业内部的激励结构而言，企业通常会实行差别化的工资结构，即是对不同技能和岗位的劳动者支付不同的工资。如果企业内部工资最低的劳动者的工资得到了提升，原有工资结构的公平性就会被打破，这会推动企业内部其他劳动者工资水平的上升，也会产生溢出效应。三是最低工资制度的实施会带来就业人员数量和收入的双重提高。在劳动力市场是买方垄断的情况下，买方（企业）就会人为压低劳动者的工资，这会导致劳动者工资的低下和就业数量的减少。如果政府能够根据劳动力需求和供给确定合理的最低工资，并且最低工资能够随企业、行业以及经济运行状况的不同而有所不同，那么最低工资的实施就有可能提高就业水平和劳动收入。最低工资标准的提高，不但带来了被最低工资覆盖的劳动者报酬的增加，而且带来了就业的增加，总的劳动报酬增加，劳动者报酬份额增加。尤其是在2007年以后，这种效应比较明显。

最低工资制度影响劳动者报酬份额的总体效应。最低工资制度的实施增加被最低工资所覆盖的劳动者收入，甚至可以增加其他就业人员的劳动收入，但也会通过替代效应等减少就业人员，使总劳动收入减少。上述分析表明，最低工资制度在提高劳动者收入份额的同时，也存在使收入分配向资本倾斜，降低劳动者收入份额的效应，最低工资制度影响劳动者报酬份额的总体效应取决于二者的较量，并且最低工资制度影响劳动者收入比重的效应还受到其他因素的影响。较高的最低工资通常会有较大的补偿效应和溢出效应，能够明显改善所覆盖的劳动者收入，但同时也会产生较大的替代效应，减少就业数量，降低劳动收入。在具体实践中，我们应深入分析最低工资制度对就业和劳动收入的影响，保持合理的劳动收入比重。

中国总劳动年龄人口下降。根据国家统计局提供的数据：2012年，我国第一次出现劳动年龄人口的净减少，2012年到2018年，我国劳动年龄人口的数量和比重连续7年出现双降（2019年也在持续双降），7年间减少了2600余万人。受劳动年龄人口持续减少的影响，劳动力供给总量下降，2018年末全国就业人员总量也首次出现下降，这几年还在继续下降，劳动年龄人口的降幅呈现扩大趋势。此外，劳动年龄人口占总人口的比例也在不断下降，2012年这一比例为69.2%，2013年降为67.6%，2014年又继续降到67.0%。近年来，我国年轻农民工比重逐年下降，农民工的高龄化趋势加快。国家统计局发布的《2014年全国农民工监测调查报告》显示：从2010年到2014年，40岁以下农民工所占比重由65.9%下降到56.5%，降幅近10%；而50岁以上农民工所占比重由12.9%上升到17.1%。

中国人口日趋老龄化。根据《中国统计年鉴2015》，2014年末，中国大陆总人口为136782万人。从年龄构成看，16周岁以上到59周岁以下的劳动年龄人口在总人口中的占比为67.0%；60周岁及以上人口，占比为15.5%；65周岁及以上人口占比为10.1%。其中，60周岁及以上人口在总人口中的占比每年递增0.8个百分点左右。根据《中国劳动保障报》提供的信息：2020年，中国60岁及以上的老年人口将为2.54亿人，占总人口的19.3%。到2030年，中国将迎来人口老龄化的高峰期。到2050年，中国老年人口将占38.6%左右。随着人口老龄化，退休人员迅速增加，承担养老缴费负担的在职人员占比会显著减少，抚养比不断提高。另外，在职劳动力的老化，对劳动生产率的提高也是一个很大的考验。

我国的人口出生率也在下降，加重老龄化程度。根据人口统计学标准，一个国家0—14岁人口占比在15%—18%为"严重少子化"，15%以内为"超少子化"。根据第六次人口普查，中国2010年0—14岁人口总量为2.2亿人，占总人口的16.6%，已处于"严重少子化"水平。根据第六次人口普查数据推算，未来10年，中国23—28岁生育旺盛期女性的数量将萎缩44.3%。如果生育率没有明显提升，0—14岁人口的比例将降至10%以下。

劳动参与率下降。我国是目前世界上退休年龄最早的国家之一，平均退休年龄不到55岁。2008—2013年，中国15岁以上劳动年龄人口与经济活动人口均逐年上升，但劳动参与率却持续下行，2008年为73.96%，2013年下降到69.72%，共下降4.24个百分点。在中国女性仍保持较高劳动参与率的情况下，劳动参与率下降的原因之一是中高龄劳动者的提早退休，包括20世纪90年代到21世纪以来国有企业改革的下岗内退人员以及享受机关事业单位提前退休优惠待遇的人员。劳动参与率下降的另一原因，是新成长劳动力受教育年限延长，致使其进入职场的年龄推迟。近三年来，每年毕业的大学生都在700万人以上，这造成青年劳动者进入职场的年龄延后。以2013年为例，25—29岁组就业人员的受教育程度是大专和大学的分别为15.8%和12%，而30-34岁组分别为13%和10.7%，35—39岁组分别只10.2%和6.8%。不同年龄组接受高等教育占比的扩大，意味着他们参加工作时间的推迟。①

劳动年龄人口的持续下降、人口老龄化的加重以及劳动参与率的降低，都直接导致劳动力供给不足，引起劳动者报酬的增加和劳动者报酬份额的提高。根据《2015年浙江省人力资源供求分析报告》，2015年，浙江省人力资源市场季均岗位需求人数113.53万人，求职人数75.46万人，同比分别减少15.85%和8.12%。从供求对比关系看，季均需求缺口38.07万人，比上年减少14.71万人。市场岗位数仍然大于求职人数，但较上年下

---

①李小彤：《劳动力供给：数量减少，质量提升》，《中国劳动保障报》2016年2月17日第3版。

降0.14个百分点，市场供求双方逐渐趋于平衡。浙江全省人力资源供求之所以趋于平衡，是因为2015年浙江省经济增速放缓、转型升级加快、外来务工人员回流、技能人才培训引进力度加大等因素影响，企业用工行业分化明显，企业缺工和技能人才紧缺持续缓解，从业人员结构有所优化。从浙江全省企业用工监测情况看，2015年月均缺工企业占比16.55%，同比下降3.76个百分点；月均企业缺工率1.35%，同比下降0.36个百分点。从缺工类型看，普工仍然是缺工的主体，占缺工总数的75.43%。同时，浙江全省人力资源市场各类技能人才季均需求52.63万人，同比减少18.30%；季均供给34.29万人，同比减少8.82%；季均需求缺口18.34万人，同比减少8.47万人，技能人才紧缺程度有所缓解。①劳动力供给赶不上需求的增加，导致劳动者报酬增加。2000—2013年，中国各经济类型在岗职工平均工资均保持了两位数的增长幅度，2000年在岗职工平均工资为9371元，2013年为52388元，是2000年的5.59倍。从2007年开始，工资增长高于劳动生产率增长，且在相当多的年份里略高于GDP的增长。推动工资水平持续上升的主要因素是中国出口导向型经济的高成长性以及新世纪以来劳动力短缺现象的日渐凸显，导致新生代农民工对工资预期的不断升高。②

事实上，国际劳工组织在2014年12月发布的《全球工资报告》也表明，中国近些年来的工资一直在增长，并且对世界工资增长有重要的贡献。报告认为，2013年同2012年相比，全球工资增长在下降，但以后会反弹到危机前的水平。在2008—2009危机时期，全球的实际工资在明显下降，只是2010年略有回复，但随后又下降，全球月均实际工资的增长2013

---

① 方力：《浙江劳动力供求有三变——大数据解读我省人力资源市场用工动向》，《浙江日报》2016年2月22日第7版。
② 李小彤：《劳动力供给：数量减少，质量提升》，《中国劳动保障报》2016年2月17日第3版。

年为2%，2012年为2.2%，以后会反弹到2006—2007年的3%左右。但在全球工资增长缓慢的过程中（发达经济体的工资在这两年中几乎处于停滞状态，甚至一些发达国家目前的工资水平低于2007年），新兴经济体和发展中国家一直在推动着全球工资的增长。2007年以来，新兴经济体和发展中国家的实际工资一直在增长，有时增长还比较迅速。当然，新兴经济体和发展中国家的实际工资增长也有差别，2013年，亚洲实际工资达到了6%，东欧和中亚接近于6%，拉丁美洲和加勒比海仅接近1%。由于中国同其他国家相比拥有更高的实际工资增长，中国对于全球的工资增长有重要的作用。如果把中国排除在外，全球的工资增长将缩减一半。2013年世界工资的实际增长将从2%降到1.1%；2012年将从2.2%降到1.3%。报告还认为，1999—2013年，发达国家劳动生产率增长超过了实际工资增长，最大发达经济体中国民收入中的劳动份额（工资和劳动生产率之间关系的一种反应）在下降。德国、日本和美国的劳动生产率增长超过了工资增长，可以从劳动收入份额（GDP中归于劳动的报酬）下降加以解释；法国和英国保持稳定或提高。

新兴和发展经济体的平均工资同发达经济体的平均工资比较起来仍然相当低，以购买力平价衡量，美国月平均工资是中国的三倍多。在目前的经济环境下，全球经济风险滑入低增长陷阱，对于那些过去工资低于生产率增长的国家，更高的工资增长是适当的，劳动者应该享受到经济社会发展进步的成果。

第 四 章

劳动者报酬份额
变动趋势比较分析

第一节　　美国劳动者报酬份额变动
趋势分析

一、美国1929—2010年GDI中雇员报酬份额变动情况

研究美国经济，通常离不开美国经济分析局提供的数据。为使研究更加清晰，现具体给出经济分析局的各概念定义：GDP是美国国内的劳动和财产所创造的商品和服务的市场价值，GDP减去CFC（固定资本折旧）等于NDP（国内生产净值）。GDI是在GDP生产中以成本和收入来衡量的产出，理论上GDP应该等于GDI，但由于估计它们的构成时使用的是不同的数据源，二者之间也存在一定的误差。GNP是美国公民利用劳动和财产所创造的商品和劳务的市场价值，GDP和GNP之间的差别是从国外获得的要素收入的净收益，要素收入用雇员报酬、公司利润（红利、非法人分支机构收益、非法人分支机构的再投资收益）和利息等。GNI是生产中引起的费用和获取的收益之和，等于要素收入、三种非要素费用和固定资本消耗，要素收入等于雇员报酬、业主收入、私人租金收入、企业利润和净利息；三种非要素收入等于工商业转让支付款、间接企业税和国营企业本期剩余减去政府补贴；固定资本消耗是在核算时期生产过程中耗尽的固定资本。GNI和GNP的差额是统计误差。GDI是雇员报酬、生产税减补贴、营

业盈余净值和固定资产折旧之和。NI是要素收入的总和。雇员报酬是雇员工作的报酬收益，是工资和薪金收益以及对工资和薪金补充额的总量，工资和薪金收益由雇员货币报酬组成，包括公司官员的报酬，佣金、通胀保值债券和奖金，对某些延期支付方案的自愿雇员供款，以及以实物表示的收入。工资和薪金收益由垫付款和应付工资减去现款支付的工资组成。

　　本文根据美国经济分析局2011年8月8日最新调整的数据，整理出美国1929—2010年GDI中的雇员份额数据（详见表4-1）。1929—2010年，美国雇员报酬份额平均为56.0%，最低点为1929年的49.7%，最高点为1980年的60.1%，最大值与最小值相差10.4个百分点，总体趋势波动上升，标准差为2.46，离散程度较大。雇员报酬份额变动大体经历阶段如下：从1929年的最低点开始上升到1932年的53.2%，缓慢下降到1936年的52.0%，随后升到1945年的56.3%，再到1970年的59.8%，1980年的60.1%，其间基本上处于一种上升态势，但1980年以后，雇员报酬逐渐趋于下降，2006年达到了54.9%，现在基本稳定在55%左右。1980年成为雇员报酬份额发展趋势的转折点，这也是众多学者认为从20世纪80年代开始劳动收入份额下降的原因。从间接税减补贴来看：在1929—2010年，最大值为1933年的12.1%，最小值为1944年的5.9%，两者相差6.2个百分点，平均值为7.7%，在1933年达到最大值后，逐渐降低到目前的6.8%左右。从经营盈余净值来看：1929—2010年间，最大值为1965年的26.4%，最小值为1980年的20.4%，两者相差6个百分点，平均值为23.6%，总体变动幅度较小。从固定资产折旧来看：1929—2010年间，最大值为2009年的13.5%，最小值为1943年的8.2%，两者相差5.3个百分点，平均值为11.2%。

表4-1　美国1929—2010年GDI中雇员报酬份额变动情况

年份	雇员份额（%）	年份	雇员份额（%）	年份	雇员份额（%）	年份	雇员份额（%）
1929	49.7	1951	54.0	1973	59.0	1995	57.0
1930	51.1	1952	55.2	1974	59.8	1996	56.3
1931	52.5	1953	56.0	1975	58.5	1997	56.0
1932	53.2	1954	55.5	1976	58.8	1998	56.6
1933	52.9	1955	54.8	1977	58.8	1999	56.9
1934	52.3	1956	55.7	1978	58.9	2000	57.4
1935	50.8	1957	55.9	1979	59.6	2001	57.6
1936	52.0	1958	55.7	1980	60.1	2002	57.4
1937	52.2	1959	55.5	1981	58.9	2003	57.4
1938	52.7	1960	56.2	1982	59.1	2004	56.4
1939	53.0	1961	56.0	1983	58.4	2005	55.6
1940	52.0	1962	55.9	1984	57.6	2006	54.9
1941	51.3	1963	55.8	1985	57.8	2007	56.0
1942	52.4	1964	55.9	1986	58.3	2008	56.5
1943	54.7	1965	55.7	1987	58.2	2009	56.4
1944	55.9	1966	56.6	1988	57.8	2010	54.9
1945	56.3	1967	57.4	1989	57.7	最大值	60.1
1946	54.1	1968	57.9	1990	58.2	最小值	49.7
1947	53.8	1969	58.8	1991	58.2	平均值	56.0
1948	52.6	1970	59.8	1992	58.3	标准差	2.46
1949	53.4	1971	59.1	1993	58.2		
1950	53.1	1972	59	1994	57.4		

数据来源：美国商务部分析局。

二、美国1929—2010年NI中雇员报酬份额变动情况

将上述GDI中的固定资产折旧除去，得到NI（国民收入净值）中1929—2010年各构成部分的百分比（表4-2）。

表4-2　美国1929—2010年NI中雇员报酬份额变动情况

年份	雇员份额（%）	年份	雇员份额（%）	年份	雇员份额（%）	年份	雇员份额（%）
1929	54.42	1951	59.71	1973	65.10	1995	64.32
1930	56.57	1952	61.06	1974	66.36	1996	63.35
1931	59.05	1953	62.08	1975	65.73	1997	63.00
1932	60.86	1954	61.77	1976	65.80	1998	63.78
1933	60.66	1955	60.67	1977	65.68	1999	64.06
1934	59.04	1956	61.91	1978	65.86	2000	64.76
1935	56.67	1957	62.30	1979	66.64	2001	65.10
1936	57.43	1958	62.44	1980	67.72	2002	64.95
1937	57.62	1959	61.96	1981	66.66	2003	64.86
1938	58.75	1960	62.54	1982	67.32	2004	63.54
1939	58.66	1961	62.22	1983	66.28	2005	62.67
1940	57.43	1962	61.85	1984	64.87	2006	62.15
1941	55.96	1963	61.68	1985	65.25	2007	63.37
1942	57.06	1964	61.64	1986	66.06	2008	63.99
1943	59.50	1965	61.25	1987	65.92	2009	64.26
1944	61.26	1966	62.34	1988	65.33	2010	62.08
1945	62.18	1967	63.31	1989	65.23	最大值	67.72
1946	60.22	1968	63.85	1990	65.74	最小值	54.42
1947	60.15	1969	65.01	1991	65.89	平均值	62.65
1948	58.53	1970	66.40	1992	65.82		
1949	59.75	1971	65.52	1993	65.64		
1950	58.85	1972	65.31	1994	64.69		

数据来源：美国商务部分析局。

从雇员报酬看，其间的最大值为1980年的67.72%，最小值为1929年的54.42%，相差13.3个百分点，均值为62.65%。就变动趋势而言：其间总体上升，从1929年的最低点上升到1932年的60.86%，到1945年的62.18%，到1970年的66.40%，1980年的67.72%，随后稍有下降，但目前基本稳定在64%左右。从业主收入来看：最大值为1946年的17.98%，最小值为1982年的6.13%，差距为11.85个百分点，平均值为10.41%。从变动趋势看：从1929年的15.02%下降到1932年的9.98%，又上升到1935年的15.3%，波折上升到1946年的最大值，随后处于下降态势，直到1982年的最低点，近年来维持在8%左右。在业主收入中，农业主收入最小值为2002年的0.2%，最大值为1935年的7.42%，平均值为2.42%；从运行态势看，处于逐渐降低之中，近几年大体在0.3%左右。非农业主的收入最小值为1982年5.66%，最大值为1946年的10.83%，平均值为7.99%；从运行态势看，也是处于下降之中，下降程度并没有农业业主收入那么快，进入21世纪以来，大体在8%左右。从资产收入来看：净利息和杂费支出的最高值为1982年的9.51%，最低值为1946年的0.96%，平均值为4.8%，近几年在5%左右；私人租金收入的最高值为1932年的7.05%，最低值为1987年的0.82%，平均值2.8%；企业利润的最大值为2010年的14.02%，最小值为1933年的-0.61%，1932年的利润也为负值，平均值为10.11%。生产和进口税减补贴的最大值为13.93%，最低值为6.46%，平均值为8.57%，目前在7.8%左右。

三、美国1929—2010年NI中剔除生产税净值的雇员报酬份额变动情况

从NI中继续剔除生产税净值，可得到劳动和资本间的劳动者报酬份额（见表4-3）。从雇员报酬看：其间的最大值为1980年的73.8%，最小值为1929年的58.9%，相差14.9个百分点，平均值为69.0%。就变动趋势而言：在所研究的区间总体上升，从1929年的最低点上升到1933年的71.3%，到1945年的67.3%，到1970年的73.6%，1980年的73.8%，随后稍有下降，但目前基本稳定在68%左右。从业主收入来看：最大值为1946年的

19.6%，最小值为1982年的6.7%，差距为12.9个百分点，平均值为11.5%。从变动趋势看：从1929年的16.3%下降到1932年的11.6%，又上升到1935年的17.4%，波折上升到1945年的最大值，随后处于下降态势，直到1982年的最低点，近年来维持在9%左右。在业主收入中，农业主收入最小值为2002年的0.2%，最大值为1935年的8.4%，平均值为2.67%；从运行态势看，处于逐渐降低之中，近几年大体在0.3%左右。非农业主的收入最小值为1982年6.19%，最大值为1946年的11.8%，平均值为8.8%；从运行态势看，也是处于下降之中，但下降程度并没有农业主收入那么快，进入21世纪以来，大体在9%左右。从资产收入来看：净利息和杂费支出的最高值为1982年的10.39%，最低值为1946年的1.04%，平均值为5.3%，近几年在5%左右；私人租金收入的最高值为1932年的8.18%，最低值为1987年的0.9%，平均值为3.1%；企业利润的最大值为2010年的15.36%，最小值为1933年的-0.72%，1932年的利润也为负值，平均值为11.11%。

表4-3　美国1929—2010年按成本构成计量的NI

年份	雇员份额（%）	业主份额（%）	资产份额（%）	年份	雇员份额（%）	业主份额（%）	资产份额（%）
1929	58.9	16.3	24.8	1972	72.3	9.6	18.2
1930	62.1	14.4	23.4	1973	71.9	10.1	18.0
1931	66.0	13.9	20.1	1974	73.4	9.4	17.3
1932	70.7	11.6	17.7	1975	72.6	9.2	18.2
1933	71.3	12.8	15.9	1976	72.5	9.1	18.4
1934	68.2	13.9	17.9	1977	72.0	8.9	19.1
1935	64.4	17.4	18.2	1978	71.9	9.0	19.1
1936	65.2	15.8	19.0	1979	72.5	8.8	18.7
1937	64.8	16.9	18.4	1980	73.8	7.8	18.4
1938	66.6	15.7	17.8	1981	73.0	7.3	19.7
1939	65.9	15.2	18.9	1982	73.6	6.7	19.7
1940	64.2	15.1	20.7	1983	72.5	6.8	20.8
1941	62.0	15.9	22.1	1984	71.0	7.4	21.7

年份	雇员份额（%）	业主份额（%）	资产份额（%）	年份	雇员份额（%）	业主份额（%）	资产份额（%）
1942	61.9	17.0	21.1	1985	71.5	7.3	21.2
1943	63.9	16.5	19.6	1986	72.3	7.4	20.2
1944	65.8	16.0	18.2	1987	72.0	7.7	20.2
1945	67.3	16.8	15.9	1988	71.3	8.1	20.6
1946	65.6	19.6	14.8	1989	71.4	8.0	20.6
1947	65.8	17.4	16.8	1990	72.0	7.9	20.1
1948	63.8	17.6	18.6	1991	72.5	7.7	19.8
1949	65.6	16.0	18.4	1992	72.4	8.3	19.3
1950	64.5	15.6	19.9	1993	72.1	8.5	19.4
1951	65.1	15.3	19.6	1994	71.2	8.6	20.2
1952	66.9	14.7	18.4	1995	70.6	8.7	20.7
1953	68.2	13.6	18.2	1996	69.5	9.2	21.3
1954	67.7	13.7	18.6	1997	69.0	9.3	21.7
1955	66.6	13.1	20.4	1998	69.8	9.6	20.6
1956	68.0	12.8	19.2	1999	70.0	9.8	20.2
1957	68.6	12.7	18.7	2000	70.8	10.0	19.2
1958	68.9	13.3	17.8	2001	71.1	10.4	18.6
1959	68.4	12.2	19.3	2002	71.1	10.4	18.6
1960	69.3	11.9	18.9	2003	70.9	10.3	18.7
1961	68.9	12.0	19.1	2004	69.5	10.7	19.8
1962	68.5	11.6	19.9	2005	68.5	10.4	21.1
1963	68.4	11.2	20.4	2006	67.9	10.3	21.8
1964	68.3	11.0	20.7	2007	69.3	9.6	21.1
1965	67.8	10.8	21.4	2008	70.1	9.5	20.4
1966	68.5	10.6	21.0	2009	70.5	8.5	21.0
1967	69.7	10.2	20.0	2010	68.0	8.8	23.2
1968	70.5	10.0	19.5	最大值	73.8	19.6	24.8
1969	71.9	9.6	18.4	最小值	58.9	6.7	14.8
1970	73.6	9.4	17.0	平均值	69.0	11.5	19.5
1971	72.7	9.4	17.9	标准差	3.2	3.2	1.7

数据来源：美国商务部分析局。

四、美国2000—2012年按收入法计量的雇佣人员报酬及其份额

根据《国际统计年鉴》，2000—2012年按收入法计量的美国雇员报酬份额数据的变动范围在53.03%—58.50%，变动幅度有5个多百分点（见表4-4）。

表4-4　美国2000—2012年按收入法计量的雇佣人员报酬及其份额

年份	雇员报酬（亿美元）	GDP数量（亿美元）	雇员报酬份额（%）
2000	57873	98920	58.50
2001	59472	101655	58.50
2002	63311	108592	58.30
2003	63883	110726	57.69
2004	66996	118202	56.68
2005	70715	126594	55.86
2006	74836	135568	55.20
2007	78636	140257	56.07
2008	80448	142685	56.38
2009	78072	138983	56.17
2010	79753	149583	53.32
2011	83032	149913	55.39
2012	86200	162446	53.03

数据来源：2000年数据为《2009年国际统计年鉴》，2001年为《2006/2007年国际统计年鉴》，2002年为《2008年国际统计年鉴》，2003—2008年为《2010年国际统计年鉴》，2009年和2011年为《2013年国际统计年鉴》，2010年和2012年为《2014年国际统计年鉴》。

从变动趋势来看，雇员报酬份额从2000年开始，就在逐渐降低，2012年降到了最低点。这也是众多学者关注美国收入分配的一个重要原因。事实上，美国的工资不平等也在逐渐扩大。工资不平等的扩大主要源于工资

最顶层人群（前1%人群，甚至前0.1%人群）收入的增长。根据皮凯蒂的研究，审视美国工资前10%人群，就会发现，其中后9%人群的收入增长速度比平均增长速度要快得多，但仍然不及最前1%人群的收入增长速度。具体来看，年工资为10万—20万美元人群的工资增长速度仅比平均水平略快，而年工资在50万美元以上人群的工资增长则出现急剧增长，年收入在100万美元以上人群的收入增长更为迅猛。美国出现了前所未有的劳动收入不平等，这种收入不平等可能高于世界上过去任何时间、任何地方的任何社会，包括那些技能差异非常大的社会。美国的这种不平等不是由于富人比穷人工作更勤奋、更高效，也不是阻止富人挣得多必然会伤害社会上的穷人，所以说这种不平等是不合理的。美国达到这种不平等的第一种方式是"超级世袭社会"。在这样的社会里，继承财富非常重要，财富集中度达到极端水平。美国达到这种不平等的第二种方式是"超级精英社会"，有时称为"超级明星社会"或"超级经理人"。这种方式相对比较新颖，因为这种方式是美国在过去几十年间创造的，这些超级精英通过设立规则和有利于自己的分配方式，来攫取社会财富。

A.B.Atkinson（1983）借助Kravis（1959）的"整个经济基准方法"，假定自我雇佣收入中劳动和资本间的分配比例同经济中其他部门的劳资间分配比例等同，得到美国1930—1980年劳动者报酬份额在NI中的百分比介于75%—85%（见表4-5）。数据表明，在所研究的期间，经过调整后的美国劳动者报酬份额是逐渐增加的，同多数学者研究的结论相同（尽管对劳动者报酬份额的调整方法不太一致，但研究者多认为，在20世纪30年代至80年代，美国的劳动者报酬份额是逐渐提高的）。

表4-5　美国1930—1980年劳动者报酬份额在NI中的百分比

年份	雇员报酬（%）	自雇者收入（%）	利润和利息（%）	租金（%）	调整劳动收入（%）
1930	63	16	15	6	75
1935	66	19	12	3	81
1940	65	16	15	4	77
1945	68	18	12	2	83
1950	66	16	15	3	79
1955	69	13	15	3	79
1960	72	11	14	3	81
1965	70	10	17	3	78
1970	76	8	13	3	83
1975	77	7	14	2	83
1980	75	6	17	2	80

资料来源：美国1980年统计摘要等。注：自雇者收入有所调整，保持总份额的百分比为100%；利润和利息是经过存货和资本折旧调整过的数据。

英国劳动者报酬份额变动趋势分析

一、英国劳动者报酬份额变动趋势

在研究英国的功能性收入分配时，可将所有收入归为劳动和财产收入。可以劳动收入为基础，将劳动收入以外的收入归为财产收入。劳动收入主要包括工资收入（包括武装部队人员）、薪水收入、雇主供款和来自自雇者的劳动收入。财产收入包括利润收入、租金收入和来自国外的收入。来自于自雇者的收入被分劈为劳动收入和财产收入。表4-6显示了劳动收入份额和财产收入份额的各自变化。

表4-6　以现价计算的GNP中要素份额（1856—1973）

单位:%

分类 ＼ 年份	1856	1873	1913	1924	1937	1951	1953	1964	1973
工资	43.5	41.4	36.6	40.6	38.6	41.9	41.2	38.2	34.4
薪水	6.9	6.3	11.9	17.3	18.1	20.0	19.8	23.8	26.5
雇主供款等	0.0	0.0	1.0	2.1	2.5	3.8	3.9	5.0	6.6
来自自雇者的劳动份额	7.4	6.7	6.5	6.6	5.9	5.2	5.1	4.4	5.3
总劳动份额	57.8	54.4	56.0	66.6	65.1	70.9	70.0	71.4	72.8
国外收入	2.2	4.4	8.5	5.0	4.2	2.7	1.5	1.4	2.3
租金	4.8	5.2	6.4	5.3	6.4	3.4	3.6	5.0	6.6

农业财产所得	10.1	7.2	2.4	1.8	1.1	1.9	2.0	1.3	1.1
利润	25.1	28.8	26.7	21.3	23.2	21.1	22.9	20.9	17.2
总财产所得	42.2	45.6	44.0	33.4	34.9	29.1	30.0	28.6	27.2
资本折旧	5.6	5.7	6.3	6.4	6.1	8.5	8.7	8.5	10.1
净非农利润	22.1	25.3	22.2	16.6	18.9	15.1	16.6	14.4	9.4

数据来源：R. C. O. Matthews, C. H. Feinstein, J. C. Odling-Smee. British Economic Growth 1856-1973. Clarendon Press • Oxford, 1982, p. 164。

在1856—1973年的整个时期，收入具有一种明显的变动趋势，逐渐从财产收入转向劳动收入。GNP中的劳动份额尽管有一定的波动，在早期阶段还稍微下降，从1856年的57.8%下降到1871年的最低点51.0%[1]，但长期趋势是明显增加，从1873年的54.4%增加到1973年的72.8%。在两次世界大战前后，劳动收入份额都有明显增加。第一次大战间的变动比第二次世界大战间的变动还要明显：1913年的总劳动收入份额为56.0%，但在1924年达到了66.6%，提高了10多个百分点；1937年为65.1%，1951年增加到70.9%，增加了5个多百分点。相比较而言，和平发展时期的劳动收入份额变动比较小。在和平时期，周期性变动和其他一些不确定因素的变动会对劳动收入份额产生影响，这可以从1856—1913年的变动看出：劳动收入份额在1856—1871年间下降，在19世纪90年代初期又有所上升，随后再稍微下降到1913年。总体而言，和平时期劳动收入份额的变动没有两次世界大战期间劳动收入份额的变动那么明显：劳动收入份额从第一次世界大战前的50%—59%，到两次世界大战期间的63%—68%，再到第二次

————————

[1] 在1790—1860年，英国工业和农业革命带来了高的生产率，但实际工资（含工资和薪水）却提高很少，从1781—1789年到1821—1829年平均只提高0.35%，而从1821—1829年到1856—1864年平均只提高0.4%，这主要是在资本主义发展的早期阶段，无限劳动力供给的存在压低了实际工资，有利于利润和积累。

世界大战以后的70%—73%。

从广泛的意义上，英国GNP中的雇员报酬（工资加薪水）份额大约在2/3左右，包括自我雇用回报的劳动者报酬份额大约在3/4，劳动和资本报酬份额的比率大约在3:1，并且在研究的时期，劳动者报酬份额有上升的趋势。

二、英国劳动者报酬份额构成部分的变动趋势

英国劳动者报酬份额的变动，可以从其四个组成部分来分析，主要为工资、薪水、自我雇佣收入中归于劳动者的部分和雇主供款等等。

（一）工资和薪水份额的变动

对劳动和财产间的分配来说，工资和薪水的区分意义并不大，但对于某些特定的社会和经济目标而言，这种区分是有意义的。这里将管理人员、技术人员和办事员称为薪水收入者，将其他雇员归为工资收入者。

从整个经济发展历程来看，英国的工资份额（狭义上的劳动份额）变动较小，总体趋于温和下降，1856年为43.5%，1973年为34.4%。正是1938年前工资份额的总体稳定（1856—1937年没有超过5个百分点的变动），引起了包括Bowley（1937）、Kalecki（1938）和Keynes（1939，1948）的关注。Bowley（1937）对英国的研究主要为体力劳动者的工资份额，时间为1880—1914年、1924—1936年，发现工资份额的平均水平为40%。后来，Phelps Brown和Hart（1952）对此进行了深入研究，认为1870—1913年、1924—1950年的工资份额介于36.6%—42.6%，在71年中有35年的工资份额介于39%—41%之间，指出了获取工资的劳动者在整个劳动者中的比例变化：挣工资的劳动者相对于挣薪水的劳动者在明显减

少。①从下面的数据可以看出，被称作奇迹的"国民收入中归于劳动者的份额"（Keynes，1939）②，是在把挣薪水的劳动者排除以后所得出的结论，这里的挣薪水者包括大量的管理人员、技术人员、办事员和自我雇佣者。由于挣薪水者的劳动者相对于挣工资劳动者的增加（注意：不是平均薪水水平相对于平均工资水平的提高），总薪水数量相对于总工资数量在增加。

表4-7　薪水收入者和工资收入者：就业数量和平均所得（1911—1971）

年份	就业数量（百万）		年均所得（£）		工资收入者占就业者比（%）	薪水同工资收入比
	工资收入者	薪水收入者	工资收入者	薪水收入者		
1911	15.42	1.98	52	126	88.6	2.4
1921	13.13	2.75	122	249	82.7	2.0
1931	13.43	3.13	115	237	81.1	2.0
1938	15.44	3.80	126	240	80.2	1.9
1951	16.84	4.95	322	523	77.3	1.6
1961	16.51	6.80	585	821	70.8	1.4
1971	14.23	8.16	1193	1650	63.6	1.4

数据来源：R. C. O. Matthews，C. H. Feinstein，J. C. Odling-Smee. British Economic Growth 1856-1973. Clarendon Press • Oxford，1982，p. 167。

注释：这里的兼职工作也被统计为全职工作，对工资和薪水的统计是兼职和全职的平均水平。工资收入者包括部队人员。1911年的数据包括南爱尔兰，英国和北爱尔兰的总工资和薪水是1650万镑。

从表4-7可以看出，1911—1971年，薪水收入者的数量在明显增加，1911年为198万，1971年上升到816万，与此同时，工资收入者在总就业

---

① Harold Lydall. A Theory Of Income Distribution. Clarendch Press Oxford，1979，p.122。

② Keynes J M. Relative movement of real wages and out，EJ，1939（49），pp.48-49。

人口中的比重明显下降，1911 年为 88.6%，1971 年下降到 63.6%。年均薪水与年均工资的比值从 1921 年的 2.0 下降到 1961 年的 1.4，但在 1961—1971 年没有变化，这主要是由于总薪水同总工资比率变动受到了总就业人口中工资收入者下降的影响。尽管在 1921 年仅有 17% 的就业人员为薪水收入者，但在 1921—1971 年的 50 年中，新增就业人口的一半以上成为薪水收入者。1938 年以后，许多薪水收入者进入到了办事员一类的低收入职业，降低了平均薪水增加的速度，也使得薪水收入的平均水平同工资收入的平均水平的比率降低。就劳动收入份额中的薪水份额而言，薪水份额有明显提高，从 1860—1869 年的接近 7%，持续增加到 1921—1924 年的 17% 和 1970—1973 年的 27%，增加了 20 多个百分点。

（二）雇主供款份额的变动

英国的雇主供款包括雇主对私人养老金和退休供款，以及国家保险下的附加供款。1914 年之前，雇主供款在劳动者报酬中的比例较小，几乎为零，但以后开始逐渐增加，尤其是战后有明显增加，1951—1973 年增加就较快，1973 年达到了 6.6%。应当指出的是，英国政府所要求的雇主供款和私人所要求的雇主供款的重要性相同，私人项目下的雇主供款数目经常要大于政府项目下的供款数目，但增长比较缓慢。把私人项目下的雇主供款作为劳动者报酬的一部分是正确的，但多数劳动者只是把雇主供款作为他们获取的福利，并不把其作为劳动者报酬的一部分。不过在进行经济分析时，特别是研究功能性收入分配时，由于雇主供款是雇用劳动成本的一部分，所以把雇主供款归到劳动者报酬中是正确的。经济理论表明，雇主供款的增加将伴随着构成国民收入劳动者报酬其他部分的相对减少，英国的战后数据也证实了这一点。可以看到，英国战后时期劳动份额的增加主要来自于雇员供款，在某些更为基本的意义上，这会错误地得出劳动份额并没有真正增加的结论，但如果将雇主供款作为劳动者报酬的话，结论就会明显不同。

（三）来自自雇者的劳动收入变动

自雇者的收入既包括他们的劳动报酬，也包括他们的资产投资回报。当研究功能性收入分配时，应将其分劈为劳动收入和财产收入，但在怎样分劈的问题上存在多种方法，有些甚至是武断的。英国数据的分劈方法是，假定单位自雇者总收入中的劳动收入等同于经济体中相同行业的雇员收入，把余下的部分作为财产收入。在第一次世界大战前对数据的分劈可信度较差，主要假定自我雇用者对总劳动力的比值不变，除了农业以外所有部门的1861—1911年的相对平均收入不变，而第一次世界大战后进一步将整个经济体划分为十二个部门，数据较为准确。从自雇者中将劳动收入分劈出来的方法，是假定个体经营资产的回报等同于公司经营的回报，余下的部分为劳动剩余。在所研究的1924—1964年，自雇者劳动收入占GNP比重和自雇者总收入占GNP比重都一直在下降，分别从6.6%下降到4.4%，16.0%下降到7.9%，而自雇者劳动收入占总收入比重却在一直上升，从41.4%上升到56.0%（详见表4-8）。自雇者收入中劳动收入份额的长期下降趋势主要是由于GNP中自雇者收入的稳定下降。在第二次世界大战后，这一趋势变得更加明显，但在20世纪60年代后，由于税收结构的变化，自雇者收入中的劳动份额开始增加。个体部门重要性的降低同19世纪农业萧条和农民数量的下降有关，特别在爱尔兰尤其如此。来自非农的自雇者劳动份额实际上从1856年的3.9%增加到1913年的5.3%，但这一提高不足以抵消农民自雇者中劳动份额的降低。相对于挣工资和薪水劳动者数量，非农自雇者数量几乎在整个第二次世界大战期间都是下降的。在非农部门，来自于自我雇佣的平均收入相对于雇员平均收入也在下降，从1911年

的2.4倍，下降到1964年的仅仅1.5倍（见表4-9）。农民平均收入相对于
农业工人平均收入的比值没有任何下降，战后时期甚至高于"二战"前。

表4-8　来自自我雇佣的收入（1913—1973）

年份	自雇者劳动收入占GNP比重（%）	自雇者总收入占GNP比重（%）	自雇者劳动收入占总收入比重（%）
1913	6.5	15.7	41.1
1924	6.6	16.0	41.4
1937	5.9	12.8	46.1
1951	5.2	11.1	47.4
1964	4.4	7.9	56.0
1973	5.3	10.6	50.2

数据来源:R.C.O.Matthews,C.H.Feinstein,J.C.Odling-Smee.British
Economic Growth 1856-1973. Clarendon Press•Oxford,1982,p.170。

注释：1913年数据包括南爱尔兰。

表4-9　自我雇佣和工资—薪水收入者：就业数量和平均所得（1911—1973）

年份	自雇者就业数量同挣工薪者就业数量比值			自雇者同挣工薪者平均收入比值		
	农业	其他部门	总体	农业	其他部门	总体
1911	0.36	0.11	0.12	2.9	2.4	2.6
1924	0.45	0.11	0.13	2.6	2.3	2.1
1937	0.54	0.10	0.11	2.0	2.1	1.9
1951	0.61	0.07	0.08	2.8	1.9	2.0
1964	0.72	0.06	0.07	2.6	1.5	1.6
1973	0.68	0.07	0.08	3.6	1.7	1.8

数据来源:R.C.O.Matthews,C.H.Feinstein,J.C.Odling-Smee.Brit-
ish Economic Growth 1856-1973. Clarendon Press • Oxford, 1982,
p.170。

注释：1913年数据不包括南爱尔兰。

（四）近年来英国按收入法核算的GDP数据构成

2000—2013年按收入法计量的雇员报酬份额数据表明，在此期间的雇员报酬份额比较稳定，在10多年的时间段内，相差最多也就3个百分点，但总体的变动趋势是逐渐降低，最低值接近53%（表4-10）。应该看到，这些数据只是按照国际上通用口径对雇员报酬的统计，并不是真正的劳动者报酬数据，真正的劳动者报酬份额数据还应当运用前面所述的研究方法，包括对自雇者收入的分劈等。不过这样的数据可方便进行国际的比较。

表4-10　2000—2013年按收入法计量的雇佣人员报酬及其份额

年份	雇员报酬（亿英镑）	GDP数量（亿英镑）	雇员报酬份额
2000	5322	9589	55.50
2001	5634	9968	56.52
2002	5874	10558	55.64
2003	6169	11397	54.13
2004	6481	12006	53.98
2005	6822	12525	54.47
2006	7155	13219	54.13
2007	7454	14005	53.17
2008	7705	14429	53.41
2009	7776	13939	55.79
2010	12389	22955	53.97
2011	8145	15162	53.72
2012	13271	24618	53.91
2013	13554	25223	53.74

数据来源：2000年数据为《2009年国际统计年鉴》，2001年数据为《2006/2007年国际统计年鉴》，2002年数据为《2008年国际统计年鉴》，2003—2008年数据为《2010年国际统计年鉴》，2009年为《2013年国际统计年鉴》，2010年、2011年和2012年数据为《2014年国际统计年鉴》。

三、英国劳动者报酬份额变动的原因

本部分主要对1856—1973年英国劳动者报酬份额变动的原因进行分析：1856—1973年间的变动比较明显：从1873年的54.4%增加到1973年的72.8%。尽管战争前后的制度变动（租金控制）对劳动者报酬份额有一定影响，但这一变动对劳动者报酬份额的长期变动贡献不大。通过全面考察，可以发现，财产性收入下降是劳动者报酬份额变动的最深刻根源。如果将租金和来自国外的收入剔除掉，利润份额在整个所研究的时期都在下降。资本输出只能为输出者带来财产收入，而不会带来劳动收入，1914年以前的输出增加有助于维持财产收入的高份额，但此后的国外资产下降使得财产收入在GNP中的份额下降更快。

英国劳动者报酬份额变动可从两个角度来分析：一是新古典生产函数；二是市场力量变动。1870年以来的技术进步不利于资本份额。按照新古典生产函数，在英国经济发展的许多阶段，实际资本产出率和实际利润率之间存在负相关系。如果劳动和资本间的替代弹性小于1，当资本产出率有所提高，利润率就会下降，劳动者报酬份额就会增加更快。市场力量的变动涉及产品市场和劳动力市场。从劳动力市场来看，劳动力市场上工会会员数量增加，力量增强，议价能力提高，工会会员的收入得以改善。如果工会化使雇主面对一个比以前更具有弹性的供给曲线，将会缩减雇主在劳动力市场上的买方垄断程度，从而提高劳动者报酬份额。在所研究的整个20世纪发展历程中，英国的工会化都在增强，此外，非工会化行业的集体议价力也在增强。从产品市场来看，产品市场受到国外的竞争，日益增加的外来竞争压力，对产品价格形成一定压力，在工资调整比较滞后的情况下，价格只能在最初成本下压缩，这会导致利润空间降低，利润份额降低。在许多情况下，产品市场和劳动力市场可单独对劳动者报酬份额产生影响，也可共同起作用来影响劳动者报酬份额。

　　综上所述，一方面应当看到，所研究时期的劳动力市场变动，尤其是工会组织降低了英国雇主的垄断力，对劳动者报酬份额变动有一定的影响；另一方面，市场力量并不足以单独引起劳动者报酬份额的持续增加，新古典所倡导的资本节约型的技术进步也有一定的作用。战后劳动者报酬份额的变动还应考虑产品市场的竞争：主要是在国外竞争增强的同时，国内某些部门的竞争也在增强。至少在20世纪60年代后期以前，日益增加的工会组织对劳动者报酬份额具有影响作用，更主要的是日益增强的工会力量降低了雇主面对外国竞争的调控空间。不仅价格提升受到国外或国内的竞争变得几乎不可能，而且由于受到政府限制或历史成本的价格干预，价格调整比较滞后，1969年以后货币工资的过快增加就降低了利润份额。战后以不变价格衡量的资本产出率的提高，在替代弹性小于1的情况下，也使利润率下降，资本份额降低。

第三节 日本劳动者报酬份额变动趋势分析

一、日本雇员报酬份额变动趋势

日本对劳动者报酬份额的统计有以下几种。一是来自日本经济企划厅《1960年度国民所得白皮书》和《国民所得统计年报》。这一数据是从要素成本角度来计量的雇员报酬份额，总体上能够反映日本劳动者报酬份额变动情况（表4-11）。数据反映出日本雇佣人员的收入比重总体是上升的，在战争期间有大的波动，在1946年达到最低点30.76%，1955年之前的水平都比较低，但随后基本处于上升之中，尤其是在20世纪70年代后期，一度达到67%左右。根据Minami（1981）年的研究，日本战前劳动力的无限供给，导致非农劳动者份额具有两个特性：一是长期的下降趋势；二是波动同经济增长负相关。

表4-11　国民收入分配构成

年份	雇佣人员收入（10亿日元）	分配国民收入（10亿日元）	雇佣人员收入比重（%）
1930	5	11.8	42.37
1935	5.5	14.5	37.93
1940	11.3	30.9	36.57

续　表

年份	雇佣人员收入 （10亿日元）	分配国民收入 （10亿日元）	雇佣人员收入比重（%）
1946	111	360.9	30.76
1950	1412.7	3381.5	41.78
1955	3613	7436	48.59
1960	6639	13821	48.04
1965	14703	26510	55.46
1966	16769	31107	53.91
1967	19360	36778	52.64
1968	22699	43126	52.63
1969	26617	50859	52.33
1970	32608	60875	53.57
1971	38137	65846	57.92
1972	44664	77602	57.56
1973	56194	95526	58.83
1974	72039	112082	64.27
1975	81926	123184	66.51
1976	92507	138447	66.82
1977	103016	152690	67.47
1978	110386	166738	66.20
1979	120074	177998	67.46

数据来源：1930—1960年数据来自日本经济企划厅《1960年度国民所得白皮书》、《国民所得统计年报》1978年版。1965—1979年数据来自日本经济企划厅《国民经济计算年报》1981年版。

注释：①1950年以前的年份，包括来自国外的净收入部分。②1930—1940年为历年数据。③1946年后不包括冲绳县。④分配国民收入为按要素成本计算的国民生产净值。

二是按收入法核算的雇佣人员报酬及其构成，按照四分法来进行统计。按照这一统计方法，日本的雇员报酬份额同上述统计相差了10多个百分点，因为这里含有固定资产折旧等。不过这一统计涉及的时间跨度较短，只是在1965—1979年，在最初的1965—1970年有所下降，但随后不断上升，一直上升到1979年的54.32%。从2000—2012年按收入法计量的雇佣人员报酬份额来看，雇员报酬份额尽管有所下降，但总体变动不大，基本在50%—53%之间（参见表4-12和表4-13），不过从表4-13数据看，2003年以后的雇员报酬份额多在下降，2010年甚至降到了50.36%。

表4-12　1965—1979年按收入法计量的雇佣人员报酬及其份额[①]

年份	雇员报酬 （10万日元）	营业盈余 （10万日元）	资本折旧 （10万日元）	税减补贴 （10万日元）	GDP （10万日元）	雇员份额 （%）
1965	14689	12010	4648	2204	33551	43.78
1966	16738	14467	5343	2403	38951	42.97
1967	19325	17566	6311	2847	46049	41.97
1968	22660	20621	7445	3430	54156	41.84
1969	26567	24463	8716	3947	63693	41.71
1970	32558	28464	10237	4504	75763	42.97
1971	38094	27844	11548	4867	82353	46.26
1972	44613	32936	13468	5737	96754	46.11
1973	56132	39429	16179	6849	118589	47.33
1974	71954	40423	18598	7443	138418	51.98
1975	81839	41497	19575	7736	150647	54.33
1976	92403	46184	22062	9252	169901	54.39
1977	102910	49840	24463	10454	187667	54.84
1978	110288	56271	27090	12004	205653	53.63
1979	120057	57777	29626	13559	221019	54.32

数据来源：日本经济企划厅《国民经济计算年报》1981年版。①包括统计上的误差，国内生产总值加上来自国外要素的收入，减去付给国外的要素收入就是国民生产总值。国内不包括驻在日本的外国使馆和外国军队，但包括日本驻外使馆。②1971年以前不包括冲绳县。

①矢野恒太纪念会馆：《日本100年》，司楚、訾瞭祖译，时事出版社1984年版，第66—67页。

表4-13　2000—2012年按收入法计量的雇佣人员报酬及其份额

年份	雇员报酬（亿日元）	GDP数量（亿日元）	雇员报酬份额（%）
2000	271	500	54.20
2001	269	492	54.67
2002	263	488	53.89
2003	259	487	53.18
2004	256	494	51.82
2005	258	500	51.60
2006	264	504	52.38
2007	265	506	52.37
2008	264	505	52.27
2009	243	471	51.59
2010	277	550	50.36
2012	308	594	51.85

数据来源：2000年数据为《2009年国际统计年鉴》，2001年数据为《2006/2007年国际统计年鉴》，2002年数据为《2008年国际统计年鉴》，2003—2007年数据为《2010年国际统计年鉴》，2008年为《2010年国际统计年鉴》，2009年为《2013年国际统计数据》，2010年和2012年数据为《2014年国际统计年鉴》。

三是分产业的劳动者报酬份额研究。这一研究主要集中于制造业的劳动分配率，涉及的时间跨度为1965—1974年，总体也较短，但数据表明，劳动分配率区间为52%—60%。在所研究的时间段内，可以看出经济的景气循环对劳动分配率有一定的影响：萧条年份分配率高，繁荣年份分配率低。如果将此因素加以剔除，1970年前的分配率大体上稳定。稳定的原因是：劳动力短缺引起工资大幅上升，但与此同时，劳动生产率也在上升，并大体上同工资增长幅度保持相同，因而单位产品平均支付的劳动费没有变化（见表4-14）。同时，应该看到，日本制造业的劳动分配率同整个雇用人员的分配率大致相同。

表4-14　日本制造业的劳动分配率①

年份	劳动分配率（%）
1965	55.5
1966	54.0
1967	52.3
1968	53.1
1969	52.8
1970	55.6
1971	59.9
1972	59.7
1973	54.7
1974	59.9

注释：分配率＝雇员工资/净增加值。

　　四是把国内生产总值调整为劳动和资本间的分配。调整主要是对私人非农部门劳资间分配加以研究，时间跨度较长，为1908—1938年和1954—1964年。1908—1938年的信息表明，1908—1938年私人非农部门资本份额和劳动份额的变动具有如下特点：一是劳动份额变动有明显的阶段性。1908—1917年劳动份额增加，1918—1925年劳动份额降低，随后到1938年处于上升的阶段。二是劳动份额的增加同资本回报率的降低具有一定的关系。尤其是在1918—1925年，其间资本回报率全部为负，最高时达到−12.24%。三是劳动份额的总体变化不大。1908年为57.6%，1938年仍为60.0%（见表4-15）。

---

①［日］金森久雄：《日本经济增长讲话》，萧明伟译，中国社会科学出版社1980年版，第131页。

表4-15 私人非农部门的相对收入份额和资本回报率

年份	要素份额（%）		资本回报率（%）
	资本	劳动	
1908	42.4	57.6	
1909	42.6	57.4	−2.08
1910	42.6	57.4	−4.24
1911	42.4	57.6	4.75
1912	42.9	57.1	1
1913	44.7	55.3	5.26
1914	47	53	7.86
1915	48.8	51.2	4.6
1916	49.9	50.1	1.66
1917	50.2	49.8	−1.63
1918	49.3	50.7	−3.6
1919	47.3	52.7	−7.18
1920	44	56	−11.46
1921	40.3	59.7	−12.24
1922	37.6	62.4	−10.36
1923	35.4	64.6	−8
1924	33.7	66.3	−6.28
1925	33.5	66.5	−1.03
1926	34.2	65.8	1.04
1927	34.9	65.1	0.25
1928	35.2	64.8	−1.03
1929	34.7	65.3	−2.59
1930	34.5	65.5	−0.53
1931	34.7	65.3	1.6
1932	34.8	65.2	0
1933	35	65	0
1934	35.8	64.2	3.68
1935	37	63	6.6
1936	38.2	61.8	8.1
1937	39.2	60.8	6.17
1938	40	60	4.15

数据来源：Kazushi Ohkawa, Henry Rosovsky. Japanese Economic Growth,Stanford University Press Stanford California. London：Oxford University Press, 1973, p. 316。

下表1954—1964年的信息表明：劳动份额在经历了最高点后（1954年的76.0%），逐渐回落，10年中回落了9个百分点，但其间的资本回报率基本为正（见表4-16）。

表4-16　私人非农部门的相对收入份额和资本回报率

年份	要素份额（%）		资本回报率（%）
	资本	劳动	
1954	24	76	
1955	25.5	74.5	
1956	26.5	73.5	6.82
1957	27.4	72.6	1
1958	29	71	5.67
1959	30.6	69.4	10.3
1960	31.6	68.4	6.04
1961	32.6	67.4	5.18
1962	33.4	66.6	3.94
1963	33.4	66.6	−0.95
1964	33	67	−1.91

数据来源：Kazushi Ohkawa, Henry Rosovsky. Japanese Economic Growth,Stanford University Press Stanford California. London：Oxford University Press, 1973, p. 317。

二、日本雇员报酬份额变动的原因

主要原因是：劳动力供求变化，工会力量增强，以及政府对政策的及时调整。

一是日本战后初期经济高增长、高利润、低工资。日本战后经历了一个高速增长时期，同高增长相伴随的是高投资、多竞争和高利润。高利润的主要原因在于，大胆投资的企业比谨慎投资的企业能获取更多的利益，并且引起了连锁反应。例如，1951年，川崎钢铁在千叶填海造地，建立最新式的钢铁联合企业，并且立志要成为具备高炉的钢铁联合企业。当最初进行这一庞大的投资项目时，许多人都认为风险很大，但随着日本经济高速增长，对钢铁需求增加，企业的投资非常成功。从1956年开始，在钢铁工业部门，出现各个公司争着上大项目的事例。传统经济学所认为的现象：设备投资增加，生产能力增加，利润率降低，在日本并没有出现。日本却出现了由于投资增加，对投资所需要的产品和原料的需求也增加，雇佣人数也增加，对消费需求也增加，利润高的状况。战后日本制造业工资上升率很低，劳动生产率上升很高，利润率高，但1961年以来，工资率才得以提高。

二是劳动力供给从过剩到不足。按照日本著名学者Ryoshin Minami（1968）的研究[1]，日本刘易斯转折点发生在战后的某个时期，但并不确定。有人认为在1953年左右，因为1953年维持生计部门的实际工资率和劳动的边际生产率已经开始稳步提高；有人认为在1960年，因为这一年的劳动供给弹性不再那么敏感。在1960年左右，日本劳动力供给从过剩逐渐转变为不足，出现了刚出校门求职的学生也供给不足的情况，工资和工资率不断上升。在供给不足的同时，日本劳动力还存在结构问题，表现在劳动力供给不足的情况下，四十岁以上的劳动力仍有剩余，只是这些劳动力的技能满足不了企业的要求，需要进一步提高。为此，日本政府进行了以

---

[1] Ryoshin Minami.The Turning Point in the Japanese Economy.The Quarterly Journal of Economics，1968，82（3），pp. 380-402. 存在不同的看法很自然，因为从历史的视角来看，转折点并不是一个时间点，不会是某一确定的天或年，应被界定为某些年的时间跨度。

提高劳动生产率为目的职工教育和技术培训，为劳动力在产业部门之间的转移创造条件。在《国民收入倍增计划》中，将"人力的开发与科学的振兴"作为一项重要课题，出台了"人力开发政策"，教育投资在国民收入中所占的比例不断提高。

三是从注重就业数量创造到注重就业质量提高。一般而言，人们的工资性收入总量主要取决于工资水平和就业数量，而工资水平和就业数量又取决于劳动者的人力资本存量，劳动者受教育程度高低和劳动技能是否熟练是人力资本存量的重要体现。一些研究得出的就业量或工资水平与人力资本存量的关系是：与学历和劳动熟练程度低的劳动者相比，学历和劳动熟练程度高的劳动者的就业量和工资水平都明显偏高，反之则反是。[1]日本在战后初期，由于劳动力过剩，指导思想上注重就业数量创造，并通过财政、金融、产业、中小企业和教育政策来促进就业，增加低收入者的就业机会，使一些低收入阶层获取了一定的报酬，但实践中却不能保证就业的质量。一些劳动者在恶劣条件下从事低收入工作，尽管相当勤劳，但却始终无法摆脱贫困。这些劳动者在政策扶持下获得的工作，稳定性较差，一旦经济出现衰退，他们就会成为失业者。从劳动力就业结构看，劳动熟练程度较低的就业者，在适应不断变化的技术发展方面存在较多的困难，随时间推移和技术条件的不断变化，这些劳动者失去工作的风险会越来越大。因而，只强调创造就业机会的劳动力市场制度，并不能使低收入劳动者有效提高劳动收入、摆脱贫困，也并不能真正提高低收入劳动者的社会地位和缩小收入差距。在对此指导思想的反思下，日本政府逐渐调整了其政策措施，尤其是进入21世纪后，其政策发生了根本转变：从为低收入阶

---

[1] Orley Ashenfelter C, Alan Krueger B.Estimates of the Return to School from a New Sample of Twins.American Economic Review, 1994（12），pp.1157-1173.

层创造就业机会逐渐转向到提升低收入阶层的就业能力。尽管采取了这样的一系列措施，日本的贫困率仍在上升。根据日本京都大学橘教授（2005）的研究，在目前的日本经济发展中，非正式员工越来越多，由此导致了大量的丧失各种社会福利待遇的劳动者。"企业通过雇佣非正式员工，节省了社会保险费，削减了劳动成本。如今，这类拿着低工资又无福利的非正式员工数，达到日本就业者总数的1/3。这是造成日本贫困率上升的主要原因。"①

四是逐渐注重民众的生活富裕。战后的日本是一个靠低工资对外实行倾销的国家，为此欧美极力限制日货，1958年西德经济部长艾哈德访问日本时指责其工资过低。池田勇人强调为了实行健全的出口和扩大国内市场，需要提高工资，引起了国内经营者和工会的密切注意。1959年，中山伊知郎教授（中央劳动委员会会长、国民收入倍增计划时的经济审议会企划委员长）提议经济发展要以工资增加一倍为目标，使日本发展成为一个福利国家。当年三月，池田勇人首次提出"月薪增加一倍"主张，强调政府在经济发展中要进行合理定位，一切要以国民生活富裕为出发点，选择适当的政策，尤其是要扶持那些在社会经济发展中处于弱势地位和权势边缘的社会成员，充分有效运用国内的设备和劳动力，在今后5—10年内，月薪提高一倍或两倍，②实现全民合理分享经济高速增长的成果。随后又制定和实施"国民所得倍增计划"，让全体国民的个人收入大幅提升，在10年内翻一番。日本经济学家桥本寿朗曾经指出，"如果提到日本的高速经济增长，首先应该列出的是对富裕生活的渴望"③，"本计划（国民所得

①王洛林：《日本经济蓝皮书》，社会科学文献出版社2009年版，第202页。
②［日］内野达朗：《战后日本经济史》，赵毅、李守贞、李春勤译，新华出版社1982年版，第151—152页。
③［日］桥本寿朗：《日本经济论——20世纪体系和日本经济》，复旦大学日本研究中心译，上海财经大学出版社1997年版，第33页。

倍增计划）的最终目标是极大地提高国民生活水平和达到完全就业"。国民所得倍增计划设定的数值目标：10年后每个职工的家庭平均收入将达到19.9万日元，为当时年收入的2.4倍；其他家庭也将达到16.3万日元，为当时的2.3倍。①通过此计划的实施，日本国民的收入和生活都得以明显提升。

五是通过"春斗"使劳动者获取合理报酬。从1955年开始，"春斗"逐渐成为日本工会每年春天为增加工资而举行的全国性罢工行为，对劳动者工资的决定具有重要作用。日本的工会组织认为，工资的决定不但要依据劳动者的个人能力和对企业的贡献，而且还要依据经济的整体发展水平，不断重新评估工人的劳动力价值，通过"春斗"使劳动者获得相应的劳动价值。实践过程如下：先由主导产业部门的劳资双方通过谈判来决定本年度的平均工资增加幅度，在此基础上，各产业、企业参照此幅度各自确定本行业、本企业的增资水平。在实践过程中，"春斗"逐渐成为工人和企业之间合理分享因经济增长、企业发展所带来的经济利益的谈判。1960年之前，"春斗"使工资年均提高4%—5%，1959年达到6.9%，1960—1961年达到8.7%，1962年达到13.8%。②在整个高速增长时期内，日本工人的工资基本上与国民经济增长幅度持平，年均增长率保持在10%以上，1975年以后更是超过15%。日本公务员的工资与"春斗"相关。公务员工资增长幅度以上一年企业工资平均水平作为参照来执行，滞后一年实施使政府能更客观判断经济形势，有助于处理好政府、企业和劳工三者

---

① ［日］桥本寿朗：《日本经济论——20世纪体系和日本经济》，复旦大学日本研究中心译，上海财经大学出版社1997年版，第239页。

② ［日］内野达朗：《战后日本经济史》，赵毅、李守贞、李春勤译，新华出版社1982年版，第179页。

之间的相互关系。[①]

三、日本收入分配改善对我国的启示

就刘易斯转折区间而言，我国目前的发展时期同日本1960年左右的发展时期大致相同，日本1960—1980年间雇员报酬份额的较大改善对我国劳动者报酬份额逐渐保持在合理水平，具有重要的启示。

启示一：政府应牢固确立"为民"理念，注重民众生活富裕、发展成果共享。日本收入"倍增计划"使居民收入得以较大提高，让民众共享经济社会发展成果。我国政府应在以下方面发挥职能：一是政府应保持自身公正。发展中应避免并消解政府同资方形成的利益联盟或共生关系，政府应当扶持弱者，在初次分配中应承担应有的法律、规则制定和实施，劳资双方行为主体培育，充分发挥党和政府对工会和雇主组织的领导，使雇佣双方共赢，确保"劳资政"三方有效协商，避免在初次分配中陷入过深。二是确立公正的具体实施手段。例如，可通过确定最低工资与人均GDP的比率、最低工资与平均工资的比率和最低工资的增长率，来分别衡量劳动力价值、分配的公平和政府对低收入群体的关注情况。三是应实施劳动者报酬增加同劳动生产率提高相适应。从理论上讲，劳动者报酬增长应同劳动生产率提高相适应，但有一种观点认为，劳动者报酬增加会降低劳动力成本优势。笔者认为，这种观点是值得商榷的，这一观点只是将劳动力成本同劳动者报酬的增加相联系，而忽略了影响劳动力成本的劳动生产率的变动。在劳动生产率增长快于劳动力成本增加幅度的情况下，劳动者报酬

---

① ［日］桥本寿朗：《日本经济论——20世纪体系和日本经济》，复旦大学日本研究中心译，上海财经大学出版社1997年版，第241页。

的增加并不会导致劳动力成本优势的降低。都阳等（2009）认为，劳动力成本是雇佣单位对劳动力支付的报酬与劳动力所做贡献之间的比较关系，是相对的而非绝对的，在确定劳动力成本优势时，应考虑劳动报酬和劳动生产率之间的相对关系。他们通过对我国2000—2007年规模以上制造业的研究，认为尽管劳动报酬经历了快速增长，但由于劳动生产率的更快增长，劳动力成本优势并没有消失。①

启示二：以创业带动就业为手段，实现经济持续健康发展。劳动者报酬份额增加源于两种渠道：一是增加就业提高劳动者报酬，二是使已就业者的报酬增加。劳动者就业是获取劳动报酬的基础，要想提高劳动者报酬份额，必须增加劳动者就业。十八大报告提出"要贯彻落实劳动者自主就业、市场调节就业、政府促进就业和鼓励创业的方针，实施就业优先战略和更加积极的就业政策"。为更好推进这项工作，可在以下方面有所突破。一应继续引导民众创业，以创业带动就业。部分地方政府把"创业带动就业"作为经济的主要工作，同工作人员签订所需要完成的目标责任书，落实领导干部责任，等等，尽管存在一定的争议，但确实能够使创业工程落到实处。二应彻底破除阻碍劳动力合理流动的制度。农民报酬提高可来自于务农收入，但更重要的可能是来自于非农劳动收入，而这主要靠农村剩余劳动力的转移。有些城市已经不再区分城乡人口，都改为常住人口，但同户籍制度相联系的一系列政策并没有改变。例如，在就业、工资待遇、社会保障、子女教育和住房政策等方面都同本地的城镇人口存在一定的差别。这不但增加了他们的生活成本，而且给他们的心理带来一定的负向影响。三应有效实施劳动力素质提升工程。现在，一些务工人员仍然过着

---

①都阳、曲玥：《劳动报酬、劳动生产率与劳动力成本优势——对2000—2007年中国制造业企业的经验研究》，《中国工业经济》2009年第5期，第25—35页。

"哪儿赚钱哪儿花，一年到头没钱寄回家"的生活。应通过建立促进劳动力就业的机制，深化劳动力素质培训和实用人才培训；通过农民学院、社区学院等逐步完善多层次、多元化的教育培训网络，提升劳动者素质，促进其顺利就业和提升其议价能力。四应做好劳动力就业服务工作。2012年人力资源和社会保障部首次公布各地用工需求，减少信息不对称，降低劳动者搜寻工作的成本，就是一项很好的举措。

启示三：形成规范的雇佣双方组织行为，努力使劳资双方力量均衡。日本劳动者通过"春斗"获取合理的报酬，对劳动者报酬份额提高有重要的作用。作为我国而言：一是应建立工人认可的工会组织。应使劳动者相信工会组织能够维护会员的权益，应创造条件使工会会员推举出代表自己利益的工会干部，应使选出的工会干部独立于企业之外。二是应建立通过集体谈判进行工资集体协商获取合理工资的机制。日本"春斗"的一个重要形式就是通过集体谈判，平衡劳资力量，使劳动者得到合理的权益。目前，许多地方所创立的"党委领导、政府主导、工会牵头、部门协作和企业主体"的工会运作思路就是很好的体现，但真正的集体谈判是劳资双方通过平等协商，来实现帕累托改进的过程。我国的集体谈判应回归本位，尤其是政府要回归本位，应逐步从以前的党委领导和政府主导回归到劳资双方的协商自治。三是应构建有效的"三方协商"（tripartite consultation），并将协商成果进行拓展。"三方协商"的实质是政府与劳资双方的代表性组织形成的一种对话沟通机制，这种机制是以社会伙伴关系为纽带、以共同利益为基础，用公平、公正原则来协调劳资关系的，其运作层面主要为产业，在产业层面来规范劳动力市场及劳动关系。我国的"三方协调机制"最终应从政府主导和体制内部的功能性协调，逐渐转向劳资自主和三方各自发挥本身职能，应从沟通协调逐渐转向协商谈判，应从倡导型逐渐转向决策型。①"三方机制"及其真正意义上的有效实施以工会和企业主组织的代表性和独立主体性为前提，针对目前实质意义上的工会组织构建难问题，可以考虑通过形成有效的区域性/行业性工会来加以替代，并将协商成果进行拓展，以最大化其效用，确保劳动者获取合理劳动报酬。

---

①乔健：《中国特色的三方协调机制：走向三方协商与社会对话的第一步》，《广东社会科学》2010年第2期，第37页。

韩国劳动者报酬份额变动趋势分析

一、韩国雇员报酬份额变动趋势

韩国于1945年从日本统治下获得解放，当时也是世界上最贫穷的国家之一，1950—1953年又发生了战争。到20世纪50年代末，韩国还只是勉强维持生存，但却在随后年份的经济发展中取得了很好成效，受到普遍赞誉。本文的研究从1962年开始。数据来源于韩国银行1975年《韩国的国民收入》和韩国银行1978年《经济统计年报》，韩国银行1990年《国民预算》和1991年、1992年《经济统计年报》。由于口径不一，前后的数据存在一定差异，但总体能够反映发展趋势。从韩国国民收入分配的主要构成表看出（参见表4-17），1960—1976年，韩国雇员报酬份额变动较大，尤其是在20世纪60年代变动比较明显，1963年比1962年降低了5个百分点，1964年又比1963年降低了近3个百分点，达到最低值28.4%，1967年比1966年增加了4个百分点，只是在1967—1975年才比较稳定，每年的增加或降低幅度不超过1个百分点。在所考察的时期，雇员报酬份额在1976年达到了最高值41.7%。总体来看，雇员报酬份额在20世纪60年代较低，在20世纪70年代较高，在20世纪70年代的多数年份维持在38%—40%之间，并且处于上升态势。非法人企业收入份额总体上处于下降态势，从1960年代初的50%左右下降到20世纪70年代初的40%，而财产收入份额的变动并不明显。从变动趋势可以得出：在所研究的阶段，雇员报酬份额的变动主要同非法人企业收入份额的变动相关，前者的增加主要来源于后者的降低。

表4-17 韩国国民收入分配的主要构成（经常价格）

年份	雇员报酬（%）	非法人企业收入（%）	财产收入（%）
1962	36.6	46.7	11.2
1963	31.2	54.0	9.7
1964	28.4	57.2	10.0
1965	30.9	52.4	10.8
1966	32.7	49.8	11.8
1967	36.6	44.0	13.0
1968	37.9	41.3	13.6
1969	38.6	42.6	13.3
1970	39.0	41.6	13.5
1971	39.0	43.4	12.2
1972	38.8	43.7	11.4
1973	37.4	44.6	11.9
1974	37.1	45.7	11.5
1975	38.8	43.5	11.2
1976	41.7	40.7	11.1

数据来源：韩国银行1975年《韩国的国民收入》和韩国银行1978年《经济统计年报》。

1971—1992年劳动者收入在国民生产总值中的比重表计量的数据中，雇员报酬份额明显低于韩国国民收入分配的主要构成表给出的数据。1971年，雇员报酬份额仅为34.7%，1988年增加到42.1%（注意：国民生产总值同国民收入的区别）。韩国有些研究表明，韩国雇员在1987年民主运动开始前的发展历程中，并没有得到相应的报酬，但此后雇员工资水平有了很大提高，雇员报酬份额也有较大提升，尤其是在1988—1992年间，每年的提高幅度都在一个百分点以上，有的年份甚至高出两个百分点，1992年增加到47.8%。纵向来看，韩国1974年以后的数据一直在逐渐增加。在雇员报酬份额变动基础上，可以进一步研究劳动者福利的改善情况：为了使劳动者的福利跟上其他人口的福利，实际工资的增长率（W）至少应当等于国民生产总值的增长率（G）减去就业的增长率（EMP），根据W/（G-EMP）的比率大于或小于1（比率大于1，工人的福利状况会改善；比率小于1，福利状况会变差），可以分别解释劳动者和福利的改善或恶化。下表显示：该比率波动很大，1971—1991年的平均比率大于1，工人福利改善，并且这一趋势在1989—1992年继续存在（见表4-18）。

表4-18　1971—1992年劳动力收入在国民生产总值中的比重和增长率

年份	雇员报酬在GNP中比重（%）	实际工资增长率（W）（%）	GNP增长率（G）（%）	就业增长率（EMP）（%）	W/（G-EMP）
1971	34.7	1.9	8.6	3.3	0.2
1972	34.5	5.2	5.1	5.0	0.5
1973	34.6	7.9	13.2	5.5	0.4
1974	33.1	5.8	8.1	4.0	0.5
1975	33.5	3.7	6.4	2.1	0.4
1976	34.4	17.4	13.1	6.1	0.9
1977	36.0	19.8	9.8	3.0	1.5
1978	37.9	18.1	9.8	4.3	1.3
1979	39.5	8.6	7.2	1.3	1.0
1980	41.2	−4.2	−3.7	0.3	1.2
1981	40.8	−0.6	5.9	2.5	−0.1
1982	41.2	8.1	7.2	2.5	0.8
1983	41.8	7.4	12.6	0.9	0.5
1984	41.6	6.2	9.3	−0.5	0.7
1985	41.4	6.7	7.0	3.7	0.6
1986	40.4	5.3	12.9	3.6	0.3
1987	41.1	6.9	13.0	5.5	0.4

年份	雇员报酬在GNP中比重（%）	实际工资增长率（W）（%）	GNP增长率（G）（%）	就业增长率（EMP）（%）	W/(G-EMP)
1988	42.1	7.8	12.4	3.2	0.5
1989	44.5	14.5	6.8	3.8	1.4
1990	46.4	9.4	9.3	3.0	0.8
1991	47.6	7.5	8.4	3.0	0.7
1992	47.8	8.4	4.7	1.9	1.3

数据来源：韩国银行1990年《国民预算》，1991年和1992年《经济统计年报》。

《国际统计年鉴》提供的雇员报酬份额数据是按收入法GDP核算的，但只能查到2000年以后的数据，通过韩国的投入产出表也可计算收入法GDP的雇员报酬份额，但同《国际统计年鉴》提供的雇员报酬份额数据存在一定的误差。为了连续考察韩国雇员报酬份额变动情况，笔者将投入产出表提供的数据和《国际统计年鉴》提供的数据归纳到一起。1970—1995年为投入产出表中的数据，后面年份为《国际统计年鉴》数据，各段前后统计口径相对一致。从表4-19看出，在每个研究时段，雇员报酬份额都逐渐增加，并且在第一个时段增加比较明显，从最小值32%到最大值48%，并且同上述几种分析方法得出的结论大体一致；第二阶段也增加了近4个百分点，从2000年的42.9%到2009年的46.35%，此后多稳定在45%左右。

表4-19 韩国收入法GDP构成结构变化

年份	雇员报酬份额（%）	年份	雇员报酬份额（%）
1970	35	2002	42.98
1973	32	2003	44.46
1975	32	2004	44.67
1978	35	2005	45.78
1980	41	2006	46.20
1983	41	2007	46.05
1985	41	2008	46.04

续　表

年份	雇员报酬份额（%）	年份	雇员报酬份额（%）
1990	45	2009	46.35
1995	48	2010	44.85
2000	42.91	2011	45.12
2001	43.41	2012	45.85

数据来源：1970—1995年数据根据韩国投入产出表计算。2000年数据为《2009年国际统计年鉴》，2001年数据为《2006/2007年国际统计年鉴》，2002年数据为《2008年国际统计年鉴》，2003—2008年数据为《2010年国际统计年鉴》，2009年和2011年为《2013年国际统计年鉴》，2010年和2012年数据为《2014年国际统计年鉴》。

二、韩国雇员报酬份额变动的原因

劳动力供给变动和经济发展战略变动是韩国雇员报酬份额变动的重要影响因素。以劳动力短缺为分界点，雇员报酬份额有明显变化，1974年以前雇员报酬份额总体偏低，并处于低水平波动，但1974年后，雇员报酬份额逐步上升。

一是劳动力供需变化推动了雇员报酬份额的变化。韩国经济在几十年的时间段内快速增长的首要源泉是劳动力。亚历山大·格申克龙认为，由于欠发达国家可以利用发达国家的技术革新成果，其工业化进程一般要比发达国家快。落后国家可以通过发展和技术革新来"浓缩"工业化进程，日本的大串一司教授将东亚发展中国家的快速发展描绘成"浓缩型增长"[①]。在劳动力短缺点来临之前，尤其是在20世纪60年代的早期阶段，农村部门的隐性失业相当普遍，这些隐性失业者愿意以生存工资受雇于使

———————

①浓缩型的含义：发展中国家快速增长并不是将正常发展的全过程从量上或从时间上进行压缩，而是以省略或推迟伴随经济增长的调整方法来节略正常的发展过程。

用相对简单技术的劳动密集型企业，充足的劳动力供给和生产率的增长大大快于实际工资的增长，使企业获得更多利润和更高的利润率，企业在高收益的推动下继续扩大投资，促动了经济快速增长。

表4-20　1966—1992年工资增长率[①]

年份	名义工资增长率（%）		实际工资增长率（%）	
	制造业	非农产业	制造业	非农产业
1966	15.6	n.a.	3.3	n.a.
1967	22.6	n.a.	11.0	n.a.
1968	26.5	n.a.	14.2	n.a.
1969	34.2	n.a.	20.0	n.a.
1970	26.9	n.a.	9.1	n.a.
1971	16.2	15.4	2.6	1.9
1972	13.9	17.5	1.9	5.2
1973	18.0	11.5	14.3	7.9
1974	35.3	31.9	8.5	5.8
1975	27.0	29.5	1.5	3.7
1976	34.7	35.5	16.8	17.4
1977	33.8	32.1	21.7	19.8
1978	34.3	35.0	17.3	18.1
1979	28.6	28.3	8.8	8.6
1980	22.7	23.4	-4.6	-4.2
1981	20.1	20.7	-1.2	-0.6
1982	14.7	15.8	7.1	8.1
1983	12.2	11.0	8.6	7.4
1984	8.1	8.7	5.7	6.2
1985	9.9	9.2	7.3	6.7
1986	9.2	8.2	6.2	5.3
1987	11.6	10.1	8.3	6.9
1988	19.6	15.5	11.7	7.8
1989	25.1	21.1	18.3	14.5

[①]［韩］赵淳：《韩国的经济发展》，李桐连、兰炜班、赵声华等译，中国发展出版社1997年版，第96页。

年份	名义工资增长率（%）		实际工资增长率（%）	
	制造业	非农产业	制造业	非农产业
1990	20.2	18.8	10.7	9.4
1991	16.9	17.5	6.9	7.5
1992	15.7	15.2	8.9	8.4

注释：n.a.表示资料无法得到。

在1974年之前，尽管雇员实际工资有所提高，雇员报酬份额甚至有时也有提高，但由于企业利润高，利润率高，再加上政府给予企业许多优惠政策，在企业出现财政困难时，有时以损害雇员利益为代价，雇员报酬份额总体处于低水平。1974年，韩国政府大力发展重化工业，劳动力短缺逐渐明朗化。1974年制造业部门的名义工资增长率为35.3%。1975—1979年，高素质劳动力短缺较明显，大企业加强了对高素质劳动力的争夺，致使高素质劳动力工资提高很快，带动了其他产业工资的提高。此外，民主化运动使1988—1990年的年名义工资增长率达到22%（参见表4-20）。

二是韩国政府的经济发展战略对雇员报酬份额的影响。同日本和台湾相比，韩国的政府介入程度更深。在经济发展中所采取的不但是吸纳就业的增长战略，而且是允许提高工资和将利润用于再投资的战略，事实证明该战略在一定时期内很有成效。韩国最初通过就业减少贫困，生产性就业（可导致工资提高的就业）对劳动者摆脱贫困线更为重要。在促进就业、劳动生产率增长的同时，增加雇员工资增长，尽可能使生产率和工资增长之间保持正相关关系。政府在20世纪70年代启动了一种宣布工资指导线的程序，工资增长率以劳动生产率为基础，防止工资增长快于生产率增长，也支持企业将利润以增加工资方式分配给工人，鼓励公司向雇员提供更多福利。为了通过"三方对话"改善其劳动状况，解决长期存在的就业无保障问题，特别是日益严重的青年就业问题，2004年设计了"就业创造社会契约"。①

三是探索雇员报酬份额合理的判断标准。第一，采用了劳动力总数中低收入者的比例。例如，以1990年不变价格计算月工资少于15万韩元的低收入者在劳动力中的比重，如果这一比重较大，工资增加就被认为是合理的。第二，看国民收入中劳动者报酬份额的走势。如果国民收入分配存在较大问题，劳动者报酬份额将会随时间推移而减少，劳动者的合理经济权益受损，劳资纠纷就会发生。第三，从宏观经济视野调查劳动者在生产中的贡献同收益是否相一致。尽管在实践中无法完全客观确定一个合理的工资水平或工资在国民收入中的比重，但参照现有统计和以往研究结果可以分析出一个"相对公平"的指标。第四，判断因职业、产业、公司规模和地区不同而产生的工资差别是否合理。尤其是从事相同行业或职业的劳动者的工资差别。按照亚当斯的公平理论：劳动者不仅关心自己在劳动中的得失，而且还关心与别人得失的比较。劳动者会将相对付出和相对报酬加以比较，综合衡量自己的得失。如果同别人相比大致相当，就会对他形成有效激励，否则则会工作不努力，甚至进行怠工等。当然，工资的标准往往被体制和一些传统因素所扭曲，但如果工资标准没有以经济规律为基础，劳资纠纷就会很容易发生。第五，劳资纠纷的产生和解决成为提高劳动者工资率的一重要手段。韩国在大量劳资纠纷后，工资大幅度上涨，特别是制造业更加明显，1987年第四季度比上年同期增长了22.9%，1988年比1987年增长了19.6%。

---

①国际劳工局：《世界就业报告（2004—2005年）就业、生产率和减少贫困》，中华人民共和国劳动和社会保障部国际劳工与信息研究所译，中国劳动社会保障出版社2006年版，第25页。

第五节　同美国、英国、日本和韩国劳动者报酬份额的比较

一、同美国劳动者报酬份额变动趋势的比较

　　美国雇员报酬份额的有关数据可在美国商务部的网站上获取，但关于劳动者报酬份额的数据很难获取，只是有一些学者按照国际上的通用方法对此加以调整，而调整中也存在一定的争议。为此，本文以美国雇员报酬数据为基础，对我国的劳动者报酬份额数据进行调整，来同美国的数据进行比较。前文已经说明，雇员只是劳动者的一个重要部分，在一个区域或国家中，雇员报酬份额都是小于劳动者报酬份额的。从美国雇员报酬份额可以看出，上述三种方法所计量的雇员报酬份额都大于我国的劳动者报酬份额，就是按GDI计量的雇员报酬份额也明显高于我国的劳动者报酬额。1929—2010年，雇员报酬份额的平均值为56%，最低值为49.7%，最高值为60.1%，在整个发展历程中，雇员报酬份额基本上在上升，只是在1980年后有略微下降。而我国劳动者报酬份额在1978—2007年间的平均值为43.09%，同美国雇员报酬份额相差13个百分点，差距明显偏大。按照美国劳动者报酬份额的计量结果，在1930—1950年间，劳动者报酬份额的最低值也为75%，最大值为83%，比我国的劳动者报酬份额要高出30多个

百分点，差距相当大。事实上，我国国家统计局对劳动者报酬的计量方法，存在高估劳动者报酬份额的倾向。再者，我国劳动者报酬份额一直处于低水平，并且在近几年一直处于下降趋势，而美国的劳动者报酬份额基本稳定在80%左右。

二、同英国劳动者报酬份额变动趋势的比较

同我国劳动者报酬份额的计量相比，英国劳动者报酬份额的计量更加准确，这主要体现在对自我雇用者收入的分劈上面。英国对自我雇用者收入的分劈是采取自我雇用者的劳动收入等同于经济体中从事相同行业或职业的雇员的劳动收入，或者是自我雇用者的资产收入回报率等同于经济体中从事相同行业或职业的企业的资产收入回报率。这样的统计方法要求具备很详尽的统计资料作为基础，但在我国这些资料很难收集，因此无法采用这种方法加以计量。本文对我国劳动者报酬份额的计量只是采用了将自我雇用者收入中的2/3作为劳动者报酬的办法，总体上也能反映劳动者报酬份额的真实情况。

通过这两种数据对比，可以得出如下结论：一是我国的劳动者报酬份额明显偏低。1978—2007年，我国劳动者报酬份额的平均值为43.09%，而英国在所研究阶段的最低值51%（1871年），所列年份的均值为65.0%，比我国平均值高出近12个百分点。二是最初发展阶段劳动者报酬份额略有下降。英国从1856年的57.8%下降到1871年的最低点51%，随后才开始不断增加；而我国的劳动者报酬份额在1978—1995年略有上升，随后下降，2007年达到最低水平39.16%，如果将我国的经济发展放到历史长河中来进行研究的话，截止到目前的发展阶段可能仍处于市场经济发展的初期，劳动者报酬份额降低也属于经济发展的常理。三是我国劳动者报酬份额的变

动更多受到政府干预的影响。英国在长期经济发展过程中的经验表明，劳动者报酬份额的变动会呈现先降低后增加的趋势，这是市场经济自由发展的必然结果。我国劳动者报酬份额的变动经历了计划经济向市场经济的转变，政府在经济中的介入程度较深，不断出台多项政策对经济发展进行引导，而且有时会亲自介入，所以劳动者报酬份额变动更加复杂。

三、同日本劳动者报酬份额变动趋势的比较

日本劳动者报酬份额研究存在较大差异，由于资料的有限性，目前还不能辨析出哪种计量方法更为准确，但总体来看，无论是哪种计量方法，日本劳动者报酬份额的总体水平要高于我国。就是按雇员报酬份额最低的收入法计量，也可以看出，在长期发展过程中，日本的雇员报酬份额也高于我国的劳动者报酬份额。按照同样的统计方法，我国按收入法计量的劳动者报酬份额在 1978—2007 年的平均值为 43.09%，而日本在 1965—1979 年的平均值为 47.89%，高出我国近 5 个百分点。通过数据可以看出，我国劳动者报酬份额与日本的差距明显低于同美国和英国的差距，这可能与日本同我国的发展模式都是政府主导型，政府对经济介入过多有关。政府的过多介入，需要较多的财力作为基础，这势必导致生产税净额的增加。

四、同韩国劳动者报酬份额变动趋势的比较

韩国雇员报酬份额的变动同我国劳动者报酬份额比较起来，总体水平仍然较高。1974 年以后，韩国的雇员报酬份额几乎一直增加，到目前已经接近于 47% 的水平。尤其应当注意的是，韩国雇员报酬份额的变动主要同刘易斯转折点的来临有很大的相关性。多数学者认为，韩国刘易斯转折点

的来临介于1974—1979年，从雇员报酬份额统计数据来看，雇员报酬份额的转折点也在1974年。我国目前正处于刘易斯转折区间，跟韩国一样都是政府主导的市场经济体制，根据韩国发展的经验，我国未来几年在没有大的经济政治波动的情况下，劳动者报酬份额也会发生转向，从1998年以来的持续走低，转向劳动者报酬份额增加。事实上，根据《中国统计年鉴》的测算，2007年以后，我国的劳动者报酬份额也在逐渐提升，2014年达到了46.50%。

五、对我国劳动者报酬份额变动趋势的总体评价

一是我国劳动者报酬份额总体偏低。1978—2007年，我国劳动者报酬份额（GDP为分母）的平均值为43.09%，同所研究的四个国家相比，都明显偏低。美国在1930—1950年劳动者报酬份额（NI为分母）多数在80%左右，高的年份达到83%，例如，1950、1970和1975年的数值均为83%。英国1856—1973年的劳动者报酬份额（GNP为分母）都在50%以上，在1937年以后有了大幅度的增加，大多数年份都在70%以上，如果将GNP转化为NI，经过计量后的劳动者报酬份额也在80%左右。如果将所有计量方法的分母都定为GDP，借助《国际统计年鉴》资料，可以看出（详见表4-21），在所研究的四个国家中，2000—2012年雇员报酬份额最低为韩国，均值是45.0%，最高为美国，均值是56.2%，都高于我国的劳动者报酬额，如果将这些国家的雇员报酬份额调整为劳动者报酬份额，更是明显高于我国。日本在1965—1979年按照收入法核算的GDP平均值为47.89%，高出我国近5个百分点。韩国1974年以后，雇员报酬份额几乎一直增加，到目前已经超出46%的水平，如果转化成按照收入法核算的GDP，其数值更大。日本、韩国这两个国家在研究所选择的阶段上，都处于刘易斯转折

点来临前后，同我国目前发展阶段具有一定相似性，但比较数据可以看出，都明显高于我国。

表4-21 2000—2012年按收入法核算的GDP项目构成

年份	美国雇员报酬（%）	英国雇员报酬（%）	日本雇员报酬（%）	韩国雇员报酬（%）
2000	58.50	55.50	54.20	42.91
2001	58.50	56.52	54.67	43.41
2002	58.30	55.64	53.89	42.98
2003	57.69	54.13	53.18	44.46
2004	56.68	53.98	51.82	44.67
2005	55.86	54.47	51.60	45.78
2006	55.20	54.13	52.38	46.20
2007	56.07	53.17	52.37	46.05
2008	56.38	53.41	54.20	46.04
2009	56.17	55.79	51.59	46.35
2010	53.32	53.97	50.36	44.85
2011	55.39	53.72	–	45.12
2012	53.03	53.91	51.85	45.85

数据来源：2000年数据为《2009年国际统计年鉴》，2001年数据为《2006/2007年国际统计年鉴》，2002年数据为《2008年国际统计年鉴》，2003—2008年数据为《2010年国际统计年鉴》，2009—2012年数据来自于《2010—2014年国际统计年鉴》。日本2001年的数据缺少。

二是我国劳动者报酬份额的产业构成同这些国家呈现出不同的特点。我国劳动者报酬份额在第一产业较高，第二和第三产业较低，而发达国家第二和第三产业劳动者报酬份额较高，第一产业较低。据张车伟等（2010）的研究，1978—2004年我国农业劳动者报酬份额的均值为52.79%，标准差为4.61，变动较大；而非农产业的均值为39.54%，最大值为42.75%，最小值为33.98%。[1]按国际上的计量方法，雇员报酬是从事雇佣

---

①张车伟、张士斌：《中国初次收入分配格局的变动与问题——以劳动报酬占GDP份额为视角》，《中国人口科学》2010年第5期。

劳动的劳动者所获得的报酬，随着就业从农业向非农转移，从事雇佣劳动的就业人口将逐渐增加，这是一条规律，雇佣劳动力的增加，其所获取的报酬总量将增加，在其他情况不变的条件下，雇员报酬份额应该增加。这也就是发达国家第二和第三产业雇员报酬份额增加的原因所在。

那么为什么在我国却出现了迥然不同的现象？笔者认为，关键还是计量方法的不同。我国在2004年以前将农民和个体户的收入都归为劳动者报酬，这极大提高了农业的劳动者报酬份额，一些学者和笔者都对此进行了调整，得出数据仍然偏高，笔者觉得我国农业劳动力就业人口尽管已经发生了向非农就业较大和较快的转移，但农村就业比重仍然偏高，劳动者报酬份额也较高。据《中国统计年鉴》，尽管我国从1978年以来，农村就业人员比重一直在下降，从1978年的76.31%，下降到2014年的49.12%，下降了约27个百分点，第一产就业人员比重基本上也在下降，从1991年的59.7%，下降到2010年的34.6%，但总体就业比重仍相当高，农村就业人员比重到2014年还维持在50%，第一产就业人员比重还维持在40.6%。在发达国家，日本和韩国第一产业的就业比重还算是比较高的，但日本已经低于5%，韩国也低于8%，我国的数据远高于上述国家。

表4-22 就业人员构成

年份	城镇就业人员（%）	农村就业人员（%）	一产就业人员（%）
1978	23.69	76.31	--
1980	24.85	75.15	--
1985	25.68	74.32	--
1990	26.32	73.68	--
1991	26.67	73.33	59.7
1992	27.00	73.00	58.5
1993	27.34	72.66	56.4
1994	27.65	72.35	54.3
1995	27.97	72.03	52.9
1996	28.89	71.11	52.2

年份	城镇就业人员（%）	农村就业人员（%）	一产就业人员（%）
1997	29.76	70.24	50.5
1998	30.60	69.40	49.8
1999	31.39	68.61	50.1
2000	32.12	67.88	50
2001	33.14	67.22	50
2002	34.33	66.40	50
2003	35.57	65.55	49.1
2004	36.75	64.79	46.9
2005	38.03	63.96	44.8
2006	39.52	62.95	42.6
2007	41.09	61.88	40.8
2008	42.48	61.01	39.6
2009	43.94	60.10	38.1
2010	45.58	54.42	34.6
2011	47.10	52.90	35.7
2012	48.37	51.63	36.1
2013	49.68	50.32	38.5
2014	50.88	49.12	40.6

数据来源：1995—2015年《中国统计年鉴》。

三是我国劳动者报酬份额在低水平上的稳定。对于劳动收入份额的稳定性，前面已有较详尽综述，主流观点认为劳动者报酬份额是稳定的，英国和美国从某种程度上也具有这样的一种稳定性，不过通过对美国和英国数据分析，可以看出英语系的国家是在高水平的稳定。美国和英国在战后劳动者报酬份额基本都稳定在70%以上，从获得的数据来看，美国在20世纪50年代以后的某些年份已经达到80%以上，英国劳动者报酬份额在1951年为70.9%，1953年为70.0%，1964年为71.4%，1973年为72.8%，可以说也是多年的相对稳定。而我国的劳动者报酬份额是多年的低水平稳定，改革起点的1978年已经在40%以上，但研究时段的末期还维持在40%

左右，并且进入 21 世纪后还略为下降，2005 年以后低于 40%。应该看到，我国劳动者报酬份额的低水平稳定还是在劳动者，尤其是在民营企业中的劳动者经历长期的劳动时间（大大超过《劳动法》规定的工作时间）后获得的。长期低水平的劳动者报酬份额会带来较大的危害，目前罢工潮与劳动者抗争事件的频繁发生，反映了以新生代农民工（出生于 20 世纪 80 年代以后，年龄在 16 岁以上，在异地以非农就业为主的农业户籍人口）为主体的劳动者阶层明确拒绝以最低工资标准作为劳动报酬的现实基准，要求参与工资的决定。如果 2004 年出现的"民工荒"是在劳动力买方市场背景下，农民工"用脚投票"来表达自己对劳动报酬不满的话，那么在 2009 年金融危机后，他们开始用群体抗争的方式自觉表达自己的利益诉求，并且这种状况在逐渐蔓延，这也意味着以获取廉价劳动力为核心的低成本增长方式进行调整已经迫在眉睫。

第六节 　**浙江劳动者报酬份额同全国的比较**

一、浙江劳动者报酬份额变动情况

（一）浙江劳动者报酬份额变动的总体情况

　　1978—2012年，浙江劳动者报酬份额总体上处于下降态势，从1979年的最大值59.19%下降到2010年的最小值38.92%，下降了20.27个百分点，平均值为46.56%，1992年后的劳动者报酬份额均低于平均值。1993年以后多维持在41%左右，明显低于平均值。分期来看：1978—1991年，浙江劳动者报酬份额尽管在下降，但均维持在50%以上；1992—1993年，浙江劳动者报酬份额陡降，从49.09%降到42.13%，下降了近7个百分点，这主要是由于利用数据的不同。因为，1993年前使用的是国民经济核算资料（1952—1995）数据，其后使用的是国民经济核算历史资料（1952—2004）数据。如果在1993年以后也使用1952—1995年数据，只有3个点左右的下降。1993—2002年，浙江劳动者报酬份额在42%左右变动。2003年后浙江劳动者报酬份额维持在40%左右，2010年甚至达到了最低点38.92%，后两年有所上升，2011年为40.80%，2012年为42.07%。

表4-23　1978—2012年浙江劳动者报酬份额变动情况

年份	劳动者报酬份额（%）	年份	劳动者报酬份额（%）
1978	55.08	1997	42.33
1979	59.19	1998	41.56
1980	56.33	1999	41.09
1981	55.15	2000	43.14
1982	57.05	2001	41.77
1983	53.08	2002	40.24
1984	53.52	2003	39.99
1985	51.75	2004	40.28
1986	51.78	2005	39.72
1987	51.60	2006	40.31
1988	51.88	2007	39.58
1989	52.24	2009	39.61
1990	53.05	2010	38.92
1991	51.25	2011	40.80
1992	49.09	2012	42.07
1993	42.13	最大值	59.19
1994	43.26	最小值	38.92
1995	42.86	平均值	46.56
1996	41.21	标准差	6.54

（二）浙江劳动者报酬份额分产业变动情况

总劳动者报酬份额是分产业劳动者报酬份额的加总，浙江总劳动者报酬份额降低并维持在低水平，可以从各产业劳动者报酬份额的变动来说明。

从第一产业来看：劳动者报酬份额最大值为2012年的96.41%，最小值为2000年的73.97%，均值为87.84%，变动幅度较大。分期看：1978—1992年，劳动者报酬份额多维持在89%左右，劳动者报酬份额较高，再加上该产业增加值在总增加值中占的比重相对以后时期较高（尽管第一产业增加值比重从1978年的38.06%下降到1992年的19.09%），该时期多数年份第一产业劳动报酬对总劳动报酬的贡献接近50%，1978年为59.45%，1985年为50.18%；1993—2004年，劳动者报酬份额明显较低，2000年达到最低点73.97%，其间多数年份都维持在80%左右，劳动者报酬份额较低叠加该产业增加值比重下降（从1993年的16.41%降到2004年的6.90%），使得第一产业劳动报酬占总劳动报酬的比重从1993年的29.07%下降到2004年的16.48%；2005—2012年，劳动者报酬份额均在93%以上，且近几年维持在96%左右，但由于其增加值占总增加值的比重较低，2012年仅为4.81%，该产业劳动报酬占总劳动报酬的比重也下降到11.03%。

从第二产业来看：劳动者报酬份额最大值为2000年的43.77%，最小值为1983年的34.08%，均值为38.75%，变动幅度在三大产业中最小。分期看：2000年之前，劳动者报酬份额总体在上升，从1978年的35.41%上升到1990年的41.72%，随后上升到2000年的最大值，同期增加值比重也在不断上升，从1978年的43.26%上升到2000年的53.31%，二者的同向作用，使得第二产业劳动报酬占总劳动报酬的比重从1978年的27.81%上升到2000年的54.09%；2000年之后，劳动者报酬份额先下降，后上升，从43.77%下降到2005年的36.69%，随后上升到2012年的42.21%，同期增加值除2012年外均在50%以上，尽管劳动者报酬份额变动不大（相对于第一产业和第三产业），但较大的增加值占比仍使得第二产业劳动报酬占总劳动报酬比重不断增加，1999年甚至达到54.57%，2006年以来的多数年份维持在50%以上，此结果也验证了浙江第二产业发展是收入分配恶化主要原因观点的不妥。

从第三产业来看：劳动者报酬份额最大值为1992年的41.80%，最小值为1999年的28.54%，均值为35.06%，变动幅度和偏差都比第二产业稍大。纵向来看，1993年以前的劳动者报酬份额较高，均值为37.66%，

1993—1999 年间处于较低水平，均值仅为30.19%，1999—2010 年间的均值为34.47%，后两年在不断提高，2011 年为35.49%，2012 年为36.14%，但仍低于期初的水平。在整个研究时期，浙江三产劳动者报酬份额都低于其他产业，并且同全国水平差距较大。增加值比重总体上不断上升，从1978 年的18.68% 增加到2012 年的45.24%，由于增加值比重上升比较明显，第三产业劳动报酬占总报酬的比重也在不断上升，从1978 年的12.74% 增加到2012 年的38.85%。

二、浙江劳动者报酬份额变动同全国的比较

浙江劳动者报酬份额的总体水平要低于全国。1978—2012 年，全国劳动者报酬份额均值为49.20%，而浙江仅为46.41%，比全国低近3 个百分点。从具体时期看：1978—1982 年，浙江劳动者报酬份额均高于全国，1979 年甚至高出近8 个百分点；1983—1992 年，浙江劳动者报酬份额开始与全国劳动者报酬份额趋同，多在51% 以上；1993—2003 年，浙江劳动者报酬份额明显低于全国水平，1996 年甚至低10 个百分点；2004—2007 年，浙江劳动者报酬份额再次与全国趋同；2009—2012 年，浙江劳动者报酬份额又低于全国水平（图4-1）。在研究时期，浙江劳动者报酬份额变动幅度较大，偏离度明显高于全国。

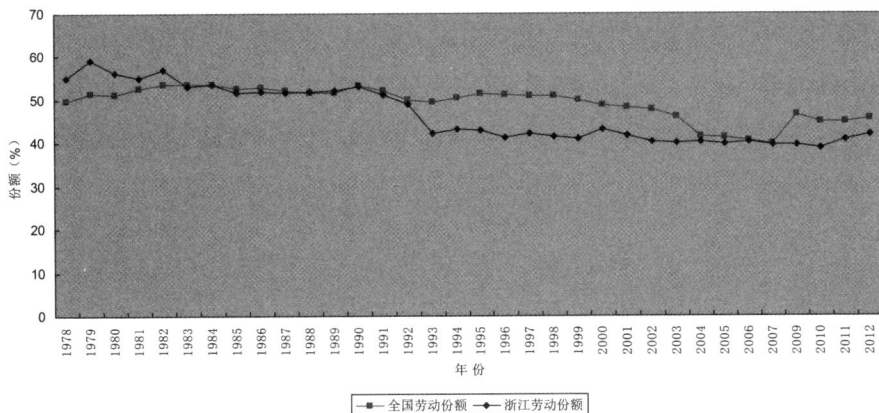

图4-1 浙江劳动者报酬份额和全国劳动者报酬份额变动比较

数据来源：基于《中国国内生产总值核算历史资料（1952—1995）》《中国国内生产总值核算历史资料（1952—2004）》和《中国统计年鉴（2006—2013）》有关数据计算而得。

注释：由于国家统计局没有公布2008年分产业构成的劳动报酬数据，该年的全国和浙江数据缺少。

浙江劳动者报酬份额低于全国平均水平，主要是因为浙江民营经济发展迅猛。民营经济大发展初期，劳动者这一生产要素的重要性很难得以体现，劳动者报酬偏低，劳动者报酬份额也处于低水平。按照市场经济发展一般规律而言，特别从经济发展过程中资源的稀缺性来看，在市场经济发展初期，资本同劳动相比比较稀缺，资本的重要性较突出，在分配过程中，资本获取较多的分配份额。初期民营经济快速发展过程中吸纳的大量劳动力为低技能劳动者，技能的低下使他们很难获取较高的工资，也使就业的增长很难赶上企业利润的增长。发展初期劳动者报酬受损时常发生，也导致劳动者报酬份额降低。

第 五 章

我国劳动者报酬份额较低的根源

对我国劳动者报酬份额较低根源的探讨，一方面要借鉴发达国家发展的历史经验，另一方面也要结合我国的国情。为此，笔者拟从以下五个维度加以论证。

第一节　市场经济发展的初级阶段

研究劳动者报酬份额，经济发展阶段不可回避。一般而言，在经济发展不同阶段，应表现出不同的劳动者报酬水平。例如，就资源稀缺性而言，市场经济发展初期，资本比较稀缺，劳动者比较充足，劳动者报酬较低，而到高级阶段，资本稀缺得以缓解，劳动者的重要性日益凸现，劳动者报酬趋向提高；就产业结构而言，农业为主的社会，雇员报酬份额偏低，随着产业结构的高级化，工业和服务业的就业人口不断增加，雇员报酬份额会逐步提高。而我国在经济发展过程中又具有明显的特殊性，一方面在进行体制转型，另一方面又在进行发展方式转型，并且这两种转型到目前为止都没有完成，所以更要考虑经济发展阶段。

一、刘易斯和库兹涅茨的研究

对于经济发展阶段和劳动者报酬份额关系的研究，是经济学家长期关注的问题，其中有两位有重要影响的人物，一位是库兹涅茨，另一位是刘易斯，都对此进行了深入研究，其研究成果也为众多研究者所引用。库兹涅茨主要研究的是发达国家的问题，刘易斯既研究了发达国家，又研究了发展中国家[①]。刘易斯得出的结论是：在经济增长的早期阶段（无限劳动力逐渐被吸纳的阶段），分配偏向于资本，利润份额增加，而到了后期阶段，分配有利于劳动，劳动者报酬份额将增加，但刘易斯本人最后也只是将其作为妄作的推断。而库兹涅茨得出的结论是：在现代经济增长的一个世纪中（这个时期可以延续到一个半世纪而不致使历史趋势有重大的变更），劳动收入份额是上升的，对于现代经济增长以前的阶段，由于数据的可获得性，并不能准确得出劳动者报酬份额的变动情况。

（一）刘易斯的研究

刘易斯并没有对劳动者报酬份额进行系统分析，只是对劳动者报酬份额的反面资本份额进行了一定的研究，基本结论为：在资本主义发展初期

---

① 人们所熟知的是刘易斯对发展中国家的研究，但刘易斯在《增长与波动》中，研究了四个核心国——美国、英国、德国和法国的经济增长，在对英国货币工资的研究中，也认为资本主义发展的早期阶段，"无限劳动力供给"的存在压低了实际工资，有利于利润增加和资本积累。英国在1780—1860年间，农业和工业革命已经全面展开，并带来了较高的生产率，但实际工资增加却很少。1781—1789年阶段到1821—1829年阶段，年均增加0.35%，1821—1829年阶段到1856—1864年阶段，年均增加0.4%。尽管之间的差额要由其他部门的工人来分享，也即差额并不能全部转化为利润和租金，但此期间的储蓄率增加了1倍，分配仍然是相当有利于利润。

（刘易斯转折点来临之前），利润增加，利润份额增加，超越了转折点之后，资本的增加超过了劳动力的供给，利润率将下降，利润份额也下降。但综观刘易斯的研究，这一结论是在一定的假定基础上得出的，论证并不充分。

刘易斯对资本份额的研究，是为了论证"在劳动力无限供给和雇员获取维持生计工资的情况下，资本家获取的剩余（利润）将一直增加，直到将剩余劳动力吸纳完毕"这一结论。其基本分析思路如下：在劳动力无限供给和资本相对稀缺的情况下，经济发展主要依赖于资本家获得的剩余及其使用，只有资本主义部门持续把剩余用来再投资，才可能把更多的劳动力从维持生计部门吸收到资本主义部门就业，直到把剩余劳动力吸纳完毕为止。

在《劳动力无限供给条件下的经济发展》中，他指出，资本家获得的剩余越来越多，资本形成会越来越大，一直持续到剩余劳动力被吸纳完毕。在资本主义经济发展中，资本家的剩余和雇员收入在增加，二者一起构成了国民收入，国民收入也在增加。在这篇文章中，他也说明了相对于国民收入，剩余没有增加的情况。他认为，要达到这样的情况，资本主义的就业应该比剩余增加得快得多，这使得资本主义部门里，相对于工资而言，总余额或利润加地租大大下降。但他认为这样的情况不会发生：因为该模型假定，资本积累和技术进步的全部收益都归于剩余，在实际工资不变条件下，相对于国民收入而言，利润也应该增加，工人在生产扩大中所获得的全部好处只是他们之中有更多的人按照高于维持生计部门收入的工资水平得到就业。该模型说明的是，如果按不变的实际工资可以得到无限的劳动力供给，同时利润都再投资于生产能力，那么相对于国民收入而言，利润就要一直增加，资本形成也要一直增加。在本文的总结中，他进一步指出，资本形成和技术进步的结果，不是提高工资，而是提高国民收入中利润的份额。

在《无限的劳动力：进一步的说明》中，他进一步指出，只要在固定的实际工资下存在劳动力无限供给，那么在国民收入中，利润所占份额将会增加，并给出了两种解释：一是源于资本主义部门的利润份额有可能增加，二是国民收入中的资本主义部门将扩大。他认为，在他所设计的模型中，资本利润率不可能下降。对于这一论点，李嘉图在《政治经济学和赋税原理》中，认为资本增加时，运用资本实现的工作（就业）也会按相同的比例增加。但应当注意的是，在李嘉图之前，亚当·斯密认为，由于资本积累以及由此所引起的竞争致使利润下降。刘易斯却认为，在技术既定、工资固定和劳动力无限供给的条件下，会产生"资本拓展"（Widening of Capital），却不会出现"资本深化"（Deeping of Capital）①。因为，工资率保持不变，所有技术进步的收益会随着资本的增加而增加，并且都为资本家所有，工资率不变，利润都会上升。应当看到，这一解释类同于以前的论证。不过也要看到，在该篇文章中，他论证了技术进步对劳动力需求的影响，进而论证了对利润相对份额的影响。他指出，利润相对份额的变动，部分依赖于技术进步对劳动力需求的影响。如果技术变化使劳动力需求的增加与使利润率的增加保持完全一致的比例，那么资本主义部门的相对份额将是不变的；如果技术进步减少了劳动力的需求，或者是保持不变，或者是没有足够的增加，那么利润的相对份额将会升高。尽管技术变化必然使利润率相对于工资率而提高，但是我们不能确定资本主义部门的利润份额是否提高，从而也不能判定储蓄率是否会提高。但从我们所了解的情况看，总体说来，这并不代表不能提高资本主义部门的利润份额。

---

① 资本拓展是指资本积累增长与劳动力增长同步，表现为资本同劳动比率不变，而资本深化是指资本积累增长快于劳动力增长的过程，表现为资本同劳动比率上升。

在《不发达地区的就业政策》中，刘易斯认为，使雇主获得更多的利润，因而去雇用更多的工人，是实践的关键所在，但应注意到，这里所指的是利润率上升，而不是要求国民收入中利润所占份额增加，因为后者还取决于就业水平的变化。如果利润率的小幅增长能够产生就业水平的大幅度提高的话，那么工资在国民收入中所占的份额将会增加，并且国民收入也会大量增加。刘易斯还认为，这是资本主义经济运行的方式，为了充满生机活力的发展必须依赖于私人利润，要使这一系统有效运转必须提高利润率。

在《对无限劳动力的反思》中，刘易斯考察了模型的三种形态[①]，在第一种形态中，对利润在国民收入中的份额进行了研究，认为利润在国民收入中的份额，由两方面的因素所决定：整个资本主义部门在整个国民收入中的份额，以及利润在资本主义部门中的份额（等于1减去产品工资率）。所以，关注利润也就是关注产品工资率，在刘易斯模型中，产品工资率为：wL/pQ。w为工资率，L为劳动力数量，p为资本家接受的价格指数，Q为实际产量。在有利于产品工资率增加的情况下，资本主义部门的工资在国民收入中所占的份额就会上升。由于技术进步的成果（Q/L）被资本家所独享，经济最初发展阶段的产品工资率将下降，也就是利润将增加，利润率将上升。但随着非资本主义部门劳动收入的上升，资本主义部门的工资将提高，经济达到第一个转折点，但随后w/p和Q/L都将同时增大，并且最终w/p的增长要快于Q/L，利润率将下降，到达第二个转折点，进入新古典经济体系。在此基础上，刘易斯对历史数据进行了分析，认为由于资本主义部门发展较快，在经济发展初期，利润较高，同利润在国民

[①]第一种形态是封闭经济（自给自足的部门），两个部门之间没有贸易往来；第二种形态是封闭经济，但现代部门依赖于传统部门的贸易；第三种形态是开放型经济，现代部门同其他外部世界存在交易。

收入中所占份额迅速增加一致。各国数据得出的普遍性的结论是：发展的初期，由于边际利润和资本主义部门的增长速度都很高，国民收入中的利润份额会迅速增加，但在后期发展阶段，由于边际利润和资本主义部门相对增长速度的降低，利润份额将下降且维持在较低的水平。

在《发展与分配》中，他认为，经济发展必然是非均衡的，飞地[①]的经济增长对传统部门产生重要的影响，能够为进入飞地的传统部门人口提供就业，获取工资。经济发展的关键是了解资本家对剩余的使用。资本主义部门由于把剩余再投资于创造新资本而扩大，并吸收更多的人从维持生计部门到资本主义部门就业，剩余越来越多，资本形成越来越多，剩余劳动力被吸收的越来越多，直到剩余劳动力被吸纳完为止。利润的相对份额在未来是增加还是减少，将取决于劳动收入是否同生产率同步增长。有证据表明：现代发达国家经历了工资同利润的相对份额有几十年保持不变的一个阶段，前面曾指出过，新古典理论要想获得成功，必须去解释第二阶段中利润对国民收入的比率相对稳定。妄作的推断之一：在发展的早期阶段，利润份额相对于工资份额将上升。并且认为这一推断最不可靠，因为这一推断假设资本家没有被强迫支付高于自由市场水平的工资，资本家支付的工资不会比他们必须支付的工资更多。[②]

应正确理解刘易斯"二元经济"理论的原意，尤其是刘易斯转折点的原意。因为，这涉及我国刘易斯转折点的来临，涉及劳动力这一最重要生产要素对经济发展的影响。

---

① 飞地最初是指一个国家位于别的国家境内，同本国领土不相联结的小块区域，这里指一个国家经济中具有现代经济特征，发展较快的地区。

② Alec Cairncros，Moninder Puri.Employment，Income Distribution and Development Stratteg：Problems of the Developing Countries.Holmes & Meier Publishers Inc NewYork，1976，pp.35-36.

一是刘易斯"二元经济"理论中的"二元"意指"现代部门"和"传统部门"。现在人们对经济中的"二元"有多种理解。例如，资本主义部门和维持生计部门、资本主义部门和非资本主义部门、现代部门和传统部门、商业部门和非商业部门、城市和乡村、工业和农业等等。基于分析的问题不同，分析问题的角度不同，进行这些划分本无可非议，但应当明确的是，刘易斯的"二元"有明确的界定：资本主义的部门（现代部门）和非资本主义的部门（传统的、维持生计的部门）。不过，这里传统的、维持生计的部门并不仅仅是农业部门，尽管在分析问题的过程中以传统农业为代表。不能将传统部门等同于农业，将现代部门等同于工业或城市，农村中有现代部门，城市或工业中也有传统部门。刘易斯在《劳动力无限供给下的经济发展》中指出，资本主义部门是经济中使用再生产性资本，并由于这种使用而向资本家支付报酬的那一部分，而维持生计部门是不使用再生产性资本的那一部分。但要注意，这里的生产性和非生产性的区别和使用只是为了分析资本积累的目的。他在《对无限的劳动力的反思》中指出，可根据利润情况将整个经济分成两个部分：一是资本主义的，一是非资本主义的。"资本主义的"，按照古典学派的观点，可定义为某人雇佣工人，销售产品以获得利润。当家务仆人在一家旅馆工作时，其归属于资本主义部门，在私人家中工作时则不然。现时流行的是工业与农业的划分，不过不应将资本主义生产与制造业等同起来。模型对于无论是农业资本家，还是工业资本家，或者其他行业的资本家，都同样适用。他在《再论二元经济》中指出，他所使用的二元经济形态的三个特征之一是，它包括"现代的"与"传统的"两个部门。

二是劳动力无限供给中的"劳动力"是非熟练劳动力。劳动力通常是处于劳动年龄阶段的人口，即处于15—64岁年龄段的人口。在具体的统计过程中，当然要稍作一些增减变动，但刘易斯模型中的劳动力有特定的内涵。他的无限供给中的"劳动力"主要是指非熟练劳动力，且并不是全部来自于农业。他在《劳动力无限供给下的经济发展》中指出，我们讨论的对象是非熟练劳动力，这种情况仅适用于不熟练劳动力，并将农民、临时工、小商人、门客、家庭妇女和人口增长作为劳动力的组成部分。所以，我们现在用刘易斯二元经济模型来解释大学生就业难和熟练劳动力就业可能已经违背其原意。他认为，随着经济的发展，工人的主要来源是：自给农业、临时劳动者、小商贩、家庭仆人、家庭妇女和人口的增长。他在《对无限的劳动力的反思》中写道，早先的论文清楚地指出，这部分劳动力并非全部来自于农业，而这一事实被以后的作者们所忽视。

三是劳动力无限供给中的"无限"，是在"现代部门"工资下，"现代部门"能源源不断地从"传统部门"吸纳劳动力。刘易斯模型中的"无限"是在资本主义部门的工资下（外生的、既定的工资），资本主义的部门对劳动力的获取可以是无限弹性，或者弹性足够大。从斯密到马克思的古典经济学家都认为，支付维持生活的最低工资就可以获得无限的劳动力供给。刘易斯在此基础上指出，由于资本主义部门的生活费用比较高、存在心理费用、劳动的熟练程度逐渐提高、资本主义部门工人所要求的嗜好与社会身份、工会的组织化高等等，资本主义工资与维持生存的收入之间的差额通常是30%或更多一些。在刘易斯模型中，只有维持生计部门的平均收入和资本主义部门的工资之间有一个差额，劳动力才可能无限供给，而并不是只要支付维持生存工资就可以无限获得劳动力的供给。维持生计部门的收入决定资本家部门工资的下限；但实际上，工资必须高于这一水平，而且，尽管如此，实际工资经常也有巨大的差别。刘易斯对"无限"有明确的界定，他在《对无限的劳动力的反思》中指出，"无限"一词的使用已引起混乱，它意味着，如果资本家欲以现行工资招收更多的劳动力，争求职位者会大大超过需求：劳动力供给曲线在现行工资水平具有无限弹性。并且，他在《再论二元经济》中对"无限"这一约束条件加以放松，指出我们不必把"无限"弹性当作偶像来顶礼膜拜，对我们要达到的目的来说，弹性"很大"就足够了。

四是刘易斯模型中的转折点有两个，但具有根本意义的是第二个转折点。刘易斯首先在《无限的劳动力：进一步的说明》中明确提出了转折点。他认为，由于资本主义部门扩张所导致的资本积累已经赶上了劳动力供给，劳动力供给成为无弹性，在经济发展的第一阶段进入第二阶段时有一个转折点，以这一转折点为界应使用不同的分析方法，即应分别使用古典经济学和新古典经济学的分析方法。事实上，转折点的含义早在《劳动力无限供给下的经济发展》中就有所体现，他在该文中指出，当资本积累赶上人口增长，以致不再有剩余劳动力时，这个过程（资本家的剩余一直不断增加，国民收入中每年投资的比率也在提高）就必然停止。当然也可能由于我们分析体系之外的任何一些原因（从地震、淋巴结鼠疫到社会革命等）而停止。真正对转折点的大量论述，是在《对无限的劳动力的反思》中。他认为理解模型的三个形态是很重要的，并在第一种形态和第二种形态中都提到了转折点：第一种形态指的是封闭型经济和两个部门之间没有贸易往来；第二种形态指的是封闭型经济，并且资本主义部门依赖于非资本主义部门的贸易。他着重论述了第一种形态中的转折点。他认为，当资本主义部门扩张时，可以设想工资在一段时间里保持不变。这里有两个转折点：第一个转折点在非资本主义部门的增长停止，其平均收入提高了，并使得资本主义部门的工资上升时出现；第二个转折点出现于资本主义与非资本主义部门的边际产品相等之时，这样便达到了新古典学派的单一经济状态。他通过对"实际工资"的研究，将注意力集中于产品工资率，论证了在假定的条件下这两个转折点的到来。在这两个转折点中，刘易斯认为，第二个转折点是决定性的，因为正是从这里越过边界进入了新古典主义体系。实际上，这第二个转折点也就是刘易斯在前面文章中所论述的转折点，也是通常意义上的刘易斯转折点（刘易斯本意上的转折点）。不过，因为一般情况下，后面的文章都是对前面文章的一种反思和订正，所以要正确理解刘易斯转折点，必须同时考虑这两个转折点。

中国的经济发展具有刘易斯式的二元经济发展特征，农业劳动力转移所带来的资源重新配置效率的改进对中国转轨时期经济增长的贡献率很高。在中国劳动力市场分割和刘易斯转折点到来的背景下，在 Lewis (1954)、李稻葵等（2009）的基础上构建一个理论模型，以在就业所有制结构和劳动收入份额之间建立关系。由于农业劳动力转移是刘易斯二元经济理论中经济扩张的原动力，并且对中国的经济增长有重要贡献，将农业劳动力转移作为理论分析的出发点。根据中国的二元经济发展特征以及特有的劳动力市场分割，我们将分析落脚到就业所有制结构变化对劳动收入份额的影响上。

将城镇私企就业、城镇个体就业、乡村私企就业和乡村个体就业归并为个体私营部门就业，将中国劳动力市场分割视为农业生产部门、个体私营部门和城镇单位部门之间的分割，将经济体划分为农业生产部门、个体私营部门和城镇单位部门。假设这3个部门的生产函数分别为：

$$Y_1 = A_1 L_1^{a1} M_1^{1-a1} \tag{1}$$

$$Y_2 = A_2 L_2^{a2} K_2^{1-a2} \tag{2}$$

$$Y_3 = A_3 L_3^{a3} K_3^{1-a3} \tag{3}$$

其中，Y_j 为产出；A_j（>0）为技术系数；L_j 为劳动力数量；$a_j \in (0, 1)$ 表示劳动力产出的弹性系数，$j=1, 2, 3$，分别指农业生产、个体私营和城镇单位部门；$L=L_1+L_2+L_3$ 为总劳动力数量；M_1 为农业生产部门的生产要素土地，该部门的劳动边际生产力递减；K_2 和 K_3 分别为个体私营部门和城镇单位部门的资本。假设农业转移出来的劳动力流向了个体私营部门，而城镇单位部门的劳动力保持不变。据此，令 $L=L_1+L_2$，L 为农业生产部门和个体私营部门的劳动力数量之和，且 L_3 不变，并且不考虑人口和劳动力增长。

在刘易斯转折点到来之前，农业生产部门能够为个体私营部门源源不断地提供剩余劳动力，个体私营部门支付的工资仅为生存工资，远低于个体私营部门的劳动边际生产力水平。由于个体私营部门的劳动边际生产力大于农业生产部门，总产出的上升速度将大于总劳动报酬的上升速度。随着农业剩余劳动力的不断转移，个体私营部门不断扩大，在刘易斯转折点到来之前，劳动收入份额随着个体私营就业比重的提高而不断下降。在刘易斯转折点到来之后，农业剩余劳动力被吸纳殆尽，如果个体私营部门继续对劳动力产生需求，那么从农业生产部门进一步转移向个体私营部门的农业劳动力的工资（w_2）将等于农业生产部门的劳动边际生产力水平（w_1），此时：

$$w_2=w_1=a_1A_1L_1{}^{a1}M_1{}^{1-a1} \tag{4}$$

城镇单位部门的工资（w_3）为其劳动边际生产力水平：

$$w_3=a_3A_3L_3{}^{a3}K_3{}^{1-a3} \tag{5}$$

假设经济体的总劳动报酬为 W，总产出为 Y，此时劳动收入份额（SH）的表达式为：

$$SH=W/Y=\left[a_1A_1\left(L-L2\right)^{a1-1}M_1{}^{1-a1}L+a_3A_3L_3{}^{a3}K_3{}^{1-a3}\right]/\left[A_1\left(L-L_2\right)\right.$$
$$\left. a_1M_1{}^{1-a1}+A_2L_2{}^{a2}K_2{}^{1-a2}+A_3L_3{}^{a3}K_3{}^{1-a3}\right] \tag{6}$$

对上式两边取自然对数并对个体私营就业（L_2）求偏导得：

$$\partial lnSH/\partial L_2=\partial lnW/\partial L_2-\partial lnY/\partial L_2=\partial W/\partial L_2/W-\partial Y/\partial L2/Y \tag{7}$$

其中：

$$\partial W/\partial L_2=-a_1A_1\left(a_1-1\right)\left(L-L_2\right)^{a1-2}M_1{}^{1-a1}L \tag{8}$$

$$\partial Y/\partial L_2=-a_1A_1\left(L-L_2\right)^{a1-1}M_1{}^{1-a1}+a_2A_2L_2{}^{a2-1}K_2{}^{1-a2} \tag{9}$$

在农业劳动力进一步转移的初期，由于个体私营部门的劳动边际生产力远大于农业生产部门，此时农业劳动力转移使总产出上升的幅度大于总劳动报酬上升的幅度，因此劳动收入份额不断下降。

由（8）和（9）式可知，$\partial W/\partial L_2 > 0$、$\partial Y/\partial L_2 > 0$、$\partial^2 W/\partial L_2^2 > 0$、$\partial^2 Y/\partial L_2^2 < 0$，即总劳动报酬和总产出都随着个体私营就业的增加而增加，然而总劳动报酬上升的加速度大于总产出上升的加速度，因此当农业劳动力转移到一定程度之后，总产出上升的比例将小于总劳动报酬上升的比例，此后劳动收入份额开始不断上升。当$\partial \ln SH/\partial L_2 = 0$时，劳动收入份额达到最低点。可解得劳动收入份额达到最低点时，个体私营部门的就业数量（L_2'）满足下式：

$$(a_1-1)\ln(L-L_2') - (a_2-1)\ln L_2'$$
$$= \ln\left[(a_2 A_2 K_2^{1-a2}/a_1 A_1 M_1^{1-a1})/1 - (a_1-1)L/(L-L_2')W/Y\right] \quad (10)$$

当农业生产部门与个体私营部门的劳动边际生产力相等时，劳动力停止转移，此时个体私营部门的就业数量（L_2''）满足：

$$(a1-1)\ln(L-L_2'') - (a2-1)\ln L_2'' = \ln(a_2 A_2 K_2^{1-a2}/a_1 A_1 M_1^{1-a1}) \quad (11)$$

对比（10）和（11）式，由于函数$(a_1-1)\ln(L-L_2) - (a_2-1)\ln L_2$随着$L_2$的增大而增大，并且$1 - (a_1-1)L(L-L_2')W/Y > 1$，可推出$L_2' < L_2''$，即劳动收入份额的最低点出现在劳动力停止转移之前。

由于在刘易斯转折到来之后，个体私营部门的工资将等于农业生产部门的劳动边际生产力水平并不断上升，并且城镇单位部门的工资水平较为稳定，会出现个体私营部门和城镇单位部门的工资趋同。（10）式方程的右边与W/Y成正比，即如果W/Y越大，则劳动收入份额达到最低点时个体私营部门的就业数量（L_2'）也越大。可将W/Y表示成：

$$W/Y = (W_1+W_2+W_3)/(Y_1+Y_2+Y_3) = (W_{1+2}+W_3)/(Y_{1+2}+Y_3) \quad (12)$$

其中，W_j和Y_j（$j = 1, 2, 3$），分别表示农业生产部门、个体私营部门和城镇单位部门的劳动报酬和产出，W_{1+2} 和 Y_{1+2} 则分别表示农业生产和个体私营部门加总的劳动报酬和产出，即 $W_{1+2}=W_1+W_2$、$Y_{1+2}=Y_1+Y_2$。假设没有城镇单位部门，此时：

$$W'/Y'=W_{1+2}/Y_{1+2} \tag{13}$$

将（12）与（13）式相减可得：

$$W/Y-W'/Y'=Y_3(W_3/Y_3-W_{1+2}/Y_{1+2})/(Y_{1+2}+Y_3) \tag{14}$$

（14）式的符号取决于 W_3/Y_3 与 W_{1+2}/Y_{1+2} 孰大孰小，W_3/Y_3 表示城镇单位部门的劳动收入份额，W_{1+2}/Y_{1+2} 表示农业生产部门和个体私营部门加总后的劳动收入份额。

因此当城镇单位部门的劳动收入份额小于其他两个部门加总后的劳动收入份额时，（14）式小于零。这表明城镇单位部门的存在会使劳动收入份额达到最低点时个体私营部门就业数量的临界值变小，即加快劳动收入份额"U"形拐点的到来，反之亦反。根据以上分析，我们可得到如下命题：

在中国劳动力市场分割和刘易斯转折点到来的背景下，当农业劳动力不断转移至个体私营部门时，劳动收入份额将呈先下降后上升的变化趋势，劳动收入份额的最低点出现在劳动力停止转移之前。此外，个体私营部门和城镇单位部门会出现工资趋同，并且城镇单位部门相对其他两部门加总后劳动收入份额的大小会影响总体劳动收入份额出现"U"形拐点时农业劳动力比重的临界值。

由此，我们发展出一个待检验的假说：存在一个临界值，当农业劳动力比重大于该临界值时，个体私营部门就业比重的提高会使劳动收入份额下降；当农业劳动力比重小于等于该临界值时，个体私营部门就业比重的提高会使劳动收入份额上升。

（二）库兹涅茨的研究

在经济发展和收入分配的关系方面，人们引用最多的当是库兹涅茨的"倒U形假说"，但由于统计资料的有限性，并且很多后来的研究者认为这些资料并不可靠，对此论断产生了质疑。事实上，库兹涅茨本人并没有这样说，只是后人根据其研究得出"倒U形假说"。他本人在《经济增长和收入不平等》结语评价中写道："这篇论文也许是5%的经验材料和95%的猜测，其中还可能有打如意算盘之嫌疑。"①

库兹涅茨对劳动收入份额变动的描述：一是劳动收入份额的变动方向为总体上升。劳动收入份额的变动幅度尽管有所差异，但总体上是增加的。在《各国的经济增长》中，他运用所获得的一个半世纪的实际材料，进行了分析，发现在此期间，劳动份额的变动范围大约在50%—80%，资产收入份额变动的范围则远超过40%。在"二战"后的1950—1962年，美国和意大利国民收入中劳动收入份额的变动范围为72%—79%，所研究的其他国家的份额则为73%—74%，资产份额则处于21%—28%之间。他得出的结论是：人们可以合理地认为，在上述现代经济增长的一个世纪中（这个时期可以延续到一个半世纪而不致使历史趋势有重大的变更），劳动收入的份额上升了，大约从55%上升为75%；而资产收入份额则下降了，从大约45%降为大约25%②。二是对此结论的解释。劳动收入份额的上升是方向上的，这主要是由于资本的增长要比人均劳动力供给的增长大得多，资本价格及其报酬将比劳动力的价格及其报酬上升得更少而下降得更

①Simon Kuznets.Economic Growth And Income Inequality.The American Economic Review，1955（45），p.26.

②［美］西蒙·库兹涅茨：《各国的经济增长》，常勋等译，商务印书馆1999年版，第90页。

多。在实践中，人们可以预测，由于资本总额增长率低于净产值总额增长率，大多数国家的总资本-收入平均率已经下降，而按要素费用的国民产值中的资产收入份额应等于总资本-产值比率乘以资本收益率。资本收入份额的明显下降是劳动力、资本和产值的相对增长所导致。三是认为人均产值的高增长率绝大部分来自于生产率的高增长率。在经济发展过程中，20世纪的生产率要高于19世纪的生产率，劳动收入份额相应增加。

从刘易斯和库兹涅茨的研究中可以看出，刘易斯更坚信经济剩余为资本所占有在经济发展初期的重要作用，在早期阶段，提高工资的政策，都可能减少利润，阻碍经济增长；库兹涅茨更坚信现代经济增长中劳动收入份额在经济发展过程中的提高。

二、市场经济发展初期民营经济的快速发展

经济上的市场化是我国改革开放以来经济领域的重要特征，我国市场经济体制的确立和完善的过程就是民营经济快速发展的过程，而市场经济发展初期民营经济的大发展一般不利于劳动者报酬份额的增加。

（一）民营经济的大发展

民营经济的大发展主要体现在个体私营企业户数、资产规模、从业人员数量、创造增加值数量、进出口和税收贡献等方面。①从民营企业户数来看：民营企业数占企业总数的85%以上。2010年6月，私营企业近800万户，比重为80%。如果把私有法人控股的公司制企业加上，私营企业户

---

① 以下未注明出处数据来自于陈永杰：《充分激发中国经济持续增长的内生动力——民营经济发展"十一五"回顾与"十二五"展望》，《经济理论与经济管理》2011年第2期，第100—101页。

数占近85%。第二次经济普查数据表明，2008年末，全国企业法人单位495.9万个，其中，私营企业359.6万个，占72.5%。从资产总额来看：经济普查数据中的民营经济资产总额和实收资本已经占全国的30%—40%。2008年末，全国第二、三产业企业法人单位资产总额207.8万亿元。其中私营企业资产总额25.7万亿元，比重为12.3%，而在2004年仅为9%。从固定资产投资来看：民营经济已经成为最大的投资主体。2010年1—9月，全国城镇固定资产投资16.59万亿元，民营投资已经超过50%。从创造的增加值来看：我国GDP中50%以上为民营经济创造。从就业来看：民营经济成为就业的重要渠道。经济普查数据表明，2008年私营企业就业人员占44%，把私营控股企业的就业人数算上占55%以上。第四次经济普查数据表明：2018年末全国私营企业1561.4万个，占全部企业法人单位的比重由68.3%提高到84.1%；中小微私营企业有1526.5万家，占全部企业的84.4%，比2013年末提高了16.5个百分点，其中，私营有限责任公司1359.1万家，占全部企业的75.1%，比2013年末增加了972.7万家，增长251.8%，远远超出全部中小微企业法人单位同期增速。国家市场监督管理总局副局长孙梅君介绍，截至2020年3月15日，全国实有各类市场主体1.25亿户，其中企业3905万户，个体工商户8353万户，农民专业合作社219万户。

根据国家工商总局私营个体单位从业人员登记数：2010年我国私营企业从业人员为6070.9069万，其中制造业1696.9026万，建筑业477.6869万，交通运输、仓储和邮政业163.7201万，批发和零售业1748.1343万，住宿和餐饮业150.7872万，租赁和商务服务业587.7942万，居民服务和其他服务业189.5345万。①从进出口来看：2009年，以私营为主的民营企业进出口总额为5053亿元，超过国有企业，占全国的22.9%。从税收贡献来看：全部民营税收占全国税收的三分之一以上。根据《2013—2014年中国民营经济分析报告》，截至2013年底，我国登记注册的私营企业达到1253.9万户，个体工商户达到4436.3万户，分别比上年增长15.5%和9.3%。尽管经济下滑，但增长率为近年来的新高，这既得益于工商登记注册制度的改革，也得益于民营企业家创业热情的高涨。私营企业注册资金为39.3万亿元，户均注册资金达到313.5万元，分别比上年增长26.4%和9.4%。个体工商户注册资金超过了2.4万亿元，户均注册资金达到5.5万元，分别比上年增长23.1%和12.2%。全国个体私营经济从业人员实有2.19亿人，比上年同期增长9.7%。其中，私营企业1.25亿人，增长10.9%，个体工商户0.93亿人，增长8.2%。对比2013年和2010年的数据，可以看出，无论是私营企业户数、个体户数，还是从业人员数量，2013年都比2010年有大幅度的提高。据国家市场监督管理局数据，目前在个体单位就业的人数超过2亿人。

民营经济主体增速快，贡献大。第四次经济普查数据表明，私营企业数量和个体户数量快速增长：2018年末全国私营企业1561.4万个，比2013年末增加1001.0万个，增长178.6%，占全部企业法人单位的比重由68.3%提高到84.1%；个体经营户6295.9万个，在个体经营户从业人员中，位居前三位的行业是：批发和零售业6443.2万人，占43.2%；住宿和餐饮业2235.3万人，占15.0%；制造业1637.4万人，占11.0%。2019年《中国民营经济报告》认为，民营经济在过去40年中取得了从"0"到"56789"的

---

①本表数据只选取了私营企业从业人员较多的主要行业。本表数据来自于国家工
　商总局的私营个体单位从业人员登记数。

巨大突破：民营企业税收贡献超50%，民营企业是政府税收和国家财力的最大贡献者。1985年，全国工商税收中，全民所有制占比71.7%，集体所有制占比24.1%，个体经济仅占3.0%；2019年1—7月，民营企业税收占比56.9%。民间投资占比超60%，制造业投资中占比超85%，民营企业是投资的最大推动力。1980年，全社会固定资产投资中，国有经济占比81.9%，集体经济占比5.0%，个体经济占比13.1%。2019年1—7月，民间固定资产投资占比60.3%，在制造业投资中占比更达到85%以上。民营企业发明专利占比超75%，民营企业是中国科技创新的主力军。2000—2017年，中国规模以上工业企业专利申请数、发明专利申请数和有效发明专利数分别由2.62、0.80和1.53万件快速上升至81.70、32.06和93.40万件。2017年，民营企业专利申请数占比77.8%，发明专利申请数占比77.4%，有效发明专利数占比75.8%。民营企业就业存量占比近80%，增量占比超100%，民营企业是城镇就业的最大保障。1978年城镇就业人数9514万人，其中国有单位和城镇集体单位分别为7451万人和2048万人，而个体经济仅有15万人，占比0.16%。2017年城镇就业人数42462万人，其中私营企业和个体经济占比53.4%，全部民营企业占比近80%，增量占比更是超过100%。民营企业数量占比超95%，民营企业是中国经济微观基础的最大主体。1978年，全国个体工商户只有15万户，没有私营企业；2017年，个体工商户增长至6579.37万户，私营企业增长至2726.28万户。2017年，全国企业法人单位数为1809.77万个，民营控股企业占比97.0%。

在一些经济比较发达的省份，民营经济更是获得了大的发展。根据浙江经济参考：1979年，全省个体工商户仅8019家，私营企业几乎为零，到2008年末，个体、私营企业241.8万户，从业人员1154.1万人，其中私营企业达51.8万户，从业人员757.5万人。2008年，浙江非公有制经济增加值占GDP的73.7%，比1978年增加了68个百分点。另据《浙江非国有经济年鉴2013》，2009—2012年，浙江个体经济户数分别为198.8万户、212.2万户、230.1万户和249.9万户，从业人员分别为429.5万人、468.5万人、521.5万人和559.3万人；浙江私营企业户数分别为56.6595户、63.8905户、71.9499户和77.5290户，就业人员分别为798.5万人、738.0万人、808.1万人和825.0万人。无论是个体户、私营企业的户数和就业人数都有明显增长。根据《浙江省第四次经济普查主要数据公报》，民营经济活力四射，民营经济金名片更加靓丽。2018年末，在工业企业法人单位中，内资企业42.2万个，占97.9%，私营企业39.5万个，占91.6%。在工业企业法人单位从业人员中，内资企业占87.6%，私营企业占69.4%。据相关数据，浙江民营经济贡献的GDP占65.5%、税收占73.3%、出口占78.0%、研发支出占77%、就业人数占87%，企业数量占91.2%。目前，浙江民营经济创造了浙江六成以上的GDP、七成的税收以及近九成的就业岗位，为浙江经济社会发展做出了不可磨灭的贡献。

（二）初期民营经济大发展对劳动者报酬份额的不利影响

一是初期民营经济大发展中劳动者这一生产要素的重要性很难得以体现，劳动者报酬偏低，劳动者报酬份额也处于低水平。按照市场经济发展一般规律而言，特别从经济发展过程中资源的稀缺性来看，在市场经济发展初期，资本同劳动相比比较稀缺，资本的重要性较突出，在分配过程中，资本获取较多的分配份额。在二元经济向现代一元经济转型的过程中，资本的快速扩张是二元经济向一元经济转变的重要前提，所以，在经济发展初期保持高的资本收益率，成为普遍的趋向，经济学的这一原理在我国得以明显体现。从我国经济的发展历程来看，尽管从1978年开始了改革开放，但经济上的真正市场化是在20世纪90年代初期，特别是我国在中共十四大确立了社会主义市场经济体制以后。在市场经济体制确立以后，个体私营企业大量兴起，民营经济获得了较大的发展，由于大量的劳动力从农业和企业改制中释放出来，资本同劳动相比较更加稀缺，其重要性更加突出，获取的收益明显增加。

二是初期民营经济快速发展过程中吸纳的大量劳动力为低技能劳动者，技能的低下使他们很难获取较高的工资，也使就业的增长很难赶上企业利润的增长。纵观经济发展实践可以看到，在民营企业就业的劳动者大多为农村的剩余劳动力，这些劳动力文化程度较低、专业技能缺乏，可以认为他们是同质的普通劳动者，这一方面使其只能获得较低的工资，另一方面也制约其在议价中的地位提升，工资水平长期处于低水平。尽管近几年来频现招工难、用工荒等，但应该看到，这主要是结构方面的问题，而不是总量上的问题，企业真正所需要的主要是高技能劳动者，大多数普通劳动者的实际工资提高不大，加总后的劳动者报酬数量赶不上利润增加的总量。

三是发展初期民营经济的劳动者主要就业于第二产业，而第二产业的劳动者报酬份额一般偏低。前文通过数据梳理已经得出，1978—2004年，一、二和三产劳动者报酬份额的平均值分别为85.62%、36.93%和43.84%，第一产业劳动者报酬份额是第二产业平均值的2.32倍，第三产业平均值的1.95倍。第一产业劳动者报酬份额过高，主要是由于我国将农民的经营性收入全部计量为劳动者报酬，而国际上都是将其作为混合收入，更为准确的是把混合收入分割为劳动者收入和资本收入。对于第二、三产业而言，在劳资政三方的分配博弈中，首先是政府对生产税税率的单方决定，其次是劳资双方对劳动者报酬的决定，从力量的强弱对比来看，政府力量最强，资本次之，劳动者力量最弱，这样的力量格局，一定会导致第二产业劳动者报酬份额的偏低。这还可以从民营经济比较发达的省份浙江来看：从浙江私人控股企业就业结构看，第二产业提供了86.5%的就业岗位，其中制造业提供了57.8%的就业岗位，建筑业提供了28.3%的就业岗位。而大量的个体和规模以下私营企业中的劳动者基本上是从农村转移出来的劳动力和城市下岗职工，他们的收入报酬状况可能更差。多年以来，浙江以制造业为主体的就业结构并没有改变。根据《2010浙江就业报告》，浙江的劳动分配率（在一定时期内新创造的价值中人工成本所占的比例）表明，2000—2006年，有25个工业分行业的劳动分配率出现了逐年下降的趋势，只有11个行业的劳动分配率上升。其中黑色金属冶炼及压延加工业下降了25.37%，有色金属矿采选业下降了18.24%，印刷业和记录媒介的复制、烟草制品业、煤炭开采业等也出现了较大幅度的下降；家具制造业和饮料制造业等出现了上升，但值得注意的是，上升部门的增加幅度低于下降部门的降低幅度，浙江总劳动分配率在下降。这样的结果是，尽管工业增加值在增加，但劳动分配率在明显下降，企业新创造的增加值对雇员分配份额降低，新创造的价值并没有合理地让每一位劳动者共享。

四是发展初期劳动者难以获得合理的报酬收入。这里以劳动人事争议仲裁处理案件情况来加以说明。2001—2014年，劳动人事部门当期案件受理数在不断增加，从2001年的154621件，增加到2014年的715163件，2014年案件数是2001年的4.63倍，年均增长12.5%，增长速度比较快；劳动者申诉案件从146781增加到690418，年均增长12.6%，增长更快；劳动者当事人数从467150人增加到997807人，年均增速0.6%，相对较低；劳动报酬引起的劳动争议案件数从45172增减到258716件，年均增加14.37%，增长速度最快，因劳动报酬引起的案件数是劳动人事争议的最主要部分（详见表5-1），占到了总案件数的30%以上。而在这些案件中，民营企业所发生的案件最多。根据《浙江非国有经济年鉴2015》，2013—2014年，浙江省劳动争议仲裁机构受理、处理案件情况分别为50374件和47421件，其中民营企业44468件和41937件；案件涉及人数分别为85286

人和84890人；劳动者胜诉分别为15595件和16833件。

表5-1　2001—2014年劳动人事争议仲裁情况

年份	当期案件受理数 （件）	劳动者申诉案件数 （件）	劳动者当事人 数（人）	劳动报酬引起 的案件数（件）
2001	154621	146781	467150	45172
2002	184116	172253	608396	59144
2003	226391	215512	801042	76774
2004	260471	249335	764981	85132
2005	313773	293710	744195	103183
2006	317162	301233	679312	103887
2007	350182	325590	653472	108953
2008	693465	650077	1214328	225061
2009	684379	627530	1016922	247330
2010	600865	558853	815121	209968
2011	589244	568768	779490	200550
2012	641202	620849	882487	225981
2013	665760	641932	888430	223351
2014	715163	690418	997807	258716

数据来源：《中国劳动统计年鉴2015》。

第二节 　　**过于注重经济增长的发展方式**

一、经济发展过于注重经济增长

以经济建设为中心的发展战略，对我国经济总量的快速增加有重大的贡献，但是从长期来看，这种发展战略也有一定的弊端，主要体现在：过于注重投资、出口，过于注重二产的发展，过于注重短期发展，并且长期以来使各地政府形成一种路径依赖，很难突破这种发展方式。

中华人民共和国成立初期，我国一穷二白，在许多方面都是借鉴苏联的做法，经济发展方面也不例外。经济发展采取赶超战略，通过投资来加快重工业的发展。改革开放后，我国提出以经济建设为中心，在实践中实质上是以经济增长为中心。经济建设为中心的有效抓手就是进行GDP考核。为快速提高GDP，各地纷纷加大了投资，多年来保持过高的投资率，投资也成为拉动我国经济增长的主要因素。1978年，我国的投资率为38.2%，2005年上升到41.6%，2009年进一步上升到47.7%，经济增长对投资的依赖不断上升。①需要说明的是，在20世纪80年代，国内商品短缺和

---

① 张强：《如何认识加快转变经济发展方式》，《中国经济报告》2011年第1期。

劳动力"无限供给"，通过投资发展劳动密集型产业，实现资本快速积累，生产规模不断扩大，有力地支撑了我国经济的快速发展。但长期投资率都保持在40%以上，在世界主要发达国家中很少见，这些主要发达国家的投资率一般在30%以下。我国在经济发展的多数年份中资本都比较稀缺，为缓解这一问题，各地方政府纷纷进行招商引资，并且在招商引资中创新了许多方法，成效也比较明显。由于我国产业的低层次性，投资主要集中第二产业，第二产业的产值比重居高不下，在1995—1997年都在47%以上，而在2006—2008年仍保持在47%以上，对经济增长的贡献度也较大（见下表5-2）。只是到了2012年，第三产业增加值比重才超过第二产业，2014年达到了48.1%，并且同第二产业增加值占比的差距明显拉大，高出第二产业增加值5.4个百分点。

在以投资为驱动的经济增长过程中，我国在20世纪90年代中后期市场供求关系出现了变化，由原先长期的卖方市场初步转化为买方市场，与此同时，国际上经济全球化趋势在增强。在这样的背景下，第三代领导集体提出了两大战略：一是"走出去"和"引进来"相结合的开放战略，二是扩大内需战略方针。1997—1998年的金融危机又使我国出口和利用外资面临严峻形势，这迫使我党在十五届二中全会上提出要"努力扩大内需"，但随着金融危机的消解，尤其是2001年加入WTO，我国将经济增长继续在依赖投资的同时，又依赖出口，通过出口缓解国内的大量产能过剩，用市场结构调整来缓解内需不足和产业结构升级所带来的压力，逐渐形成了投资和出口并重的主导型增长模式，并且这种模式不断强化，我国经济步入了"从投资增长过快到产能过剩，到出口过多和外汇储备增多，到货币增发过快，再进而导致投资增长过快"的循环中。根据《2010年中国统计摘要》：2003—2009年，我国的投资率都维持在40%以上，2009年甚至达到了47.5%，这一数字是改革开放40年来的最高点，也是中华人民共和国成立70年来的最高点；在整个"十一五"时期，我国的外贸依存度在多数年份都维持在50%以上，2007年甚至达到了77%。2008年下半年以来，美国次贷危机引发的金融危机在全球不断蔓延，使我国出口受挫严重，但由于多年的内需战略并没有得到根本贯彻落实，外需受挫，内需又接不上，经济急速下滑，政府为应对经济急速下滑的压力，只有选择又用高投资来"保增长"，以至于出现了近两年的CPI处于高位，在2011年甚至达到了5.4%。

表5-2　三次产业对国内生产总值增长的拉动

年份	国内生产总值(%)	第一产业（%）	第二产业（%）	#工业（%）	第三产业（%）
1990	3.9	1.6	1.6	1.5	0.8
1991	9.3	0.6	5.7	5.2	3.0
1992	14.3	1.2	9.0	8.1	4.1
1993	13.9	1.1	9.0	8.1	3.9
1994	13.1	0.8	8.7	8.1	3.6
1995	11.0	1.0	6.9	6.3	3.1
1996	9.9	0.9	6.2	5.8	2.8
1997	9.2	0.6	5.4	5.3	3.2
1998	7.8	0.6	4.7	4.3	2.6
1999	7.6	0.4	4.3	4.1	2.9
2000	8.4	0.4	5.0	4.8	3.1
2001	8.3	0.4	3.8	3.5	4.1
2002	9.1	0.4	4.5	4.0	4.2
2003	10.0	0.3	5.8	5.2	3.9
2004	10.1	0.7	5.2	4.8	4.1
2005	11.3	0.6	5.7	4.9	5.0
2006	12.7	0.6	6.3	5.3	5.8
2007	14.2	0.4	7.1	6.2	6.7
2008	9.6	0.5	4.7	4.1	4.5
2009	9.2	0.4	4.8	3.7	4.1
2010	10.6	0.4	6.1	5.2	4.2
2011	9.5	0.4	4.9	4.3	4.2
2012	7.7	0.4	3.8	3.2	3.5

年份	国内生产总值(%)	第一产业（%）	第二产业（%）	#工业（%）	第三产业（%）
2013	7.7	0.3	3.7	3.1	3.7
2014	7.3	0.3	3.4	2.8	3.5

数据来源：国家统计局《2015年中国统计年鉴》，本表以不变价格计算。三次产业拉动，指GDP增长速度与各产业贡献率之乘积，第一、二、三产业增量与国内生产总值增量之比，即为各产业的贡献率。第三产业贡献率＝第三产业当年增量/国内生产总值当年增量×100%。

二、注重增长的发展方式很难使劳动者报酬份额保持合理

（一）注重增长的发展方式致使劳动者报酬份额不合理的理论分析

这种注重增长的经济发展方式，对我国劳动者报酬份额产生了重要的影响。具体如下：

一是注重经济快速增长的发展方式必然导致重积累，轻消费，导致劳动者报酬较低。一国创造的GDP可分为积累资金和消费资金，在GDP总量既定的情况下，积累多，势必导致消费少。改革开放之前，我国采用的是重工业优先发展的赶超战略，而重工业又是资本密集型的。在这一战略导向下，我国企业必须进行资本积累，并且要有高的资本积累水平。企业为了保持资本的高积累，只能压低工人的工资，而在低工资下企业员工又想维持基本生活，只能借助政府的计划手段用低价来购买农产品，形成工农业剪刀差。农产品价格低于价值，农民收入更低。总体来说，这一时期的劳动者收入比较低，而收入低又会导致劳动者消费率低。改革初期，通过家庭联产承包责任制和提高农产品价格来提高农民收入，但这种效应仅维持了几年，农民的劳动价值在以后的多数年份并没有真正得以体现，城乡

收入差距在持续扩大。随后的城市导向的发展政策，不但企业的积累用于投资，政府公共财政支出的大部分也被用于投资。尽管城镇居民的人均可支配收入和农民的人均纯收入都在不断增加，而且增长幅度也不低，但同GDP增速和财政收入增速比较起来，多年仍处于较低的水平，尤其是农民持续增加劳动收入的难度在加大，在经济发生波动的情况下，仍存在对农产品价格的不当干预，让本已处于弱势的农民来承担波动的成本，使民众的消费总体上比较低。根据国家统计局数据：2000年以来，我国的消费率基本上是处于下降态势，尽管2008—2009年受到危机的影响稍有上升，在2009年达到了48.6%的水平，但同世界平均水平79.6%相比（世界银行数据），相差了31个百分点。

二是注重快速增长的发展方式必然导致重资本，轻劳动，导致劳动者报酬份额较低。传统经济增长方式主要是靠资本投资来驱动增长，靠资本投资驱动的这种增长方式，在发展过程中资本的有机构成不断提高。马克思认为，资本可分为可变资本和不变资本，由资本技术构成所决定的资本价值构成形成资本有机构成，不同的资本有机构成对就业与工资有不同的影响：在资本有机构成不变的情况下，不变资本的增长会增加对劳动力的需求；在资本有机构成不断提高的情况下，对劳动力的相对需求会减少。随着资本有机构成的不断提高，资本对劳动的比值将会越来越大，对劳动者的需求相对减少，在其他条件不变的情况下，劳动者收入在GDP中的比重会不断下降。此外，我国的劳动者报酬增长在多数年份都低于劳动生产率和物价增长率之和，劳动者购买能力较低，生产的产品只有通过出口来消解，导致我国的经济增长过于依赖出口，且一旦受到国际经济危机的影响，就会导致大量的失业，这在某冲程度上减少劳动者报酬及其份额。2008年底到2009年初的国际金融危机，使我国外贸出口大幅下降，最终导致1200多万农民工失去工作，就是很好的例证。再者，这种增长方式也导致政府偏向资本。本来在市场经济发展初期，资本就强，劳方就弱，政府出于公平、公正、合理，应该扶持弱者，但现实中出现的政府对资本偏向，使本已失衡的劳资力量更加失衡，劳方在同资方的博弈中，其正当权益更难以体现。

三是注重快速增长的发展方式必然导致重出口，难以启动内部消费需求，降低劳动者报酬份额。如果将中国经济作为一个封闭经济来看，20世纪90年代中期以后短缺经济的消失，势必逼迫我国经济转型升级，将经济转向主要依靠消费需求来带动，推动劳动者报酬的提高，报酬份额的增加，会降低企业的利润和利润率，这样的一种发展模式势必会遇到强势资本的阻碍。但现实世界是开放的，我国在2001年加入了WTO，逐渐转向了对出口的过多依赖。为鼓励出口，我国还实施低汇率、出口退税等政策。这种发展模式，一方面减少了国内商品的供给压力，在供给原理作用下，国内商品价格不再持续下跌，但另一方面，有利于企业利润的增加。在出口退税政策的感召下，部分企业在出口时进行无序竞争，核心竞争力的缺乏，使他们往往压缩劳动力成本，甚至在亏损的情况下也要出口，靠退税来赢取利润。企业的这种"竞争到底"策略，很难使劳动者报酬得以提高，过去多年的劳动者报酬没有明显变化也就成为了事实。在劳动者报酬多年维持较低水平的情况下，很难指望国内消费需求得以有效提升。

四是注重快速增长的发展方式必然导致重二产，轻三产，降低劳动者报酬份额。改革开放之初，我国的一、二、三产发展都不足，而二、三产发展尤其不足。按照经济发展规律，市场经济的推行必然带来第二产业的大发展，事实也是如此。但由于第二产业发展所需要的软环境较低，而且第二产业的发展又能快速带来地区生产总值的增加，政府也很容易通过项目来抓，所以在经济增长过程中，无论是政府还是企业逐渐对第二产业发展形成了一种依赖，将大量资本投向第二产业，尤其是制造业，而由于我国第二产业劳动者报酬份额较低，总劳动者报酬份额又是各产业劳动者报酬份额的加权平均，不利于我国的劳动者报酬份额提升。我国劳动者报酬份额上述数据也表明，在劳动者报酬份额的三次产业构成中，第二产业的劳动者报酬份额是最低的。1978—2007年，未调整的劳动者报酬份额构成中，第二产业劳动者报酬份额的平均值仅为36.93%。

五是注重快速增长的发展方式必然导致重企业利润和政府所得，轻劳动者所得，导致劳动者难以获得合理的劳动报酬，劳动者报酬份额降低。在市场经济的发展过程中，相对于政府和企业而言，劳动者始终处于弱势。在工会难以有效发挥维护劳动者基本权益这一职能时，劳动者只有通过自身来同企业进行协商合约。个体劳动者由于其自身能力、知识和所利用的资源所限，其地位很难同企业主相对等，在多数情况下，协商的成果都是对企业有利的。地方政府为了本地区域经济的快速增长，采取的许多政策都是资本偏向型的。为了引进外资，甚至不惜牺牲劳动者的基本权益，当企业同劳动者发生纠纷时，其保护劳动者的职能经常会发生扭曲，甚至帮助企业主来伤害劳动者，导致劳动者对政府的不信任。在调研过程中，笔者发现，地方政府有时为了顺应企业发展，在经济萧条期，会帮助企业遣送外地劳动者，有时采取强制手段。政府为了创造好的经济社会发展环境，从初次分配中获得了较多的生产税净额，以满足地方政府财政支出的需要。政府征收的生产税净额的增加，导致初次分配的蛋糕减少，劳动者和企业间围绕分配的纠纷会更多，甚至拖欠劳动者工资和拒绝支付劳动者工资。尽管我国政府每年在春节来临的时候，都要发起打击拖欠农民工工资的行动，但每年都有一定量的企业拖欠农民工工资。根据国家统计局发布的《2015年农民工监测调查报告》，2015年农民工总量为27747万，被拖欠工资的农民工比重提高。被拖欠工资的农民工所占比重为1%，比上年提高0.2个百分点。分地区看，在东部地区务工的农民工被拖欠工资的比重为0.8%，比上年提高0.3个百分点；在中部地区务工的农民工被拖欠工资的比重为1.5%，提高0.3个百分点；在西部地区务工的农民工被拖欠工资的比重为1.3%，提高0.2个百分点。2015年建筑业农民工被拖欠工资的比重为2%，较上年提高0.6个百分点，高于其他农民工集中的行业。制造业农民工被拖欠工资的比重为0.8%，比上年提高0.2个百分点；交通运输、仓储和邮政业农民工被拖欠工资的比重为0.7%，提高0.2个百分点。批发和零售业，住宿和餐饮业，居民服务、修理和其他服务业农民工被拖欠工资的比重均为0.3%，与上年持平。尽管近几年，农民工工资被拖欠的状况有所缓解，但依然没有从根本上解决。

（二）注重增长的发展方式致使劳动者报酬份额较低的实证分析

我国的经济增长主要是靠投资和出口所带动，注重增长的发展方式，必然导致企业和政府来进行高投资，高投资来源于企业和政府的高收入，这也在我国劳动者报酬份额数据变动趋势中得以验证。本文已经描述过我国收入法GDP中劳动者报酬份额、固定资产折旧份额、生产税净额份额和营业盈余份额的构成。从劳动者报酬份额来看，1993—2007年的劳动者报酬份额的变动可以分为两个区间，1995年是分界点，1993—1995年，劳动者报酬份额上升到研究时期的最高点51.44%，随后一直下降到2007年的最小值39.74%，不但下降幅度大，而且持续时间长。从固定资产折旧份额来看，1993—2007年间的最大值为2005年的14.93%，最小值为1996年的12.74%，平均值为13.80%，标准差为0.61，其间的总体波动不大。从生产税净额来看，最大值为15.77%，最低值为11.68%，最大值和最小值间的差额为4个百分点，变动也较大。从经营盈余份额来看，最大值为31.29%，最小值为21.68%，平均值为24.91%，变动幅度交大，并且2004年以后的数据都高于平均值，处于一种上升的过程。从数据可以看出，固定资产折旧份额在所研究时期都稍有提高，但总体变动不大，劳动者报酬份额的下降主要是由于生产税净额份额和经营盈余份额的提高，尤其是经营盈余份额的增加，并且在2004年以后，劳动者报酬份额和经营盈余基本上处于此消彼长的状况。

劳动者报酬份额的这种变动也可以从国家统计局所提供的其他数据中得以验证。从投入产出表来看，1992—2007年期间的劳动者报酬份额可分为两个阶段：1992—1997年，劳动者报酬份额不断上升，1997年达到最高点55%，而随后劳动者报酬份额不断下降，一直下降到2007年的41%。生产税净额份额在此期间上升了2—3个百分点。固定资产折旧份额几乎不变，但营业盈余份额却上升了10多个百分点，同上述表中的运行态势基本相似（见表5-3）。这样的发展方式导致了在GDP的分配中劳动者所得较低，而政府和企业所得较多，尤其是企业所得较多，营业盈余份额维持在30%的水平就是很好的证明。另根据国家统计局数据计算：1998—2010年，我国规模以上工业企业利润年均增长率为34.6%，全国财政收入年均增长率为19.4%，都远高于劳动者报酬的增长率。

表5-3　投入产出表计量的劳动者报酬份额数据

年份	劳动者报酬份额（%）	生产税净额份额（%）	固定资产折旧份额（%）	营业盈余份额（%）
1992	45	12	13	29
1995	47	13	13	27
1997	55	14	14	18
2000	54	15	16	16
2002	48	14	15	22
2005	42	14	15	30
2007	41	14	14	30

数据来源：国家统计局。

注重增长的发展方式导致劳动者不能获取合理的劳动报酬，欠薪甚至拒绝支付劳动者报酬的事件时有发生。根据浙江省统计局网站信息，2014年，浙江省共查处各类拖欠工资案件2.63万件，为16.89万名劳动者追偿工资16.77亿元，处置因企业欠薪引起的重大事件1665起、欠薪逃匿案件255起；向公安机关移送涉嫌拒不支付劳动报酬犯罪案件398起，同比上升50.2%；欠薪案件办结率高达98.1%，逃匿案件结案率、清偿比例均达到100%。仅金华一市，2014年共查处各类拖欠工资案件6762件，为3.86万名劳动者追偿工资3.4亿元，欠薪案件、涉及人数、涉及金额都有明显增长。根据浙江省劳动人事争议仲裁院提供的信息：2014年，浙江全省各级劳动人事争议调解组织和仲裁机构共处理劳动人事争议案件总量113370件，名列全国第三位。其中各级劳动人事争议仲裁委员会共立案受理劳动人事争议案件47421件，涉及劳动者84890人；处理集体争议案件890件，涉及劳动者34839人，平均每案涉及39人。浙江作为民营经济比较发达的区域，民营经济发展多年，欠薪甚至拒绝支付劳动者报酬仍然时有发生，并且涉及人数、涉及金额都有明显增长，需要引起各级党委和政府的重视。

为此，2015年3月21日，中共中央、国务院颁发了《关于构建和谐劳动关系的意见》指出："劳动关系的主体及其利益诉求越来越多元化，劳动关系矛盾已进入凸显期和多发期，劳动争议案件居高不下，有的地方拖欠农民工工资等损害职工利益的现象仍较突出，集体停工和群体性事件时有发生，构建和谐劳动关系的任务艰巨繁重。"2016年5月15日，马凯在贯彻落实全面治理拖欠农民工工资问题的意见电视电话会议上强调，切实维护劳动报酬权益，事关广大农民工切身利益和社会公平正义。各地区、各部门要认真贯彻落实好党中央、国务院决策部署和《国务院办公厅关于全面治理拖欠农民工工资问题的意见》，标本兼治、综合治理，坚决打好治欠保支攻坚战。要落实农民工工资支付主体责任，依法督促企业全面实行农民工实名制管理，按月足额支付工资；要完善工资支付保障机制措施，推行工资保证金、专用账户管理、银行代发等制度；要全面排查化解欠薪风险隐患，加大对欠薪违法行为的处置力度，提高企业违法成本；要开展工程建设等重点领域专项整治，解决好"去产能"过程中的欠薪问题。各地要加强领导，按照"属地管理、分级负责、谁主管谁负责"的原则，完善工作体制，落实相关责任，强化督查问责，切实维护农民工合法权益。表明我国在经济下行的时候，党和政府更加注重维护劳动者的基本权益。例如，浙江通过"发布年度各市劳动关系和谐指数"和打造"无欠薪浙江"，来保障劳动者的基本权益。"无欠薪浙江"是指全省各类企业严格执行劳动保障有关法律法规，按时足额支付工资，不无故拖欠和克扣工资；各地建立健全防范处置企业欠薪工作机制，一旦发生欠薪事件，确保在短时间内得到妥善处置，劳动者工资得到足额兑现。

事实上，这样的经济增长方式存在的弊端，我国在"九五"之前已经有所觉察，所以"九五"计划提出，我国经济体制要由计划经济转向社会主义市场经济，经济增长方式要由粗放型转向集约型。但由于这种发展方式积重难返，涉及众多利益调整，所以进程相当缓慢。进入21世纪后，我党提出了转变经济发展方式，并进一步明确了思路，主要是"三个转变"，"十二五"规划又提出了五个要求，期望发展方式能从根本上得以转变，十八届五中全会又提出"必须牢固树立并切实贯彻创新、协调、绿色、开放、共享的发展理念"。十九大再次明确"坚持在经济增长的同时实现居民收入同步增长、在劳动生产率提高的同时实现劳动报酬同步提高"，其核心内涵，就是在深入贯彻以人民为中心的发展思想下，将效率和公平原则贯穿于收入分配各环节，实现初次分配效率原则的公平性与再分配公平原则的效率性辩证统一。但从目前的状况来看，经济发展方式的转变是一个长期的、系统的工程，并不是短时间内能够得以有效解决的问题。但同时也应该看到，自从 2007 年后，我国对提高劳动者报酬高度重视，实施了《劳动合同法》，多次提高最低工资标准和调整幅度，再加上劳动力供需格局朝着有利于劳动者的方向发生变动，劳动者总报酬和劳动者报酬份额都在增加和提高，劳动者报酬份额已经发生转向。

| 第三节 | 产业变迁中结构不合理 |

一、我国产业结构变动对劳动者报酬份额的影响

解释一个经济体要素分配份额的变动时，先要分别测算各产业部门的要素分配份额和增加值份额，再计算这些产业部门的结构变动和各自要素分配份额变动对总体变化的贡献情况。当经济体中的产业结构变动是主要原因时，总体要素分配份额的变动就会成为经济结构转型的必然结果；当经济体中的产业部门要素分配份额变化为主要原因时，应重点分析影响该部门要素分配份额的各种可能因素，例如，技术变化、要素市场的扭曲、要素供求和价格变动等等。结构影响与各产业劳动者报酬份额的差距有很大关系，当产业结构转型发生在劳动者报酬份额差异较大的产业之间时，会引起总体劳动者报酬份额发生明显变动，结构转型的影响程度与部门间劳动者报酬份额的差距密切相关，而部门劳动者报酬份额变动的影响程度则与该部门在经济中所占比重有关。

从产业结构和各产业要素分配角度来研究雇员报酬份额的著名学者当属Solow，Solow（1958）进行了开创性的研究，该研究产生于他对雇员报酬份额稳定性的质疑。他发现，在经济长期发展过程中，雇员报酬份额并

不是稳定的，并且在各产业部门之间雇员报酬份额的变动更大。其采用分析方法为：[1]

假设经济中有 k 个部门，S_1，$\cdots$，S_i，$\cdots$，S_K，S_i 代表第 i 个部门增加值中的工资份额，W_1，$\cdots$，W_i，$\cdots$，W_K，W_i 为 i 个部门增加值在总增加值中所占的比重，W_i 代表 S_i 随时间的变动情况，没有下标的 δ^2 代表总份额及其变动，t 代表年份，t_0 和 t_1 分别代表期初和期末，那么在各部门相对独立的情况下，可以发现：

$$\delta^2 = \sum W_i^2 \delta_i^2 \tag{1}$$

并且在任何情况下得出：

$$S = \sum W_i S_i \tag{2}$$

我国学者白重恩、钱震杰（2009）在此研究基础上，在分析中加入了产业劳动者报酬份额和产业结构共同变化所引起的交叉项，将结构影响和部门影响中的劳动者报酬份额和产业结构都控制在初期水平。

假定 α 为劳动者报酬份额，α_t 为 t 年的总劳动者报酬份额，vsh_i 为部门增加值在总增加值中的份额。则有：

$$\alpha = \sum S_i \cdot vsh_i \tag{3}$$

也可用：$\alpha_t = \sum S_{it} \cdot vsh_{it}$

对于 t_0 和 t_1 期间劳动者报酬份额的变化，可以用下列公式进行分析：

$$\alpha_{t1} - \alpha_{t0} = \sum \alpha_{i,t1} \cdot vsh_{i,t1} - \sum \alpha_{i,t0} \cdot vsh_{i,t0}$$
$$= \sum \alpha_{i,t1} \cdot (vsh_{i,t1} - vsh_{i,t0}) + \sum (\alpha_{i,t1} - \alpha_{i,t0}) \cdot vsh_{i,t0} \tag{4}$$

其中，$\sum \alpha_{i,t1} \cdot (vsh_{i,t1} - vsh_{i,t0})$ 为结构影响，是在保持各部门劳动者报酬份额不变的情况下，产业结构变化对总体劳动者报酬份额的贡献，当

---

[1] Robert Solow M. A Skeptical Note on the Constancy of Relative Shares. The American Economic Review，1958，p.622.

其为负时，劳动者报酬份额降低，即结构影响为负，反之结构影响为正；$\sum(\alpha_{i,t1}-\alpha_{i,t0})\cdot vsh_{i,t0}$ 为产业影响，是在保持产业结构不变，各部门劳动者报酬份额变化对总体劳动者报酬份额的贡献，当其为负时，使得劳动者报酬份额降低，即产业影响为负，反之产业影响为正。

研究结论为：我国农业部门劳动者报酬份额远高于其他部门，以及工业部门劳动者报酬份额的变动，是1978—2004年结构影响和产业影响的关键。具体而言：在结构转型方面，农业部门增加值占比在1978—1984年逐年增加，随后逐渐递减，致使结构转型对全国劳动者报酬份额的影响在20世纪80年代中期前为正，随后一直为负，而结构影响主要来自农业部门转向非农部门。在产业影响方面，工业部门劳动者报酬份额的变动方向同产业影响一致，1978—1994年间的劳动者报酬份额明显增加，产业影响为正，而1998年以后的工业部门劳动者报酬份额逐年降低，1998—2004年间产业影响为负，所以，产业影响主要来自工业部门。在剔除统计核算方法影响后，1995—2003年我国劳动者报酬份额降低了5.48个百分点，其中结构转型使其降低3.36个百分点，部门变动使其降低2.12个百分点。在各部门劳动者报酬份额变动中，工业部门的贡献最大，为1.65个百分点。[1]

二、经济发达区域产业变动对劳动者报酬份额的影响

现以民营经济比较发达的浙江省为例来说明产业结构变迁对劳动者报酬份额影响。

---

[1]白重恩、钱震杰：《国民收入的要素分配：统计数据背后的故事》，《经济研究》2009年第3期，第32—38页。

（一）研究方法

研究一个经济体要素分配份额的变动，通常是分别测算各产业部门的要素分配份额和增加值份额，再测算这些产业部门的结构变动和各自要素分配份额变动对总体变动的贡献。当经济中产业结构变动为主因时，总体要素分配份额的变动主要由经济结构转型决定。结构转型导致的要素分配份额变动一般难以逆转，除非设法改变部门间要素分配份额上的差距。当经济中产业部门要素分配份额变动为主因时，要素分配份额变动就应重点分析影响该部门要素分配份额的各种可能因素。借助 Solow（1958）和 Young（2006）的研究方法，对浙江劳动者报酬份额进行研究。

（二）数据分析

1978—1992 年，由于第一产业劳动者报酬对总劳动者报酬的贡献在多数年份都超过 50%，第一产业增加值份额的迅速降低（从 1978 年的 38.06% 降到 1992 年的 19.09%），使得浙江总劳动者报酬份额从 55.08% 下降到 49.09%，而全国在同时期是稍加上升，这一变动趋势同全国明显不同。统计口径的变化导致 1993 年劳动者报酬数据迅速下降到 42.13%，其后的年份总体变动不大，处于一种稳定状态，从 1993 年到 2012 年，浙江劳动者报酬份额基本稳定在 41.25%。分产业来看：1993—2012 年，浙江第一产业、工业、建筑业和第三产业劳动者报酬份额的均值分别为 86.55%、35.70%、67.90% 和 33.15%，第一产业劳动者报酬份额的均值明显高于其他行业，高出工业 50.85 个百分点，高出第三产业 53.40 个百分点，而第三产业劳动者报酬份额均值明显过低，甚至低于第二产业中的工业劳动者报酬份额。从偏离度来看：1993—2012 年的工业和第三产业劳动者报酬份额标准差分别为 0.0218 和 0.0235，偏离度较小，第一产业标准偏差为 0.0846，偏离度较大，各行业劳动者报酬份额偏离度均高于总劳动者报酬份额的偏离度（0.0121）。从各行业增加值份额看：1993—2012年的第一产业、工业、建筑业和第三产业的均值分别为9.15%、46.75%、6.00%和38.05%，工业最高，建筑业最低。从增加值纵向变动看：第一产业占比逐年降低，第三产业占比逐年增加（2004年除外）。通过对（3）式测算，1978—2012年，浙江第一产业对总劳动者报酬份额的贡献从59.45%降到11.03%，第二产业从27.81%上升到50.12%，第三产业从12.74%上升到38.85%。从以上数据可以推断，浙江第一产业增加值份额前期降低过快，后期稳定在低水平，以及第三产业劳动者报酬份额长期过低，是总劳动者报酬份额前期下降明显，后期低水平稳定的主要原因。浙江第一产业增加值占比降低到一定程度之后，很难再继续降低，这是经济发展规律作用的结果。我国由于中央政府规定的耕地红线难以突破，各地方政府必须遵守这一规定，第一产业增加值占比降低到一定程度后更难降低。浙江第三产业劳动者报酬份额过低，并不符合第三产业发展初期阶段的规律，因为第三产业在最初发展阶段主要是劳动密集型的，一般而言劳动密集型的产业劳动者报酬份额要高，之所以出现较低状况，只能是因为在第三产业就业的劳动者报酬过低。

表5-4 浙江分产业劳动者报酬份额和增加值份额

年份	浙江加总劳动份额	行业内劳动份额				行业增加值占GDP份额			
		第一产业	工业	建筑业	第三产业	第一产业	工业	建筑业	第三产业
1978	0.55	0.86	0.30	0.75	0.38	0.38	0.38	0.05	0.19
1985	0.52	0.90	0.33	0.74	0.35	0.29	0.42	0.05	0.24
1990	0.53	0.90	0.38	0.73	0.39	0.25	0.41	0.05	0.29
1993	0.42	0.75	0.35	0.73	0.30	0.16	0.45	0.06	0.33
1994	0.43	0.78	0.36	0.73	0.31	0.16	0.46	0.06	0.32
1995	0.42	0.80	0.36	0.69	0.30	0.15	0.46	0.06	0.32

年份	浙江加总劳动份额	行业内劳动份额				行业增加值占GDP份额			
		第一产业	工业	建筑业	第三产业	第一产业	工业	建筑业	第三产业
1996	0.41	0.80	0.33	0.75	0.30	0.14	0.47	0.06	0.33
1997	0.43	0.81	0.37	0.67	0.31	0.13	0.49	0.06	0.32
1998	0.42	0.85	0.35	0.75	0.30	0.12	0.49	0.06	0.33
1999	0.41	0.80	0.38	0.71	0.29	0.11	0.49	0.05	0.34
2000	0.43	0.74	0.41	0.66	0.34	0.10	0.48	0.05	0.36
2001	0.43	0.79	0.37	0.67	0.35	0.10	0.46	0.06	0.39
2002	0.41	0.80	0.35	0.66	0.34	0.09	0.45	0.06	0.40
2003	0.40	0.81	0.34	0.65	0.35	0.07	0.46	0.07	0.40
2004	0.41	0.96	0.34	0.65	0.35	0.07	0.47	0.06	0.39
2005	0.40	0.93	0.33	0.65	0.35	0.07	0.47	0.06	0.40
2006	0.40	0.95	0.33	0.65	0.35	0.06	0.48	0.06	0.40
2007	0.40	0.96	0.35	0.65	0.34	0.05	0.48	0.06	0.41
2008	0.41	0.96	0.38	0.67	0.35	0.05	0.48	0.06	0.41
2009	0.40	0.95	0.34	0.67	0.35	0.05	0.46	0.06	0.43
2010	0.39	0.95	0.34	0.67	0.34	0.05	0.46	0.06	0.44
2011	0.41	0.96	0.37	0.65	0.35	0.05	0.45	0.06	0.44
2012	0.42	0.96	0.39	0.65	0.36	0.05	0.44	0.06	0.45

数据来源：基于《中国国内生产总值核算历史资料（1952—1995）》《中国国内生产总值核算历史资料（1952—2004）》和浙江省统计局分行业劳动报酬计算而得。

测算1978年以来劳动者报酬份额分解的结构影响和产业影响。考虑到浙江劳动者报酬份额在1992—1993年下降明显，以及2005年以后使用的是浙江省统计局提供的数据，本研究将1978—1990、1993—2004和2005—2012年作为三个不同的时期，分别测算了各期的结构影响和产业影响（表5-5）。研究中，假设各期行业结构保持在期初水平，利用各产业每年实际劳动者报酬份额，测算了产业结构不变条件下，各产业对劳动者报酬份额的贡献，详见第（3）至（6）列，各产业贡献之和为控制产业结构不变的部门劳动份额贡献第（2）列。该值的期末与期初的差，恰好是表中的"产业影响"，列在表的第（8）列；而根据公式，"产业影响"与劳动者报酬份额实际变化幅度的差，是产业结构变化对劳动者报酬份额变化的影响，即"结构转型影响"，为表的第（7）列。

表5-5　劳动者报酬份额的分解：结构影响和行业内部影响

| 年份 | 浙江N1 (1) | 控制产业结构不变的部门劳动份额贡献 | | | | | 结构转型 影响 (7) N4 | 产业 影响 (8)N5 |
		合计 (2) N2	第一产 (3) N3	工业 (4) N3	建筑业 (5)N3	第三产 (6)N3		
1978	0.5505	0.5505	0.3268	0.1140	0.0375	0.0722	0.0000	0.0000
1985	0.5206	0.5709	0.3420	0.1254	0.0370	0.0665	−0.0503	0.0204
1990	0.5304	0.5970	0.3420	0.1444	0.0365	0.0741	−0.0666	0.0465
1993	0.4203	0.4203	0.1225	0.1598	0.0406	0.0984	0.0000	0.0000
1995	0.4230	0.4318	0.1316	0.1640	0.0387	0.0975	−0.0088	0.0115
1997	0.4260	0.4368	0.1324	0.1676	0.0374	0.0994	−0.0108	0.0165
1999	0.4083	0.4353	0.1312	0.1716	0.0398	0.0927	−0.0270	0.0150
2001	0.4259	0.4479	0.1304	0.1664	0.0374	0.1136	−0.0220	0.0276
2003	0.3986	0.4389	0.1333	0.1561	0.0364	0.1131	−0.0403	0.0186
2004	0.4090	0.4588	0.1579	0.1525	0.0361	0.1123	−0.0498	0.0385
2005	0.3972	0.3972	0.0621	0.1561	0.0399	0.1392	0.0000	0.0000
2006	0.4034	0.4086	0.0630	0.1677	0.0399	0.1381	−0.0052	0.0114
2007	0.3968	0.4066	0.0637	0.1676	0.0399	0.1354	−0.0098	0.0095
2008	0.4125	0.4228	0.0640	0.1796	0.0412	0.1380	−0.0103	0.0256
2009	0.3961	0.4059	0.0635	0.1631	0.0411	0.1382	−0.0098	0.0087
2010	0.3892	0.4002	0.0632	0.1585	0.0411	0.1375	−0.0110	0.0030
2011	0.4080	0.4197	0.0637	0.1746	0.0396	0.1418	−0.0117	0.0225
2012	0.4207	0.4339	0.0641	0.1859	0.0395	0.1444	−0.0132	0.0367

数据来源：基于《中国国内生产总值核算历史资料（1952—1995）》《中国国内生产总值核算历史资料（1952—2004）》和浙江省统计局分行业劳动报酬计算而得。

注：N1为按产业构成的总劳动份额；N2(2)＝(3)＋(4)＋(5)＋(6)；N3为各产业部门控制产业结构不变的劳动份额的贡献＝该产业当年劳动份额×该产业期初增加值份额；N4(7)＝(1)－(2)；N5(8)＝(2)列当年值－(2)列期初值。

　　研究表明，在所分的三个阶段，结构影响均为负向，产业影响均为正向。1978—1990 年的结构影响为负，主要是因为第一产业的增加值份额快速降低，从 1979 年的 38.06% 降到 1990 年的 24.87%，降低了 13 个百分点；工业部门增加值有所增加，但工业部门的劳动者报酬份额低于第一产业和第三产业，总体效应为负。以 1978 年的产业结构为基准，1985 年结构转型对劳动者报酬份额的负向影响为 5.03%，产业正向影响为 2.04%；1990 年结构转型对劳动者报酬份额的负向影响更是达到了 6.66%，产业正向影响更是达到了 4.65%。1993—2004 年的结构影响为负，主要归结为第一产业增加值份额继续逐年下降，从 1993 年的 16.41% 降低到 2004 年的 6.90%，降低了 9.5 个百分点，第三产业增加值份额逐年增加，从 1993 年的 32.50% 增加到 2003 年的 40.09%，增加了 7 个百分点，阻止了第一产业增加值下降带来的总劳动者报酬份额下降，工业和建筑业此间的增加值份额和相应的劳动者报酬份额变动都不是很大，总体效应为负。以 1993 年的产业结构为基准，1995 年结构转型对劳动者报酬份额的负向影响为 0.88%，产业正向影响为 1.15%，随后结构转型对劳动者报酬份额的负向影响不断增加（2001 年除外），2004 年达到 4.98%，而此期间的产业正向影响尽管有所波动，但均为正，2004 年为 3.85%。2005—2012 年结构负向影响不断增强（2009 年除外），从 2006 年的 0.52% 上升到 2012 年的 1.32%，同前两个时期相比，总体影响较小，产业正向影响在此期间均为正，但有所波动，2012 年为 3.67%。结构影响和产业影响的共同作用使浙江总劳动者报酬份额稳定在 40% 左右，这一水平同全国相比较低，同发达国家相比更低：根据爱德华 F·丹尼森对美国的研究，1909—1913 年，美国按不变价格测算的国民收入中的劳动者报酬份额为 69.5%，1954—1958 年上升为 77.3%。所以，浙江劳动者报酬份额的稳定状态是低水平稳定。

（三）浙江劳动者报酬份额低水平稳定的现象解析

一是经济转型中第一产业产值比重下降过快、第二产业产值比重前升后降、第三产业产值比重前期较快增长和后期相对缓慢增长。浙江经济的快速发展，主要得益于第二产业。1979年第二产业产值比重为40.6%，1998年升到54.8%，2012年还维持在50%。在工业化快速推进的过程中，第一产业产值比重快速下降。1978年为38.1%，1992年为19.1%，2001年为9.6%，2012年为4.8%。由于第一产业劳动者报酬份额比重相对较高（近几年甚至达到96%），产值比重的过快下降必然导致总劳动者报酬份额的下降。尽管第二产业产值比重较高，并且其劳动者报酬份额在1992年后的多数年份高于全国水平，但多数企业形成了一定的路径依赖，多年发展后仍然集中在产业底端，产品附加值低，企业依赖低工资，第二产业劳动者报酬份额稍高促动不了总劳动者报酬份额的增加。2007年，浙江前五大制造业依次为纺织、电器机械、通信设备、交通设备、电子通信，年人均附加值依次为6.16万元、7.66万元、7.16万元、7.91万元和7.61万元；全国前五大制造业分别为电子、钢铁、交通设备、化工和电气机械，年人均附加值分别为14.03万元、23.66万元、23.66万元、15.09万元和11.43万元。产业层次低，也决定了单位从业人员整体学历水平偏低，文化素质较低，劳动效率低。据全国第二次经济普查数据：浙江单位从业人员中初中及以下学历占52.7%，高中占26.9%。此外，第三产业产值比重前期增长较快，2002年达到40.3%，但随后年份增长缓慢，2012年仅为45.2%，并且多数年份的劳动者报酬份额低于全国水平，对总劳动者报酬份额增加贡献有限。

二是经济的结构性特征。浙江民营企业较多，特别是非公有制企业较多，这对于吸纳劳动就业具有较大的贡献，从而也使得第一产业劳动力很容易转到第二、第三产业。第一产业劳动力逐渐转向其他产业，有利于产业和就业结构提升，但向非农转移并不利于劳动者报酬份额提升。因为第一产业的劳动者报酬份额明显高于第二、第三产业，产业结构从第一产业向第二、第三产业转移不仅不会提高总劳动者报酬份额，还将降低总劳动者报酬份额。有研究表明：由于第一产业劳动者报酬份额比第二、第三产业平均高出50%，经济结构每从第一产业向非农产业转移1个百分点，将导致整体劳动者报酬份额下降超过0.5个百分点。

第四节 ▶ **劳动力供给总量过剩**

　　我国的经济转型，即是市场经济的不断完善。研究我国市场化中的劳动力供需对劳动者报酬份额的影响，必须考虑我国的"二元经济"，考虑我国农村剩余劳动力的流动。

　　对于我国而言，改革开放以来，逐渐转向了市场经济之路。市场经济以资源有效配置为基础，劳动力作为我国经济发展中比较富裕的资源禀赋，在市场经济条件下逐渐得以流动，特别在我国农村存在大量剩余劳动力的情况下，具有经济理性的农民为追求最大的经济收入，从20世纪80年代末开始进行了大规模的流动，甚至一度成为"民工潮"，劳动力供给基本上富于弹性，直到近几年才有所改观。劳动力供给是影响劳动者报酬，进而影响劳动者报酬份额的一个重要因素，供给原理为此提供了理论基础。研究劳动力供给必须考虑其人口学因素，劳动力供给是以人口再生产为基础的，我国的人口再生产具有自身的特殊性，就是计划生育（family planning）这一强制性制度的推行，使我国的人口转变（从高出生率、高死亡率、低自然增长率到高出生率、低死亡率、高自然增长率，再到低出生率、低死亡率、低自然增长率）得以在不到30年的时间内完成，而发达国家走完这段历程通常要经过上百年的时间（英国和其他西欧国家完成这一转变的时间为140年）。这一制度的推行必然影响到劳动年龄人口的供给，从人口学角度而言，影响劳动力供给的因素有劳动年龄人口规模和劳动参与率。我国的劳动力供需总体上不利于劳动者报酬份额的提高。

一、劳动力供给的量和质

从量来看：主要表现为劳动年龄人口多、劳动力流动量大和劳动参与率高。

一是劳动年龄人口总量大。尽管各研究机构对我国劳动年龄人口实际数量的衡量存在一定的差异，但劳动年龄人口总量大却是不争的事实。据中国社会科学院人口研究所的研究，我国15—59岁人口2000年为8.23亿人，2010年增加至9.2亿，2006年以前，新增劳动年龄人口一直保持在1200万人以上，到2007年新增劳动年龄人口将首次下降到1000万人以下，2020年达9.41亿人，其后才会逐年减少，这一研究同1994年的联合国研究结论基本一致。英国经济学家情报社和世界银行预测2000年中国15—64岁年龄人口为8.46亿人，到2010年为9.56亿人，将年龄段换算一致的话，也同以上出入不大。尽管在2004年就出现了部分企业的"招工难"，但人力资源和社会保障部负责人在2011年认为："十二五"时期，我国总人口将达到13.7亿人左右，即使经过努力，城镇新增就业岗位加上自然减员补充也只有1200万左右岗位供就业，再加上农村需要转移就业1亿人左右，就业形势依然严峻。国家统计局局长马建堂在2011年4月29日表示，第六次全国人口普查显示，全国劳动力资源人口（16—59岁）比10年前增加了近1亿人。

根据2019年《中国统计年鉴》数据，改革开放以来，我国劳动年龄人口（15—64岁）总量和占比绝大多数年份都在上升。总量从1982年的6.25亿人一直上升到2013年的10.06亿人，占比从1982年的61.5%一直上升到

2010年的74.5%。从2014年开始，我国劳动年龄人口出现下降，我国劳动年龄人口总量出现了历史性的扭转。2014年比2013年就下降了113万人，2015—2018年，每年分别下降108万、101万、431万和472万。从2011年开始，劳动年龄人口占总人口的比重基本上也在一直下降，2011—2018年占比分别为74.4%、74.1%、73.9%、73.4%、73.0%、72.5%、71.8%和71.2%。尽管如此，我国的劳动年龄人口数量仍然为9.9357亿，劳动力供给总量依然比较充足。

二是农村剩余劳动力的大量流动。随改革和经济的发展，农村劳动力认识到非农就业获取的收益要大于在家的务农收益，纷纷转向非农部门。20世纪80年代中后期，农村劳动力流动逐渐加快，乡镇企业的异军突起更是吸纳了大量的剩余劳动力。根据中国发展研究基金会的研究，1983—1988年，转移到乡镇企业中的农村劳动力有6300万。1992年，社会主义市场经济体制目标的确立，使中国农村劳动力流动进入到一个高潮期。1993年农村劳动力流动的人数达到6200万人，1994年出乡的农村劳动力达到7000万人，1995年大约为7500万人，而同期出省的农村劳动力人数大约为2500—2800万人（崔传义，1997）。随后遇到了1997年开始的东南亚金融危机和国有企业的改制，国有企业有大量人员下岗，仅1999年和2000年就有1800万失业和下岗职工。据第二次全国农业普查显示，2006年农村外出从业的农民工早已超过1亿人，占农村劳动力资源总量的25%左右。如果加上在本地从事非农产业的8000—9000万农村劳动力，则转移到非农部门就业的农村劳动力数量大约为2.1—2.2亿，已超过农村劳动力资源总量的40%。

三是劳动力流动比较频繁。在我国经济社会发展中，劳动力流动越来越频繁，但受"二元体制"制约，许多农村劳动力难以真正享受到就业地的医疗、就业、住房、社会保障等诸方面的待遇，因此也很难在非农就业地长期扎根，每年春节前后的"民工潮"就是这一问题的真实反映。这一现象的存在，不但不能使农村劳动者获取正当的经济社会发展成果，不利于我国的工业化和城市化进程，而且使这些劳动者在同资方或当地政府的博弈中处于一种弱势地位，工资水平较难提高。我们经常可以看到，在劳动者所在的工作地遇到经济不景气的时候，有些地方政府的就业政策具有区域排他性，在就业时偏重于本地的就业者，对外地的就业者设置障碍，帮助企业遣散外地的就业人员，甚至有些地方政府以保护投资环境为由，直接要求压低企业员工的工资等。

四是我国的劳动力参与率较高。由于我国经济体制仍处于转型中，经济发展水平还不够高，大多数劳动者主要以劳动收入为主，且劳动者报酬不是很高，国家提供的社会保障制度，医疗保障制度，教育和福利制度等总体仍然不完善，我国的劳动参与率比重高，2000年是83.8%，2006年为81.7%，而2000年世界平均水平是71.4%，2006年为71.0%。

从劳动力供给的质来看。在劳动力供给方面，相比较劳动力供给的数量，西方经济学家们更关注劳动力供给的质量。劳动力供给的质量，即体现在劳动者身上的创造财富的能力和潜力。对于经济活动来说，它需要一定数量和质量的劳动者来从事。在现代社会，"复杂劳动等于倍加的简单劳动"，即高质量的劳动者可以创造的财富远高于同等数量的低质量劳动者，高质量的劳动力有较高的操作能力，能完成的工作量远高于同等数量的低质量劳动者，对低质量的劳动者的工作替代性强，而低质量的劳动者不能完成高质量劳动者的某些工作，使之对高质量的劳动力的替代性差。因此，高质量的劳动力供给对经济增长异常重要。对于个人来说，劳动力供给的质量往往从身体的健康水平、智力水平（智商）、创造力、社会交际能力、受教育年限、接受专业技术技能培训时间和所达到技术等级等方面来进行衡量；对于一个国家或地区来说，则往往用每万人口中大学在校生数、每万人口受过高等教育的人数、中学普及率、小学普及率、专业人员占全社会经济活动人口的比例等指标表示。

劳动力供给质量的提高主要是通过教育投资的增加。具体来看包括教育投资对劳动力供给的直接影响和通过教育投资形成的人力资本促进经济增长进而促进劳动力需求增加的间接影响。接受教育是个人素质提高和就业能力发展的主导因素，进而提高全社会人力资本存量。影响并决定劳动者就业能力的因素主要包括身体素质、教育、性格、个人兴趣、社会实践经验、客观的社会环境、个人的勤奋程度等。其中，教育是培养和发展人们的就业能力的具体途径和方法，对就业者的能力的发展起主导性的作用。教育的根本任务就在于促进人的素质全面提升，促进人的各种能力得到全面地发展。劳动者在接受教育后，不仅能获得必要的知识和技能，还能通过受教育改变其自身的思维方式，刺激创造欲望、提升创造能力。在科学技术高速发展的今天，原有的知识和技能比以前任何时期都容易被淘汰，劳动者不仅需要通过受教育来获得基本的劳动技能，还需要接受继续教育和职业教育以获取新的职业技能。我国著名的经济学家厉以宁认为，一个国家经济增长中的就业问题，在相当大的程度上是结构性就业问题，也就是说，社会就业问题是否能顺利解决，要看劳动力结构与经济增长的速度、经济结构的变化是否相适应，要看劳动力本身在文化技术方面是否符合经济增长的要求。

国内外很多研究，都证实了教育投资与劳动生产率之间的正向关系。一般而言，教育能够提高劳动者的技术熟练程度；能够提高劳动者的文化知识水平，使劳动者在劳动过程中，提高对新知识、新技术的学习、理解和接受能力，并能自觉地把新掌握的知识和技术应用于生产劳动；教育能够提高劳动者的管理水平；教育能够提高劳动者的自身修养水平。随着教育投资的增加，我国的劳动力质量逐年提高。但总体而言，我国劳动力供给的质量仍然不高。具体表现在：劳动力供给的同质性、劳动力整体素质较低，主要体现在劳动力的整体教育程度低和技能型人才的缺乏。由于我国教育支出水平还偏低，职业技术教育发展相对滞后，教育资源大都集中于城市比较发达的区域，劳动力整体教育程度低，特别是在个体私营企业就业的农村劳动力，多为初中以下水平，这使劳动者的劳动生产率在短期内很难得以提高，不仅使劳动者只能处在产业链底端，而且影响了劳动者"干中学"的能力，也导致技能型人才的缺乏，不能满足经济发展对劳动力的需求，"招工荒"和"就业难"并存。

此外，城乡差距过大导致农村劳动力质量较低。根据钞小静和沈坤荣（2014）的研究，城乡收入差距过大会导致初始财富水平较低的农村居民无法进行人力资本投资，从而制约劳动力质量的提高。由于现代部门与传统部门具有不同的生产效率，较低质量的劳动力只能在传统部门从事生产，这不仅不利于传统部门自身生产效率的提升，而且也减少了进入现代部门从事生产的劳动力数量。[1]

二、劳动力需求的量和质

劳动力需求主要取决于经济增长和就业弹性。在研究经济增长与就业的关系时，一般都要谈到奥肯法则[2]。据对美国的实证研究，奥肯发现，失业率每下降1%会带来3%的产出增加，目前的一些研究认为，失业率每下降1%会带来2%的产出增加。但奥肯法则是对市场经济发达的美国的研

---

[1]钞小静、沈坤荣：《城乡收入差距、劳动力质量与中国经济增长》，《经济研究》2014年第6期。

[2]实际失业率偏离自然失业率的百分比所引起的实际增长率偏离潜在增长率的百分比。Okun A.Potential GNP: Its Measurement and Significance，American Statistical Association.Proceedings of Business and Economic Statistic Section，1962，pp.98–104.

究，在我国并不适用。①

根据经济发展规律，一个国家的工业化初期，农业是经济体系中的支柱产业，它保障人民的基本生活需要，维持经济正常运行，拉动经济增长。在这一阶段，生产力水平较低，技术进步较慢，劳动力为主要投入的生产要素，且社会平均劳动生产率不高，使得完成单位劳动所需要的劳动力数量较大，因此，往往这个阶段的就业弹性较大。随着一国经济的进一步发展，工业化程度进一步加深，经济增长方式发生了一定的变化，由粗放型增长方式向集约型生产方式转变，其他生产要素如资本、技术不断地代替劳动力，此时的劳动力在经济增长中贡献的份额越来越低，随着资本有机构成的进一步提高，资本对劳动的替代作用越来越明显，经济增长的就业弹性也将下降。

为了更为清晰地揭示我国经济增长与就业增长时间的关系，消除年份间的可能波动，依据我国宏观经济制定的时间周期，本文将33年划分为7个时期，其中，1990年因为普查而造成的数据失去可比性，故剔除该年。

表5-6 1978年以来不同时期经济增长的就业弹性

时间段	GDP年均增长率（%）	就业人口年均增长率（%）	经济增长的就业弹性	经济增长1%就业人数增加（万）
1978—1980	7.71	2.72	0.35	146.51
"六五"时期	10.76	3.32	0.35	163.56
1986—1989	9.01	2.63	0.32	171.46
"八五"时期	12.28	1.00	0.08	56.59
"九五"时期	8.64	1.15	0.13	94.64
"十五"时期	9.50	0.70	0.07	54.67
"十一五"时期	11.23	0.38	0.03	26.24
2011—2012	8.55	0.39	0.04	35.29

资料来源：中国国家统计局数据库。

---

①蔡昉：《刘易斯转折点——中国经济发展新阶段》，社会科学文献出版社2008年版。

　　从表5-6可以看出，在改革开放初期至"七五"末期，我国属于"高增长、高就业"阶段，如1978—1980年间，经济增长每上升1个百分点，就业人数增加约147万人。"六五"时期，就业增长率提高，经济增长每上升1个百分点，就业人数增加约164万人。"七五"时期，就业弹性虽有所下降，但仍保持在不低的水平。在经济增长速度最快的1984年，当年GDP的增长速度为15.18%，同年的就业人口增长速度也达到了最高值3.79%。这表明，在这一阶段，经济增长对就业有着明显的拉动作用。自"八五"开始，我国的经济开始变为"高增长，低就业"。"八五"期间，GDP增长率达12.28%，就业增长率下降到1%，就业弹性仅为0.08，也就是说，这一时期，经济增长每增加1个百分点，就业人口增加约57万人。与前一阶段相比，这个时间段里的经济增长对就业的拉动明显降低。在之后的"九五"到"十一五"期间，经济增长呈现倒"U"形，虽波动大，但整体水平仍然较高。与之相不相符的是，就业虽波动较小，就业增长率却逐渐降低，就业弹性也渐趋变小，"十一五"期间，年均就业人口增长率仅为0.38%，就业弹性更是降到了0.03。也就是说，在这五年中，经济增长每提高1个百分点，增加的就业人数仅为26.14万人。此时期的经济增长的就业效应，还不到改革开放初期的九分之一。值得注意的是，进入"十二五"以后，随着经济结构的进一步优化，我国的就业弹性略有上升，在GDP的增速低于8%以后的2012和2013年，就业人员的增速并没有放缓。单从每增长一个百分点所能拉动就业的绝对增加量来看，"八五"时期是一个分界线，"八五"以前的12年，该数值每个阶段都高于144万，而进入"八五"后，经济增长的就业效应就下降40%，虽然"九五"期间，就业人口的增长，使得人口基数增加，进而使每增长1个百分点能拉动就业的数额达到98.8万人，但是到了"十五"，该数值继续下降，而"十一五"更是成为一条鸿沟，经济每增长1%，只能带动就业人口增加15.14万人。

我国的就业弹性整体水平较低。为了能够更全面地把握经济增长与就业增长之间的变化情况与内在规律，并对中国经济增长的就业效应有着更为宏观与清晰的判断。本文借助于平均就业弹性来进行比较，平均就业弹性能较为直观地显示出一个地区或国家的经济增长的就业效应。从下表可以看到，自2001年起，中国的就业弹性平均值仅为0.07，远低于世界平均水平的0.36。也就是说，在世界范围内，平均GDP每增长1个百分点能拉动就业增长0.36个百分点，而我国的每增长1个百分点，仅拉动就业人数增加0.07个百分点。将东亚区域剔除，全球其他地区的就业弹性都是我国就业弹性的2倍以上。其中中东地区的就业弹性更是我国的9.4倍。与中国人均GDP相近的东南亚国家，就业弹性也是我国5.6倍。从整个世界范围来看，我国的就业弹性较低。除了与东亚地区的整体水平十分接近以外，2001—2012年，无论是平均水平，还是分开看各年的就业弹性，我国的就业弹性都远低于世界上其他国家。

值得注意的是，2009年，发达国家与中欧国家的经济增长与就业均为负增长，因此就业弹性仍为正值，也就是说，在这些国家中，经济的负增长导致了就业率的降低，经济增长与就业率之间的一致性从反面在实践中得以证明。当然，个别年份，世界上某些地方的就业弹性却出现负值，也就是说在某些年份，经济增长与就业之间在全球范围内出现了不一致的情况。主要是经济增长的短期波动性较大，而就业的波动周期相对较长，从而出现了不一致性。就业弹性的全球波动并不大。除了2008年国际金融危机的爆发，使得全球平均就业弹性出现了负值以外，其他年的就业弹性都比较稳定，在0.27—0.39之间。发达经济体的就业弹性波动较大，其中2007年的就业弹性达到了最高值6，最低的2010年，绝对值仅为0.08。我国的就业弹性，一直处于较低的水平，且波动起伏不大，除2008年提高到0.14以后，近年来都在0.04—0.08之间小幅波动。这说明，我国的经济结构在这一阶段保持了一定的稳定性，经济增长与就业增长之间的关系有固化的趋势。

表5-7 就业弹性的国际比较

区域	2001—2006	2007	2008	2009	2010	2011	2012	平均值	中国倍数
全球	0.34	0.31	0.39	−0.67	0.27	0.39	0.39	0.36	6.51
中国	0.08	0.06	0.14	0.03	0.04	0.04	0.05	0.07	1.00
经济发达体和欧盟	0.27	0.56	6.00	0.59	−0.08	0.27	0.25	0.20	2.00
中欧、中南欧和独联体	0.11	0.75	0.28	0.18	0.27	0.31	0.29	0.29	5.00
东亚	0.11	0.10	0.00	0.08	0.10	0.07	0.07	0.08	1.11
东南亚	0.28	0.39	0.31	0.38	1.44	0.28	0.35	0.38	5.60
南亚	0.28	0.10	0.07	0.08	0.11	0.32	0.41	0.18	2.86
中东	0.73	0.60	0.30	0.77	0.58	0.68	0.94	0.63	9.40

资料来源：世界上其他国家经济增长的数据分别来自于国际货币基金组织，2012年10月《World Economy Outlook》，中国的数据来自历年《国家统计年鉴》，就业人口的数据全部来自于国际劳工组织数据库。

从劳动力就业情况来看，就业者的素质在不断提升。纵向来看，改革开放之初释放出来的大量农村剩余劳动力，其受教育程度多数在初中以下，甚至有一部分为文盲。现在尽管总体素质仍偏低，但已经有较大的提高，多数达到了初中以上，甚至有一部分为大学生。但也要看到，经济发展对就业者的素质要求在不断提高，特别是对其技术的要求，就业者要想找到称心的工作，必须适应企业的需求。劳动力产业间需求的不均衡主要在于新兴的第三产业无法吸纳从第一产业转移出来的劳动力。根据赖德胜、吴春芳和潘旭华（2011）的研究，我国第一产业的剩余劳动力需求逐渐转移到第二、三产业。但是，第三产业的新增劳动力需求主要集中在新兴行业中，这些行业大都需要拥有专业技能的人力资本，并不能吸纳从第一产业和第二产业中转移出来的低教育水平、低技能的劳动力，而第二产业仍然有极大的吸纳就业的潜力。[1]

劳动力就业的质还可以通过劳动者接受职业教育和培训的情况来说明。我国的职业教育同劳动力需求在匹配上存在一定的问题。一是职业教育总量结构与劳动力需求的不匹配：职业教育劳动力总量相对不足。职业教育劳动力供给能否满足劳动力市场的需求总量，可以通过求人倍率，也就是需求与供给的比例得到反映。从2001到2014年，职高、技校、中专学历劳动者的求人倍率呈现逐年攀升的态势，从2011年起，几乎都保持在1以上，除硕士学历劳动者以外，这种供不应求的状况在其他教育层次中较为少见，这表明劳动力市场上存在明显的中等职业教育劳动力总量不足现象。从高等教育来看，专科和本科学历劳动者的求人倍率均小于1，在2008年金融危机之前，两者走势较为接近，此后受到金融危机影响，需求不足导致求人倍率明显下降，但2009年之后的回升趋势显示，专科学历劳动者的求人倍率增长明显高于本科，这表明尽管两类劳动者均处于供大于求的状态，但前者具有更高的市场适应力。发达国家的职业教育发展经验也表明，高等职业教育一般会在工业化中期形成较大规模，并且在工业化中后期逐步替代中等职业教育成为主流，因而中国职业教育的总量规模仍需适度扩大；并且按照2012年党的十八大部署，将在2020年基本实现工业化，并同步推进新型工业化进程，因此需要更高水平的职业人才与之相适应。

二是职业教育劳动力结构尚待合理化。依据2001—2013年《中国教育统计年鉴》提供的学生分科类统计数据以及《全国职业供求分析报告》的分行业劳动力需求数据，计算结构偏离度指数，可以发现，第一产业存在

---

[1] 赖德胜、吴春芳、潘旭华：《论中国劳动力需求结构的失衡与复衡》，《山东社会科学》2011年第3期。

明显的结构性过剩，第二产业则存在结构性不足。从职业教育的整体来看，商贸与旅游类、能源类、加工制造类、资源与环境类、土木水利工程类的职业教育人才存在结构性不足，而农林类、财经类、文化艺术与体育类、社会公共事务类、医药卫生类的职业教育人才则存在结构性过剩。中、高等职业教育的结构性问题有所差别，后者的能源、资源与环境类、土木水利工程类劳动力供给状况并未表现出明显的结构性不足。总体而言，职业教育应在巩固制造业的基础之上，推动生产性服务业、资源能源节约型产业的人才培养规模，而在金融财经、公共管理、教育医疗等与高学历、学术性人才相比竞争优势较低的行业，则应适当下调。

三是农民工接受职业教育培训的机会不够。根据《中国青年报》（2014年8月7日），我国技能劳动者总量严重不足，仅占就业人员的19%，高技能人才数量还不足5%；技能劳动者的求人倍率一直在1.5：1以上，高级技工的求人倍率甚至达到2：1以上的水平，技工紧缺现象逐步从东部沿海扩散至中西部地区，从季节性演变为经常性。我国农民工中接受过职业技能培训的仅占30%，缺乏技能成为影响他们融入城市、成为新型产业工人的重要障碍。加强农村新成长劳动力的职业教育和农民工职业技能培训，把农民工打造成一支高素质的产业工人队伍，对于促进农民工转移就业、增加农民收入、提高劳动密集型企业竞争力、提升产业结构都具有积极的促进作用。

三、劳动力供给和需求分析

供给原理表明：在其他条件不变的情况下，某种要素供给增加，其价格就会降低，供给减少，其价格就会增加，劳动力尽管是一种特殊商品，但其供需也遵循这一原理。

就我国改革开放实践而言，无论是劳动力供给的量还是质，都对劳动者报酬存在一定的不利影响，约束了劳动者报酬的总体提升。从量上看，改革开放以后的多年时间内，经济在快速增长，就业也在增加，有的年份增加的就业数量接近1000万（见表5-8）。

在1978年，就业人员为4.02亿，就业人员占总人口的比重为41.27%，在1990年就业人员占总人口的比重有很大的提高，从1989年的49.1%迅速提高到1990年的56.6%，并且在2014年就业人员为7.73亿，占总人口的比重上升到56.5%。从变动趋势来看：我国的就业人员从改革开放后，就一直在不断增加，2014年就业人员最多，可以预计，在近几年内，就业人员数量仍会不断增加，就业人员占总人口的比重从1978开始不断增加，到2003年达到最大值57.1%，稳定了三年后，开始下降，2014年已经下降到56.5%，可以预计以后会继续下降。但由于市场经济发展初期，从农村释放出来的剩余劳动力数量相当多，再加上国有企业在20世纪90年代的改制，以及近几年毕业的大学生规模较大等，经济增长所吸纳的就业始终低于劳动力的供给。

从质上来看，劳动力供需还存在结构性的矛盾，在质量上不相匹配。首先是劳动者的素质同企业需求不匹配。企业由于自身发展的需要（降低运行成本等），一般都需求熟练劳动者，没有经过培训和实践的劳动者很难满足其需求。此外，加上劳动者的流动性，对劳动者的人力资本投资会产生较多的纠纷，许多企业也没有对普通劳动者进行培训的激励。其次是我国教育体系培养出来的人才同经济社会的发展需求不能较好匹配。这主要体现在我国向市场经济的转轨过程中，高等教育对人才的培育并没有及时跟进，所设置的专业和传授的内容并没有根据市场需求来进行及时调整，培养出来的人才很难在短时间内找到适合自己的工作，再加上职业技术教育在师资和投资等方面都存在诸多的问题，总体比较薄弱，大学生就业难也成为我国经济发展中的一个比较突出，又亟待解决的问题。最后，我国对劳动者的继续教育培训并没有及时跟上。发达国家在经济发展过程中，注重对劳动者继续培训，甚至是免费培训，提升劳动者人力资本的经验，这在我国较少实践。

表5-8　需要就业的人员数量

年份	就业人员合计（万）	就业人员占总人口比（%）
1978	40152	41.7
1979	41024	42.1
1980	42361	42.9
1981	43725	43.7
1982	45295	44.6
1983	46436	45.1
1984	48197	46.2
1985	49873	47.1
1986	51282	47.7
1987	52783	48.3
1988	54334	48.9
1989	55329	49.1
1990	64749	56.6
1991	65491	56.5
1992	66152	56.5
1993	66808	56.4
1994	67455	56.3
1995	68065	56.2
1996	68950	56.3
1997	69820	56.5
1998	70637	56.6
1999	71394	56.8
2000	72085	56.9
2001	72797	57.0
2002	73280	57.0
2003	73736	57.1
2004	74264	57.1

续　表

年份	就业人员合计（万）	就业人员占总人口比（%）
2005	74647	57.1
2006	74978	57.0
2007	75321	57.0
2008	75564	56.9
2009	75828	56.8
2010	76105	56.8
2011	76420	56.7
2012	76704	56.6
2013	76977	56.6
2014	77253	56.5

资料来源：《2015年中国劳动统计年鉴》。

第五节　劳资力量演变中劳方力量弱化

市场经济的快速推进，劳资双方力量也在逐渐分化，资方地位逐渐增强，在同劳方的博弈中处于强势地位，传统的一体化的利益关系逐渐分化。

一、资方地位逐渐趋强

从供需原理看：资本稀缺使得劳资双方在议价过程中的地位明显不对等，经常看到的雇员工资雇主说了算，根本没有议价就是明显体现。随着改革的推进，劳动力流动限制的缓解，从农村释放出来了大量的劳动力，这些劳动力加入到就业大军中，使资本地位更强，这不但对已就业人员的工资增加形成一种抑制，而且也使自己的工资长期处于低水平，多年的名义工资不变就是例证。

事实上，在经济发展过程中，特别是在经济发展初期，资本有一种天然的强势地位。亚当·斯密（1776）认为，就一般争议而言，要预知劳资双方谁占据有利地位，谁能迫使对方接受自己提出的条件，决非难事。并列举了原因：雇主人数较少，联合比较容易，法律认可他们的结合，至少不受法律禁止，但劳动者的结合却受法律禁止。此外，在争议当中，雇主总比劳动者较能持久。地主、农业家、制造者或商人，纵使不雇用一个劳动者，也往往能靠既经蓄得的资本维持一两年生活，而失业劳动者，能支持一个星期的已不多见，能支持一月的更少，支持一年的简直没有。并且从长期来看，雇主需要劳动者的程度，也许和劳动者需要他们的程度相同，但雇主的需要没有劳动者那样迫切。①

劳动力市场主体各自所有物的不同决定了劳动关系的不平等性。劳动力市场中劳动力供给方和劳动力需求方各自的所有物不同：劳动力供给方所有物是劳动力，他是劳动力所有者；劳动力需求方所有物是生产资料，他是生产资料所有者。这就决定了劳资双方形成事实劳动关系后，双方的地位、身份、决定了劳动关系主体间存在双重关系：平等性和隶属性。但在这双重关系中，隶属性关系是主要的。

首先，劳动关系的平等性：劳资双方在形成劳动关系和实施劳动关系时存在一定的平等性。在劳动关系形成期间，劳动力的所有者和货币所有者在市场上相遇，与彼此身份平等的商品所有者发生关系，所不同的只是一个是买者，一个是卖者，因此双方只是法律上平等的人。②劳动力的买和卖是在流通领域或商品交换领域的界限以内进行的，这个领域确实是天赋人员的真正乐园。那里占统治地位的只是自由、平等、所有权和边沁。平等是他们彼此只是作为商品所有者发生的关系，用等价物交换等价物。所有权是他们都只支配自己的东西。边沁是他们的利己心，是他们的特殊利益，是他们的私人利益。③在实施期间，一方是生产资料所有者，另一方是劳动力所有者。他们都是生产要素的所有者，有着自己的产权、自己的权利、自己的利益、自己追求自己利益的权利；双方在地位、身份、权

---

① [英] 亚当·斯密：《国民财富的性质和原因的研究》，郭大力、王亚南译，商务印书馆2002年版，第60—61页。
② [德] 卡尔·马克思：《资本论》（第1卷），人民出版社1975年版，第190页。
③ 同上，第199页。

利、利益等方面均是独立、自主、平等、自由的，他们是平等自由的市场主体。他们发生劳资关系的基础只能是独立自主地追求自己利益，自由表达自己的意志，所以形成劳资关系的形式只能是"意志自由"的契约，即劳动合同。而且，签订劳动合同，形成劳资关系，进入劳动过程、生产过程，就是进入他们各自平等、对等权利利益的实现过程。

其次，劳动关系的隶属性：劳动者隶属于生产资料所有者的用人单位。劳动者一旦签订劳动合同，进入劳动过程，劳动者就让渡了劳动力的使用权，就必须服从生产资料所有者，即用人单位的管理、支配。劳动者就成为被使用者、被支配者；用人单位就有使用、支配劳动者劳动力的权力、职能，进一步有享有通过使用、支配劳动力而产生的剩余的权利。劳动者有服从用人单位管理、支配、使用的义务。雇佣关系的典型特征是：工作岗位的许多具体细节是由雇主擅自决定的，也就是说，雇主拥有许多剩余控制权。在这一过程中，劳动者是弱者，存在着劳动力被滥支配、滥使用的可能性。

最后，劳动关系的实质是隶属性。劳动力市场双方主体所有物的不同决定了劳动关系具有建立时平等，建立后转为隶属关系的特点，劳动法律关系中的主体就从抽象的人转化为"穿西装"和"穿工作服"的具体的人，劳动法对主体的规定就"从抽象的法律人格向具体人"，"从法律人格的平等向不平等的人"，"从自由的立法者向法律的保护者转变"。马克思对这种雇佣劳动关系做了更深刻的分析。马克思认为，这种平等性仅仅存在于商品流通领域，进入工厂后，工人就隶属于雇主。一旦离开这个简单流通领域或商品交换领域，就会看到，我们的局中人的面貌已经发生了某些变化。原来的货币收有者成了资本家，昂首前行；劳动力所有者成了他的工人，尾随其后。一个笑容满面，雄心勃勃；一个战战兢兢，畏缩不前，像在市场上出卖了皮一样，只有一个前途——让人家来揉。①工人在资本家的监督下劳动，他的劳动属于资本家，工人的产品属于资本家。通过对资本再生产的进一步分析，马克思认为，流通领域中的这种平等性商品交换也只是假象。从再生产角度来看，经过几次再生产后，雇主在市场上与工人进行交换的资本，是前几次由工人创造出来的被雇主无偿获取的剩余价值的转换。也就是说，实际上是雇主拿了工人创造的价值再去购买工人的劳动力。由此，马克思得出结论，商品生产所有权规律转变为资本主义占有规律。这样一来，资本家和工人之间的交换个关系，仅仅成为属于流通过程的一种表面现象，成为一种与内容本身无关的并只能使它神秘化的形式。

我国学者罗长远（2008）也认为，劳动力大量进入市场和企业按照"边际产出价值"支付工资的竞争性劳动力供求关系，对劳动力市场供给形成正向冲击，这种冲击在短期内压低劳动者报酬份额。②

近些年来劳动力供需之间出现了有利于劳动者的迹象，但由于全球化条件下资本更易流动，资本流动增强降低了劳动者议价能力。在劳资议价博弈下，资本流动增强使资本可提出转移到国外生产的威胁，同资本相比，工人再配置的固定成本较大，从而增强资本在议价中的地位，利润对工资的比率会逐步提高。Jayadev（2007）认为，在控制了其他因素后，资本流动对劳动者报酬份额有直接的负向效应（低收入国家样本除外），并且这一负向效应会持续到中期，其原因在于开放改变了劳资间的议价能力，日益增加的资本流动提高了资本租金，这一发现为资本流动削弱了劳动者的议价能力，为劳动份额下降提供了有力支持。

---

①［德］卡尔·马克思：《资本论》（第1卷），人民出版社1975年版，第200页。
②罗长远：《卡尔多"特征事实"再思考：对劳动收入占比的分析》，《世界经济》2008年第1期，第94页。

二、工会难以发挥有效作用

在工人生活水平较低，劳动立法不够完善和资本对工人压榨剥削的情况下，工人为使自己权益不受侵犯，发展过程中逐渐建立起自己的组织——工会。工会的建立，确保了工人阶级力量的增强，也保证了劳动者能够同资本家进行公正合理的"集体谈判"①。工会通过"集体谈判"，有时借助于"三方协商"来维护工会会员的利益，在发达国家取得了较好的成效，工会通过"集体谈判"来维护自身权益的职能也得到了许多国家法律的认可。但由于我国国情的特殊性，过去在具体实践中，我国工会未能有效发挥其应有的职能，尤其是发挥维护劳动者基本权益的职能。在现实生活中，我们经常可以看到，一方面是统计出来的工会组织及其入会劳动者数量大量增加，集体谈判覆盖范围越来越广，另一方面却是劳资之间冲突的加剧，有的企业员工甚至成立自己的组织来同工会相抗衡，导致过去劳工运动不断发生。之所以出现这样的情况，原因如下：

一是过去我国工会组织缺乏应有的独立性、自主性和代表性。我国的工会组织是在党领导下建立起来的。中国法律和工会章程规定中的体制性特色：在明确代表性、维护劳动者权益的同时，又明确规定"共产党领导下"的性质和"双维护"（也维护社会、企业利益）的功能。《工会法》第

①劳资集体谈判（collective gargaining）是协调劳资关系各种方法的总和，集体谈判的主要内容包括工资和劳动条件等。在存在一方对另一方带来损害的情况下，集体谈判可调和劳资双方利益冲突。集体谈判是一种同经济过程紧密相连的政治形式，谈判各方的地位在很大程度上取决于相应的劳动力市场和产品市场状况，谈判结果对工资和劳动生产率会产生重大的影响。哈比森（Harbison，1951）强调了劳资集体谈判在解决劳资争议和在促进"工人的尊严、价值和个人自由"中所发挥的积极社会作用。大多数工业国公开宣称，坚持劳资集体谈判制度是民主社会的必要组成部分。

四条明确规定"坚持中国共产党的领导"。《工会法》第六条规定："维护职工合法权益是工会的基本职责。工会在维护全国人民总体利益的同时，代表和维护职工的合法权益。"该条款既明确规定维护职工合法权益，又规定了"双维护"。实质上，工会是党的体系内分工管理、协调职工群众的一个部门，工会的各级组织实质上就是各级党委的工会工作部。工会从劳动者的权益代表者组织这一定位逐步移动到中性的位置。中国基层工会具有的体制性特点决定了它是劳动关系运行机制中的协调者。中国基层工会具有四方面的体制性特点：其一，"组建"（set up）而非"组织"（organize）。基层工会是通过上级工会利用上级工会与政治的关系，与执政党、政府的关系，要求企业建立起来的。其二，"经费"（contribution）行政拨款。基层工会的经费是要求企业缴纳的，即企业工资总额的2%由企业行政直接拨款。其三，企业工会主席往往是党委副职、行政副职或中层管理人员兼任。他们的利益与广大工人的利益不一致，甚至相矛盾，特别是在利益分割上，往往是相对应的两方。其四，工会干部是企业的雇员，由企业决定是否成为工会干部。基层工会的干部都是企业的雇员，他（她）的一切工资福利等待遇都由企业行政掌握。这四个体制特点决定了基层工会与企业一体化，与工人、会员的关系较为疏远，决定了基层工会、基层工会干部难以完全成为劳动者代表，只能成为二者间的沟通、协调者。①

事实上，我国一直在探索工会的角色定位。中华人民共和国成立前后，大多数劳资纠纷由工会调解处理。工会往往站在工人与资本家之间或之上进行调解，并常常对工人的要求提出反对意见，这就使工人觉得工会没有代表他们的利益，使工会脱离了群众。针对这一现象，李立三指出：工会要代表工人利益与资方交涉，不要站在两个阶级之间来进行"调解"，

①徐小洪：《中国工会的双重角色》，《人文杂志》2010年第6期，第151—160页。

不要站在两个阶级之上做出"仲裁"。在谈判、协商、调解、仲裁中，工会只能代表工人利益，"调解、仲裁是劳动局的责任"；劳动局和工会的分工一定要明确，如不明确，工会就会脱离群众。[1]在20世纪80年代中后期，也试图从工会性质、与党关系角度，突破体制，突出工会代表性角色。当时的中共中央总书记赵紫阳就提出，"要真正使工人感到工会是他们自己的组织""工会要代表工人利益，替工人说话，使工人承认工会是自己的组织"，并认为"工会是社会主义国家中最重要的社会政治团体"。在中共十三大报告中，赵紫阳提出，工会、共青团、妇联等群众团体历来是党和政府联系工人阶级和人民群众的桥梁和纽带，在社会主义民主生活中具有重要作用。要理顺党和行政组织同群众团体的关系，使各种群众团体能够按照各自的特点独立自主地开展工作，能够在维护全国人民总体利益的同时，更好地表达和维护各自所代表的群众的具体利益。群众团体也要改革组织制度，转变活动方式，积极参与社会协商和工会章程的规定，真正独立自主地开展工作。20世纪90年代中后期，试图从工会的职能角度冲破现行体制，突出工会的代表性。当时全国总工会主席尉健行反复坚持强调"维护职工合法权益是工会的基本职责"，将"维护职工合法权益是工会的基本职责"贯彻于《工会法》的修改之中。但90年代后期至今，中国工会十五大确认，不再试图冲击现行体制，并将其作为中国特色而坚持，确立为"中国特色社会主义工会"。2008年，习近平在工会十五大祝词中说，"要在党和政府主导的维护职工权益机制中发挥工会的特点和优势"。

二是市场经济条件下工会组织应有的职能并没有得以有效确立。在计划经济条件下，企业、工会和劳动者尽管存在利益上的差别，但基本利益

---

[1]中国工运学院：《李立三赖若愚论工会》，档案出版社1987年版。

是一致的，再加上当时强调国家利益、集体利益和个人利益的统一，工会能够通过一些活动，将劳动者和企业利益统一起来。但随着市场经济体制的确立，国有集体企业纷纷改制、个体私营企业快速发展，劳动者和企业利益发生明显不一致，有时会形成一定的冲突。在这样的条件下，工会再过分强调合作，强调利益的统一，而不将维护工会会员利益作为根本，建立公开的、正常的协调途径和程序，劳动者就会以老乡等自发组织来维护自身权益，酿成群体性事件。罢工、堵塞公共交通、冲击党政机关等，可能都是他们的无奈选择。前些年，新修订的《工会法》已经将工会的首要职能明确为维护会员的合法权益，党和政府已经认识到这一点，并强调工会维护其会员权益的重要性。如果工会难以有效维护劳动者的基本权益，将会导致工人对工会组织及其定位提出质疑，他们自己组织起来来维护自身的权益。一些地方的劳动部门领导也认识到，如果工会、职工代表大会不能真正代表工人，不能真正维护工人权益，只是中介者、调解者，甚至是被资方所控制、操纵，那么，企业、资方完全可以充分利用法律、职工代表大会而制订、通过侵害劳动者权益的各项制度。如果"民主权利被坏人操作，结果更坏"。如果工会不能真正代表劳动者，那么，这种职工代表大会只能是被企业、资方利用、控制的职工代表大会，通过的决议反而不利于劳动者，这种职工代表大会还不如不开，如果开了，决议通过了，劳动部门更难为劳动者说话了。

三是企业工会组建中存在较多问题。工会职能定位不准确或其职能难以有效发挥，致使现实中的劳动者并不乐意参加工会。企业作为劳动者的对立方，工会组织的强大就是自己对立方的强大，自然也不乐意劳动者组织工会来同自己相抗衡。在这样的背景下，工会组建相当困难。在全国总工会要求组建工会，并进行考核的情况下，部分地方政府为完成组建考核任务，只有同企业主进行协商，先建立形式上的工会组织，组建的过程中为取得企业主的认可，有时只有以劳动者的经济利益损失作为代价。工会组建过程中的不正当行为，导致这样的工会即使成立，也很难维护其会员的基本权益，只会增加劳动者对工会的不信任。

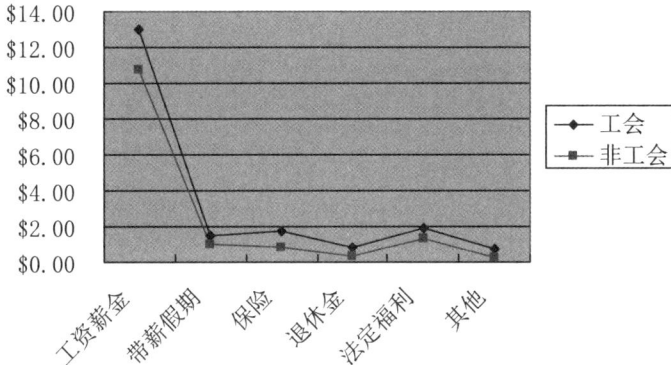

图5-1　工会成员和非工会成员劳动报酬差别

三、地方政府目标行为存在偏差

在发展过程中，地方政府为了寻求自身利益，会追求租金最大化，甚至会存在滥用自身所拥有的绝对权力，在行为上偏向于更强大的租金供给者。中国现有的税收体系和政绩考核体系，使地方政府面临较大的竞争压力，各地方政府为了获取更多的财政分成和更好的政绩，必须追求本地经济的更快增长。为实现上述目标，他们会争相出台吸引外资的超国民待遇政策，吸引FDI的激烈竞争导致出现"竞次均衡"状态：在激烈的竞争中，地方政府可能会意识到劳动力价格低廉的比较优势，劳动力成本低不但可以降低企业的运营成本，而且可以使企业在全球竞争中赢得优势，所以可以更容易吸引到外来企业。为将这种优势发挥到极致，地方政府会出台一些吸引外资的优惠政策，这些政策利于资本所有者，而不利于劳动者报酬的增加。当投资者的利益同劳动者利益发生冲突时，政府可能会偏向于投资者。地方司法机构作为强制实施力量，由于受到当地政府的干预，在劳动者权益受到损失时可能会显得无能为力，这样的情况导致拖欠劳动者工资的事例屡禁不止。过去，有的地方政府在履行自身职能的过程中，当劳动者和企业发生利益纠纷时向企业倾斜，对劳动者正当报酬关注不够，并且存在着一种现象：随着地方政府行政级别的下降，这种偏差在不断加强。这种现象的存在，致使租金直接提供者倾向于低估政府的强制实施力，并且由于作为第三方强制实施力量的司法机构的独立性较差，更加导致政府作为"第三方"的相对权力被低估，劳动者想借助于地方政府作为第三方实施的交易成本过高，这对社会的稳定带来极大的危害。现在，这样的现象已大大改善。

从上述影响因素可以看出，劳动者报酬份额变动是许多因素综合作用的结果，这些因素可能会使劳动者报酬份额变得更低，在一定条件下也可能会使劳动者报酬份额保持相对稳定或扩散。所以，研究劳动者报酬份额的关键在于：如何在不影响或尽可能少影响经济效率的前提下，确立合理的经济和社会政策体系和制度，使劳动者报酬份额保持在合理水平，以更好促进经济社会持续和谐发展。

第 六 章

合理调整我国劳动者报酬份额的对策

　　尽管目前社会上对政府干预经济存在不同的看法，有的认为即使政府对经济形势的判断比较正确，但调控过程到结果呈现会存在一定的时滞，最终的调控效果可能存在一定的不确定性；有的认为政府对经济的判断会出现偏差，偏差的判断会带来结果的南辕北辙；有的甚至认为，政府也是经济理性人，也存在自身的利益，在调控的过程中会使调控朝着有利于自身的方向发展，给社会带来极大的负效应。主流经济学家，大多反对初次分配中政府的干预，但他们并不否认政府在初次分配中的作用，包括劳动者权利的赋予，法律法规的制定和执行等。在初次分配中，政府也是一种生产要素的提供者。政府在初次分配中，获得生产税净额、财产性收入和其他虚拟收入。生产税净额是各部门向政府交纳的生产税与政府向各部门支付的生产补贴相抵后的差额，生产税是政府向各部门征收的有关生产、销售产品和从事经营活动以及因从事生产活动使用某些固定资产所征收的税金等。财产收入是提供土地等资产所获得的收入，虚拟收入是政府部门占用的固定资产折旧等。所以，笔者认为，我国是政府主导型的市场经济，不能撇开政府来谈市场经济。此外，转型期的特殊性也要求政府发挥有效作用。基于此，笔者拟从政府视角，来探讨合理调整我国劳动者报酬份额的对策。

第一节　发达国家政府对劳动者报酬份额的调整

一、美国政府对劳动者报酬份额的调整

美国可以说是世界上最成熟的市场经济国家，在初次分配领域，要素分配基本上由市场来决定，政府并不直接干预，但间接调控依然存在，政府主要是依法制定强制性公平劳动标准，确定最低工资，加强劳动执法监管，并对国有企业的工资进行管理。

美国的工资决定主要通过雇主和工会组织集体议价，政府只是规定最低工资。工资决定程序如下：根据劳动力再生产成本和劳动力市场供求状况形成劳动力价格，作为雇员工资的依据和基础，企业依据各类劳动力价格，自主决定雇员工资，劳资双方经过多次集体谈判最终确定双方都能接受的工资，并以契约形式加以确定。美国的工资谈判主要在企业层次，少数进行行业集体谈判，但行业集体谈判结果对企业劳资谈判具有较大影响，因为多数企业参照行业集体谈判结果来确定本企业的同类雇员工资。

美国政府设立专门的工资管理机构来负责处理工资调控和管理问题。美国劳工部设立有就业标准署的工资工时处和工资申诉委员会。就业标准署负责处理有关最低工资、超时工资和特殊劳动条件下津贴等政策法规的研究、制定和实施等，工资申诉委员会负责联邦建筑承包工程项目中有关

工资争议问题的仲裁处理；国家劳资关系委员会负责劳动争议仲裁处理事宜，涉及工资争议仲裁处理。通过涉及工资的法律和法规，并进行执法。例如，《国家劳资关系法》《公平劳动标准法》《最低工资法》等；对物价指数进行统计并发布信息，提供影响工资确定的信息；管理国有企业及国有部门的工资等。

应该看到，美国政府对劳动者报酬份额的干预，是在工人运动兴起的压力下形成的。20世纪30年代的工人运动和大萧条，对改善劳动者报酬状况有重要的影响，上面所提及的《国家劳资关系法》等确立了工人组织工会和进行集体谈判的权利，1934—1946年，劳动者参加工会的比例从12%上升到35%，工会的力量不断增强，提高了劳动者的议价能力。20世纪60年代的黑人运动，迫使政府出台了一系列反对就业歧视的法案，例如1963年的《同酬法》（Equal Pay Act of 1963）和1964年修订的《民权法案》（Cival Right Act of 1964），确立了劳动者的同工同酬原则。

二、英国政府对劳动者报酬份额的调整

英国政府在早期主要是通过劳工立法来对劳动者报酬进行干预，但早期立法主要偏向于资本所有者，例如，1799年和1800年的《联合法》就认为工会是非法组织，工人为改善工资福利以及就业条件的联合是非法的。随着工会运动的蓬勃发展，1824年《联合法》被废除，雇主阶层在工会的压力下被迫进行集体谈判，政府也被迫改善工人的工资福利，来缓解社会危机。目前的英国政府主要通过收入政策（Incomes Policy）来对劳动者报酬份额进行干预。在具体实践上，政府通过干预工资谈判，以控制工资膨胀。在英国，收入政策在1960年实施以来，从未间断过，英国的收入政策大致有三种形式，冻结、自动标准和法定标准。冻结期间停止履行一切工

资协议，所以，那些在冻结前刚实行工资协议的雇员和那些即将在冻结期间实施协议的雇员之间差别的现有格局可能被破坏。工资一旦冻结，将实施法定标准，硬性规定工资的增长幅度为零或较小的增长限额，只有在特殊的情况才可能超出法定标准。[①]

英国政府不断改进就业政策来促进就业，使劳动者获取较多的劳动报酬。1909年通过了《职业介绍所法》，将职业介绍纳入政府经营；1984年通过了《就业与培训法》，授予劳工部发布全国就业信息，对劳动年龄人口进行就业培训；1973年修订了《就业与培训法》，将接受就业培训和领取失业保险金联系起来。政府还通过制定和出台众多的鼓励中小企业发展的法案，促进中小企业发展，带动就业。

三、德国政府对劳动者报酬份额的调整

德国的工资决定主要是劳资自治。劳资双方通过协商来决定工资水平、工作时间和工作条件等等，由雇员和雇主自由谈判签订。政府主要是间接调控：一是利用经济法律调控。在每年年初，政府都要发布年度经济报告，包括经济增长速度、劳动生产率和CPI指数情况等；对上一年度的工资政策运行情况进行评价，对本年度的工资政策给以引导，供劳资双方谈判时参考。二是政府作为雇主参与工资的确定。在某些行业，政府作为雇主来协商工资，尤其政府是特殊的雇主，这样的谈判结果对各行业影响都很大。三是政府、工会和雇主协会三方形成一定的相互制约。这种制约关系体现了工资与经济发展、劳动生产率、物价和劳动就业之间的制约关

[①]［英］戴维·W.皮尔斯：《现代经济学词典》，宋承先等译，上海译文出版社1988年版，第275—276页。

系，以实现工资会随着经济发展、劳动生产率提高和物价上涨而得以提高，同时工资的增加又不会超过经济增长和劳动生产率提高的速度。

此外，德国政府比较注重劳动者起点的公平。德国在1619年就发布了《义务教育规定》，1763年颁布了《普通义务教育法》，1971年颁布了《联邦教育促进法》，为公民享受平等的教育提供了法律支撑，同时为经济比较困难的学生提供助学金，这不仅提高了劳动者的素质，而且使民众具有平等的观念。

四、日本政府对劳动者报酬份额的调整

日本强调政府以国民生活富裕为出发点来使民众共享发展成果。1959年，池田勇人首次提出"月薪增加一倍"的主张，强调政府在经济发展中进行合理定位，一切以国民生活富裕为出发点，选择合适的政策，尤其是要扶持在社会经济发展中处于弱势的一般社会成员和处于权势边缘的大众，充分有效运用国内的设备和劳动力，在今后5—10年内，月薪提高一倍或两倍。政策的最终实施，也取得了预期的成效。

对"春斗"加以协调，保障其顺利开展。日本的工资决定主要取决于劳资双方供求关系，但在劳资双方力量对比中，劳动需求方的决定作用比较重要。需求方决定工资的主要依据是支付能力和市场工资，这样既保证了需求方把工资建立在经营成果的基础上，又要根据劳动力市场的变化灵活确定工资，比较明显的是控制"春斗"行市。1955年开始的春季工资斗争，是日本工人通过统一行动来维护其经济利益的重要手段，对提高工资具有重要作用。

以民富优先为目标，牢固确立"为民"理念

　　我国的经济体制是政府主导型的，政府在经济社会发展过程中发挥重要的作用，政府的理念至关重要。在社会主义国家，政府的最终目的就是为了民众，即"为民"。近些年来，无论是中央政府，还是地方政府，在"为民"方面做出的成绩比较明显，如城乡统筹水平较高、民富等等，但也存在不足之处，劳动者报酬份额总体偏低，并且处于低水平稳定，甚至有所下降，部分原因就来自于政府目标行为偏差。为此，中央提出到2020年全面建成小康社会，并将其作为"两个一百年"奋斗目标的第一个百年奋斗目标。党的十九届四中全会又明确提出，要"坚决打赢脱贫攻坚战，巩固脱贫攻坚成果，建立解决相对贫困的长效机制"。2020年现行标准下的贫困人口将全部脱贫、贫困县将全部摘帽，这标志着我国将彻底消除绝对贫困。建立解决相对贫困的长效机制，依赖于劳动者报酬的提高，依赖于劳动者报酬份额的提升。

　　第一，在保持合理劳动者报酬份额方面，政府应牢固确立"为民"理念。"为民"就应当使民众共享经济社会发展的成果，但劳动者报酬份额持续走低，劳动者报酬增长长期低于企业利润率增长，尤其是劳动者报酬增长低于其劳动者生产率增长的状况很难使我们能够得出民众共享发展成果的结论。各级政府要真正认识到，在即将实现第一个百年奋斗目标，并

朝向第二个百年奋斗目标的过程中，中国共产党的政策方针越来越指向让人民群众拥有更多获得感、幸福感、安全感，实现人民对美好生活的向往。习近平同志多次强调："全面建成小康社会，一个也不能少；共同富裕路上，一个也不能掉队。"这就是明确的信号。作为各级政府，应深刻认识到自己的权力来自于人民，自己是人民的公仆，而不是主人，将人民对自己是否满意作为执政成效的判断标准。

第二，政府应保持目标行为公正。发展中应避免并消解政府同资方形成的利益联盟，政府应当扶持弱者，在初次分配中应承担应有的法律、规则制定和实施，劳资双方行为主体培育，充分发挥党和政府对工会和雇主组织的领导，使雇佣双方共赢，确保"劳资政"三方有效协商，避免在初次分配中陷入过深，真正转向科学发展。

第三，应确立目标行为公正的具体实施手段。在具体实施过程中，各地政府应确立具体的实施手段。例如，确立合理的最低工资标准。根据刘植荣《世界工资研究报告》，可用三个指标来衡量最低工资：最低工资与人均GDP的比率、最低工资与平均工资的比率和最低工资的增长率，来分别衡量劳动力价值、分配的公平和政府对低收入群体的关注情况。通过对世界183个国家和地区的研究，其结论为：最低工资与人均GDP的比率为58%，最低工资是平均工资的50%。而我国最低工资与人均GDP的比率为25%，最低工资是平均工资的21%，都明显偏低。建议地方政府可借鉴此标准来确定我国的最低工资标准。事实上，我国的一些地方政府也在采取措施。根据2011年12月30日的《人民日报》，在就业数量持续增加的同时，全国有24个省份在年内上调了最低工资标准，平均增幅22%。全国27个省份发布了2011年度工资增长指导线，增长基准线多在14%以上。劳动监察部门为129.2万名农民工补发被拖欠工资及赔偿金29.4亿元。最近几年，全国的最低工资标准在不断调整，增加幅度也较快，截至2019年11

月份，上海、北京、广东、天津、江苏、浙江6省市的月最低工资标准超过2000元。但与当地的经济社会发展状况相比，最低工资标准依然较低，按照马克思的理论分析，这样的工资也仅能够维持劳动者的基本生存。最低工资合理标准的制定、政策的落实，对劳动者弱势群体的保障，仍然有较大的提升空间。

第四，应实施劳动者报酬增加同劳动生产率提高相适应。劳动者报酬是劳动生产率的体现，以劳动生产率为基础确定劳动者报酬是劳动者按贡献分配这一经济学原理在实践中的具体运用。从理论上讲，劳动者报酬增长应同劳动生产率提高相适应。但在研究劳动者报酬份额长期变动趋势时，这一原理的应用需以基期劳动者报酬合理为基础。纵观我国的经济发展历程，这一基础并不存在。中华人民共和国成立到改革开放之前这一时期，经济上采用"赶超战略"。为实现赶超，实行高积累、低工资和低消费的政策，这一分配总体上是扭曲的。改革开放后，我们的分配政策有所调整，但整体成效并不明显，在许多时期劳动者报酬仍然较低，劳动者报酬份额仍处于较低水平。这就说明，我国基期的劳动者报酬并不合理，在探讨劳动者报酬的增加或减少时，既要考虑劳动生产率的变动，又要考虑劳动者报酬基期的合理性。有一种观点认为，劳动者报酬增加会降低劳动力成本优势。笔者认为，这种观点是值得商榷的，这一观点只是将劳动力成本同劳动者报酬的增加相联系，而忽略了影响劳动力成本的劳动生产率的变动。在劳动生产率增加快于劳动力成本增加幅度的情况下，劳动者报酬的增加并不会导致劳动力成本优势的降低。都阳等（2009）认为，劳动力成本是雇佣单位对劳动力支付的报酬与劳动力所做贡献之间的比较关系，是相对的而非绝对的，在确定劳动力成本优势时，应考虑劳动报酬和劳动生产率之间的相对关系。他们通过对我国2000—2007年规模以上制造业的研究，认为尽管劳动报酬经历了快速增长，但由于劳动生产率的更快增长，劳动力成本优势并没有消失。[1]事实上，在发达资本主义国家，劳动生产率低于实际工资（根据通货膨胀调整后的工资）增长率的现象也长期存在，但两者之间相差并不很大。曼昆分析美国1959—2009年的数据后认为，从1959年到2009年，以每小时产量衡量的生产率每年增长2.1%左右，实际工资增长则以每年1.9%的速度增长。进一步细分，1959—1973年，生产率增长率为2.8%，实际工资工资增长率为2.8%；1974—1995年，生产率增长为1.4%，实际工资增长率为1.2%；1996—2009年，生产率增长率为2.6%，实际工资增长率为2.3%。作为社会主义国家，我国全面小康社会即将全面建成，更应该将劳动生产率的提高和劳动者报酬增长协调起来，确保二者之间的同步增长。

---

[1]都阳、曲玥：《劳动报酬、劳动生产率与劳动力成本优势——对2000—2007年中国制造业企业的经验研究》，《中国工业经济》2009年第5期，第25—35页。

第三节 ## 以创业带动就业为手段，推进经济快速发展

　　尽管市场经济发展初期，劳动者报酬份额一般会趋于下降，但增加劳动者报酬份额的最终解决之道还是应靠市场经济的发展。劳动者报酬份额的增加源于两种渠道：一是增加就业提高劳动者报酬，二是使已就业者的报酬增加。市场经济的进一步发展可以使二者兼得。在我国市场经济发展过程中，报酬较低的劳动者主要集中于民营经济，并且新增就业主要集中于民营企业。促进市场经济的发展，某种程度上就是促进民营经济发展。

　　目前，民营经济在发展过程中遇到了较多困难，尤其是疫情带来的靠民营企业自身难以克服的困难。例如，企业复产复工中的物资和人员流动、产业链断裂、融资难，较多的中小企业甚至面临倒逼的风险等。政府应针对这些实际问题，出台并形成系统的措施，综合扶持民营经济发展。一是应主动调整和完善政策、规则和制度。政府应贯彻落实市场准入、降低创业门槛、简化审批程序、放宽出口许可和改进政府服务等方面的承诺，营造民营经济继续成长壮大的氛围。二是着力解决民营企业目前发展所面临的融资难问题。当前中小企业在发展过程中遇到的融资难问题比较突出，一些企业甚至因此而停产或倒闭。政府应加快对中小企业融资体制、机制改革，要进一步加大商业银行的服务创新，加快发展村镇、社区银行，进一步发展信用担保机构和小额贷款公司，大力发展风险投资公

司，利用好丰富的民间金融，出台措施使民间金融良性发展，对当前一些企业偏离主业的发展理念进行正确引导，规范企业在使用借贷资金方面的不良行为等。三是加大民营企业税费减免力度。尽管中央在十七大报告中已经提出要"提高两个比重"，"十二五"规划建议也提出了"两个同步"，但中央并没有明确如何提高。提高"两个比重"，关键还是提高劳动报酬的比重，因为，提高居民收入在国民收入中的比重，是以提高劳动报酬的比重为基础。国民收入包括劳动报酬、企业盈余和生产税净额。在国民收入总量一定的情况下，若劳动报酬比重提高，其他两项的比重应该下降。应该看到，政府对民营企业进行减税，只是为劳动者报酬的提高创造了条件，最终减掉的税额能否合理转化成劳动者报酬还取决一定的条件，例如劳资间的力量对比及其博弈。但应当明确的是，只要政府目标行为公正，最低工资标准等一些法律得以有效实施，减掉的税一定会有一部分转化为劳动者报酬，劳动收入在初次分配中的比重一定提高，国民收入分配也必将逐步向居民个人倾斜。

劳动者就业是获取劳动报酬的基础，要想提高劳动者报酬份额，必须增加劳动者就业。在2012年2月20日中共中央政治局第三十二次集体学习会上，胡锦涛强调实施更加积极的就业政策，把促进就业放在经济社会发展的优先位置，努力实现社会就业更加充分。在整个"十三五"期间，就业总量压力会持续加大，就业结构性矛盾会更加突出。要继续贯彻劳动者自主择业、市场调节就业、政府促进就业的方针，切实落实就业优先战略。在最近几年，一些发达区域所实行的创业带动就业措施不断取得好的成效，可在全国继续推广实施。为推进这项工作的进展，可在以下方面有所突破。

一要继续引导民众创业，以创业带动就业。继续通过政策引导、扶持，在经济发展环境较好，非公有制经济发展较快的区域开展创业村、创业镇、创业型城市建设。部分地方政府把"创业带动就业"作为经济的主要工作，同工作人员签订所需要完成的目标责任书，落实领导干部责任，等等，尽管存在一定的争议，但确实能够使创业工程落到实处。

二要彻底破除阻碍劳动力合理流动的制度，破除以户籍制度为核心的一系列制度性障碍。现在，稳步提高农民收入是提高劳动者报酬，进而提高劳动者报酬份额的关键。农民报酬提高可来自于务农收入，但更重要的可能要来自于非农劳动收入，而这主要靠农村剩余劳动力的转移。有些城市已经不再区分城乡人口，都改为常住人口，但同户籍制度相联系的一系列政策并没有改变。流动劳动力在就业、工资待遇、社会保障、子女教育和住房政策等方面，都同本地的城镇人口仍存在一定的差别，这不但增加了他们的生活成本，而且给他们的心理带来一定的负向影响，使他们很难融入工作地。当然随着我国劳动力供给总量的逐渐趋紧，各地在经济增长的推动下，会遇到劳动力需求不足，政府为缓解这一状况会逐渐改变政策，使外来的劳动力同本地的居民从本质上具有同等的待遇，但与其被动应对，不如事先谋划。通过事先主动应对，不但可缓解地方上的就业需求吃紧，又同宏观经济政策的调控相一致，也可使劳动者通过就业增加劳动报酬。

三要有效实施劳动力素质提升工程。现在，一些务工人员由于其素质较低，仍然过着"哪儿赚钱哪儿花，一年到头没钱寄回家"的生活，就是这样的生活有时还被强制要求加班加点。根据2010年农民工调查报告：2010年，农民工中文盲占1.3%，小学学历占12.3%，初中学历占61.2%，高中学历占15%，中专及以上学历占10.2%；有52.4%的外出农民工没有接受过任何形式的技能培训，低教育程度的农民工接受培训的机会更少；农民工中每周工作时间超过《劳动法》规定的44小时的占90.7%。通过建立促进劳动力就业的机制，深化劳动力素质培训和实用人才培训；通过农民学院、社区学院等逐步完善多层次、多元化的教育培训网络，提升劳动者素质，促进其顺利就业和提升其议价能力。

近年来，国家对农民工职业技能培训越来越重视，相继出台了一系列政策措施。然而，在一些地方的实际操作中，还是存在政策走了样、变了形甚至落了空的现象。要继续贯彻落实中央的职业教育有关精神，加大对劳动者的职业教育和技能培训。2014年，国务院印发《关于加快发展现代职业教育的决定》。2015年，国务院发布办公厅印发《关于支持农民工等人员返乡创业的意见》，提出，到2020年，农村劳动力转移就业总量稳步增加，每年开展农民工职业技能培训8万人次，有培训愿望的农民工普遍接受基本职业技能培训；鼓励和支持农民工返乡创业就业；并且有序推进有条件有意愿的农民工市民化。近几年，国家对职业教育高度重视，2019年的两会提出，要改革完善高职院校考试招生办法，鼓励更多应届高中毕业生和退役军人、下岗职工、农民工等报考，要大规模扩招100万人。扩大高职院校奖助学金覆盖面、提高补助标准，加快学历证书和职业技能等级证书互通衔接。改革高职院校办学体制，提高办学质量。中央财政大幅增加对高职院校的投入，地方财政也要加强支持。设立中等职业教育国家奖学金。支持企业和社会力量兴办职业教育等。政府部门需要加强统筹管理，发挥主导作用。政府在农民工技能培训中既是规划者、管理者，又是执行者、分配者。相关部门应转变管理职能，从"划桨"转向"掌舵"，加强宏观管理，要根据地区发展需求制订规划、完善政策、建立标准，并根据区域经济发展趋势、就业需求预测和农民工状况，制订当地农民工职业培训计划；要打破部门和职业学校的界限，形成有效的培训体系，提高培训资源和资金的使用效率。特别是要发挥供求机制、竞争机制、效益机制等市场机制作用，让社会力量参与，增加教育公共服务供给。职业院校作为培训主阵地，须创新模式，改进教学方法，提高培训实效。职业院校要面向市场办学，提供多样、实用的培训"菜单"，强化校企合作，产教融合，加大实践教学比例，做到教、学、做合一。提升职业教育培养方式的产业融合性，一方面，职业院校仍需坚持校企合作、工学结合的发展思路，通过与行业领军企业共建研发中心、实验实训平台等方式来提升院校职业教育的社会适应性；另一方面，大型企业集团、特色企业或行业协会需成为"现代学徒制"建设主体，通过对接职工教育、在岗培训和顶岗实习等方式提升职业教育的产业适应性。应引导企业逐渐成长为培训主体。企业作为用工主体，应把农民工纳入职工教育培训计划，确保农民工享受和其他在岗职工同等的培训待遇。政府可通过补贴、奖励等方式，支持鼓励大型企业有组织地开展职业技能培训，重点加强农民工岗前培训、在岗技能提升培训和转岗培训。

四要做好劳动力就业服务工作。完善平台建设：人力资源和社会保障部首次公布各地用工需求，减少信息不对称，降低劳动者搜寻工作的成本，就是一项很好的举措。健全完善免费就业服务制度：有关部门应落实对所有登记失业人员、下岗职工、失地无业农民和农村进城务工人员提供免费职业介绍，对其中的城镇就业转失业人员、下岗职工和失地无业农民提供免费再就业培训的政策，保证他们应享受的免费就业服务权利。将公共就业服务资金足额列入政府财政预算并尽快形成制度性安排，使免费就业服务的经费补贴有稳定的资金来源，还要不断加大失业保险基金对公共就业服务工作的支持力度。调动社会力量促进就业服务社会化：整合就业服务资源，建立以公共就业服务机构为主导，其他部门和社会就业服务组织共同发展的社会化就业服务体系，推动就业服务工作在全社会普及提高，建设统一、开放、公平、诚信的劳动力市场。

第四节 以结构调整为主线，促使产业结构高度化

在市场经济发展中，产业结构演变具有一定的规律：农业（含林业、渔业和狩猎业的大农业）的份额与人均产值成反比例，工业部门（含采矿业、制造业、电力、煤气、水、建筑、运输和通讯）的份额与人均产值成正比例，服务业（含商业和银行业等）的份额与人均产值成正比例；农业部门劳动力份额一般高于农业部门产值份额，工业和服务业部门劳动力份额明显低于其产值份额；在从人均产值低的国家向人均产值高的国家转变的过程中，农业部门劳动力份额的下降与其产值份额的下降一样显著；等等。我国在市场经济完善过程中，产业结构演变也应当遵循这些规律，劳动力就业人口和增加值在第一产业会降低，但在第二和第三产业会增加。

我国目前时期的第二产业产值比重高，甚至是持续多年的过高，一是经济发展规律使然，另一个重要的原因就是我国经济发展方式的政府主导。政府可以通过采取一系列的强有力政策措施，使得第二产业在短时期内得以快速发展，形成更大的地区生产总值，但由于多方面的原因，我国第二产业劳动者报酬份额明显偏低。通过对我国劳动者报酬份额在各产业变动情况的分析，可以看出，我国第一产业中劳动者报酬份额较高，而第二和第三产业劳动者报酬份额偏低，尤其是第二产业更低。按照发展规律，农业产值和就业人口会进一步下降，而非农产业的产值和就业人口会

进一步上升，农业产值和就业人口下降所导致的劳动者报酬下降不可避免，但我国可以通过第二、三产业的快速发展，尤其是第三产业的快速发展来提高非农产业的劳动者报酬份额，不致使非农产业的劳动者报酬份额处于较低的水平，从而提高我国劳动者报酬份额的总体水平。

发展第三产业，尤其是那些对就业拥有较强吸纳能力，并且工资水平能够较稳定地处于中等位置及以上的部门。服务业同一般产业相比，具有较强的就业吸纳能力，而劳动力只有通过就业才能获得劳动报酬。就业吸纳能力通常可以从就业结构和就业弹性来衡量，就业结构就是上面所论及的各部门就业人口在总就业人口中占的比值，就业弹性则是产业增加值变动1个百分点所导致的该产业就业增加的百分比。根据《中国统计年鉴》数据：1978—2009年，农业转移出来的劳动力有2/3以上流向了服务业，第三产业就业比重从12.2%稳步提高至34.1%，年均上升0.71个百分点，符合经济发展提高过程中的一般规律；在此期间的总就业弹性为0.05个百分点，第三产业的就业弹性为0.18，显著高于总就业弹性。按照5年期计算的三次产业就业弹性，第三产业均为正值，并且均值较高、离散系数较低，能稳定吸纳就业；第二产业多次出现就业弹性为负的情况，离散系数较高，对就业吸纳不甚稳定，有时甚至呈现出有增长无就业的状况。[1]

尽管第三产业从总体上能够吸纳较多的就业，并且就业弹性较大，但第三产业内部各部门吸纳就业能力和就业弹性也是有差别的，并且各部门劳动者报酬份额也是存在差别的。从提高劳动者报酬份额的视角来看，应大力发展那些吸纳就业能力更强，就业弹性更大，劳动者报酬份额更高的第三产业。在目前的发展水平下，在第三产业的分类标准中，交通运输、

---

① 顾严：《论发展"均等促进型"服务行业的意义——产业视角下理顺收入分配格局的思路》，《中国经贸导刊》2011年第22期，第13页。

仓储和邮政业，房地产业，租赁和商务服务业，教育，卫生、社会保障和社会福利业，公共管理和社会组织比较符合这些条件，尤其是"卫生、社会保障和社会福利业"在该方面的作用十分明显。所以，当前要大力发展这些第三产业。

对于这些产业的发展，尤其是这些产业中的民营经济发展，首先应营造好的发展环境。本来在市场经济条件下，各经济主体只要符合一定的条件，都可平等竞争，但实际运行中还存在对民营经济发展的歧视，一些行业，甚至包括竞争性行业也难以进入。其次，应出台合理政策并确保贯彻执行。对于民营经济在这些领域的发展，党和政府已经出台了较多的政策，例如进入壁垒的破除，政策扶持等，但实施起来进入壁垒破除不了，扶持政策难以有效落实。第三，应拓宽第三产业的发展空间。通过深化国有企业改革，使国有企业从竞争性领域中逐步退出，进一步推进国企改革的"主辅分离"，降低企业的运行成本，将企业原先承担的一些服务外部化、市场化和社会化，为民营经济在这些领域的发展创造条件，增加就业和提高劳动报酬及其份额。

第五节 **以形成规范的供需主体组织行为为基础，培育劳资双方力量均衡**

　　劳动力供给主体与需求主体规范组织行为的缺乏，难以形成真正的集体协商机制。在劳资双方力量失衡的情况下，劳动报酬和资本收益都不甚合理。从经济学上的工资理论发展来看，古典经济学的"生存工资理论"，尤其是马克思的工资由劳动力价值决定的理论，为劳动者报酬提供了下限，新古典经济学的"边际生产力理论"，即劳动者所应当获取的报酬应同其贡献相一致，为劳动者报酬提供了上限。我国学者樊纲（1990）在此基础上，提出了确立工资或利润上下限观点，认为马克思提出的工资由劳动力基本生活资料价值决定的理论，为劳动者工资确定了下限（利润的上限），边际生产力理论为劳动者工资确定了上限（利润的下限），而工资和利润占国民收入的实际份额，将取决于工人与生产资料所有者的利益矛盾及矛盾双方力量的对比。[①]一些研究者，例如希克斯提出了劳动标准，认为把工资的决定和通货膨胀看作仅仅是供给和需求相互作用的观点已经毫无意义，相反，工资应该被更确切地理解为社会的和（极为广泛的）经济

---

①樊纲：《现代三大经济理论体系的比较与综合》，上海三联书店、上海人民出版社1990年版。

的力量相互作用的产物。①目前的劳动者弱势，很难使劳动者获取合理的报酬、获取充分的就业，也很难使劳动者报酬份额增加。

市场经济初期，劳动契约的形成都是单个雇员同单个雇主相互协商，劳动力市场行为基本都是个人行为。由于雇主拥有生产资料，雇员供给充分，雇员通常为获取工作而相互竞争，雇主一般会压低工资和雇员所获取的其他福利待遇。市场经济发展到高级阶段，逐渐形成了工会和雇主组织，他们通过集体协商谈判来确定劳动报酬等。马克思认为，工会的直接任务仅仅是适应日常的需要，力图阻止资本的不断进攻，一句话，仅仅是解决工资和劳动时间的问题。工会的这种活动不仅是合法的，而且是必要的。只要还存在现代生产方式，就不能没有这种活动。②工会和雇主组织的形成，使他们的活动具有组织行为。不但企业或行业的劳动报酬等由集体谈判来确定，而且国家的有关劳工立法也要通过政府、最有代表性的工会组织和雇主组织进行协商，个人行为受到了组织行为的制约。从劳动力供给方分析：工会有组织的行为制约了单个雇员相互间的竞争，通过限制劳动力供给，达到提高劳动报酬和改善劳动条件；从劳动力需求方分析，雇主组织的集体行为也制约了个别企业过分压低工资追求利润的动机，有时通过集体力量来获取共同利益。雇佣双方的组织行为也可进一步规范企业内部的生产过程。在通常情况下，政府一般不干预发生在企业内部的争议，但由于这些组织行为的规范，可以较好解决这些问题。纵观市场经济发展历程，劳动力市场双方组织行为的确立，是劳动力市场有序运行的必备条件，而我国劳动力市场组织行为的确立并不规范，代表雇主利益的组织不规范，代表雇员利益的工会组织也不规范，尤其是工会组织不规范，

---

① [英] 戴维·W.皮尔斯：《现代经济学词典》，宋承先等译，上海译文出版社1988年版，第332—333页。
② 马克思恩格斯全集（第1版第16卷），人民出版社1964年版，第219页。

劳资双方力量失衡，劳方处于劣势。

政府应认识到劳动者报酬的不合理会影响到劳资关系的稳定。现在有一些学者认为，经济的全球化导致劳工运动的消亡。由于制造业在相对低收入国家的迅猛发展，引发了世界范围内工人之间的激烈竞争，从而导致工人力量和福利状况的残酷的持续的恶化，工人之间的竞争达到了"竞争到底"的状况。实际上，在经济社会的发展过程中，资本转移到哪里，劳动者和资本之间的冲突很快就会跟到哪里。个别学者甚至预测，在制造业迅速扩展的地方将出现强大的新的劳工运动，尤其是在中国。使用节约劳动力的技术倾向于减少对劳动力数量的总体需求，从而削弱了工人在劳动力市场中的谈判力量。但也要看到，这一趋势也增强了工人工作场所的谈判力量，因为使用昂贵的机器增加了生产中的任何破坏行为给资本所带来的损失，包括那些由罢工或怠工所造成的损失。有研究者认为，工人力量的源泉来自于组织力量和结构力量。组织力量是由于工人集体组织的形成而产生的各种形式的力量，其中最重要的是工会或政党；结构力量是由工人在经济系统中所处的位置所产生的，结构力量又分为市场谈判力量和工作场所谈判力量。市场谈判力量来自于紧张的劳动力市场的力量，工人的市场谈判力量可以表现为以下几种形式：一是工人拥有雇主所需的稀缺技能；二是总体失业率较低；三是工人具有完全退出劳动力市场并依靠非工资性收入生存下去的能力。工作场所的力量来源于关键性部门工作的特定工人人群的战略性地位，这一力量紧密嵌入到生产过程中的工人具有工作场所的谈判力量，即某一个关键节点的工人的停工，能够造成远比这一局部停工本身更为广泛深远的破坏性影响。在劳动力供需出现有利于劳动者的情况下，我国劳动者的市场谈判力量在增强，随着技术的进步，他们的工作场所谈判力量也会增长，总体而言，他们的结构性力量会增长。政府应顺应这一变化，为劳动者提供适当的组织力量。

　　为此，政策方向应朝着形成规范的雇佣双方组织行为，努力使劳资双方力量均衡，保护劳动者合法的劳动成果，中国劳动问题的实质就是如何保障劳动者的权益问题①。

　　一是应建立代表自身利益的工会组织。现有的工会组织仍然具有很强的计划色彩，并不是市场经济条件下真正意义上的工会组织。真正意义上的工会组织，应该具有独立性、主体性和广泛的代表性，应该具有自己的内部政策、目标、干部、活动和财政，不轻易受政府尤其是企业主的支配，能够真正代表工会会员的利益。在工会干部构成、经费来源不能独立于企业之外的情况下，工会具有一定的依附性，不能以平等的地位来同资方进行博弈，其独立性和主体性会受到不利影响，最明显的就是在工会会员权益受到侵犯时，工会组织难以有效发挥作用。构建代表自身利益的工会组织，首先要使雇员相信工会组织能够维护会员的权益。由于现存的工会组织存在诸多的问题，特别是在履行其基本职能，即维护雇员基本权益方面难以发挥有效作用，雇员对工会组织存在不信任，对加不加入工会存在无所谓倾向，有的加入"老乡会"，甚至一些具有黑社会性质的组织，也不愿意加入工会组织。政府可借助古代的"徙木立信"，解决雇员对工会组织的信任危机，尤其是应使民营企业的雇员认识到工会是能够真正代表自身利益的组织。其次，创造条件使工会会员推举出代表自己利益的工会干部。在选举工会干部时，要进行广泛宣传，使工会会员积极参与，依照广大工会会员的意愿，选出能真正代表自己利益的代表。一些地方所探索的"嵌入式"的工会干部职业化实践，虽然具有一定的理论和实践意义，尤其是在确立工会干部的独立性和专业性方面，但这种"科层制"的组织机构，并不是在工会会员推举的基础上产生的，缺乏代表性，将代表

---

①常凯：《当代中国劳资关系研究丛书》，中国劳动出版社2004年版。

性和独立性割裂开来，同时，"嵌入式"的工会干部在某种程度上也强化了对政府的行政隶属，存在不可克服的委托代理问题，从长久来看，缺乏生命力。第三，要使选出的工会干部独立于企业之外。工会组织不再依附于企业，选出的工会干部也不再依附于企业领导，在隶属上可接受上级工会组织的领导，其工资薪水和福利等也可通过上级工会组织来进行发放。为保持中国工会的特色，将工会组织纳入党的领导下，可采用工会会员差额选出工会干部，上级工会组织和政府通过对这些选出的工会干部进行考核，最终确立工会干部人选。这样，既保证了工会干部的代表性和独立性，又保证了工会不会脱离于党领导之外。

二是应建立通过集体谈判进行工资集体协商获取合理工资的机制。工会最主要的职能就是通过集体谈判，平衡劳资力量，使劳动者得到合理的权益。当企业主面对的是一个组织，而不是单个劳动者时，企业主对劳动者的损害就会受到抑制。正如璧翠思·波特尔给集体谈判所下的定义："雇主不是面对雇佣劳动者个体并与之订立劳动合同，而是面对集体的意志、决定，订立统一的劳动合同，合同订立的原则建立在当时条件下的雇佣劳动者的群体抉择。"①纵观发达国家的集体谈判进程，可以看出，集体谈判是在劳资双方不断争斗、不断妥协来获取自身利益诉求的长期过程中逐渐完善的。也就是说，劳资双方都需要借助于集体谈判这一机制和制度来协调双方的利益。而我国工会的独立性缺失，导致实质意义上的集体谈判很难进行，这也使得我国的集体谈判很多都是由政府来推动，具有鲜明的中国特色。这种集体谈判主要是由政府主导的，是由官办工会发起的自上而下的谈判。目前，许多地方所创立的"党委领导、政府主导、工会牵

---

①转引自陈恕祥、杨培雷：《西方发达国家劳资关系研究》，武汉大学出版社1998年版，第191页。

头、部门协作和企业主体"的工会运作思路就是很好的体现。Clarke 等人（2004）认为，中国的集体谈判是一个官僚化过程，这一过程通过地方党政部门来推动，并不是劳资双方主体的主动行为。[①]在推进集体谈判的过程中，政府采用计划的手段，例如，通过下发文件，分配指标，并且要求限期完成等，而工会会员很少参与。我们可以看到，一方面，工会会员的参与数、参与率和集体谈判所覆盖的范围都在不断增加，但另一方面，劳资双方的争议也在不断加剧，这也从一个侧面反映了我国缺少真正意义上的集体谈判。为此，首先要完善集体谈判的运作机制。从集体谈判的演变完善过程可以看出，真正的集体谈判是劳资双方通过平等协商，来实现帕累托改进的过程。所以，我国的集体谈判应回归本位，尤其是政府要回归本位，应逐步从以前的党委领导和政府主导回归到劳资双方的协商自治。在谈判的制度探索上，要以确立劳资双方的主体地位为前提，疏通劳资双方的利益表达通道，使劳资双方的利益诉求都能得以真实客观的表达，并逐步得以实现。其次，要形成使集体谈判得以顺利实施的约束机制。集体谈判的过程不但需要约束，其谈判成果的贯彻落实更需要约束，尤其是涉及劳动者基本权益的劳动报酬和劳动条件等，有关政府部门要严格执法。最后，针对目前劳资双方行为主体难以真正确立，政府在保持目标行为公正的前提下，可介入区域性或行业性工资集体协商。一些区域在几年前已经全面推行政府主导的工资集体协商制度，来规范企业工资分配行为，取得了较好成效。现在，政府要继续加强对该项工作的组织领导，及时提供合理的市场工资指导价，发布科学的工资指导线，企业根据这些信息并结合自身实际，确定工资指导线，与劳动者进行协商以确定合理的工资标

---

① Simon Clarke，Chang-Hee Lee，Qi Li. Collective Consultation and Industrial Relations in China. British Journal of Industrial Relations，2004（6），p.236.

准，并加以落实，政府对违法行为给予处罚。

三是构建有效的"三方协商"，将协商成果进行拓展。"三方协商"主要是工人、雇主和政府通过自愿的互动和对话，致力于劳动标准的发展完善和劳工权益保护的一种机制。[1]"三方协商"的实质是政府与劳资双方的代表性组织形成的一种对话沟通机制，这种机制是以社会伙伴关系为纽带、以共同利益为基础，用公平、公正原则来协调劳资关系的，其运作层面主要为产业，在产业层面来规范劳动力市场及劳动关系。在我国称为"三方协调机制"，但一些国外的研究者认为，中国的"三方协商机制"是在国际组织（国际劳工组织和世界贸易组织等）的压力下形成的，与发达国家的"三方协商机制"有很大的差别。这主要体现在：协商中政府的主导作用，劳资双方对政府的依附性，一元化工会和劳动者维护自身权益时要符合稳定的需要，等等。由于这些特殊性，我国的"三方协商机制"与真正意义上的"三方协商"相距甚远。为此，我国的"三方协商机制"最终要从政府主导和体制内部的功能性协调，逐渐转向劳资自主和三方各自发挥本身职能，要从沟通协调逐渐转向协商谈判，要从倡导型逐渐转向决策型。[2]"三方机制"与真正意义上的有效实施以工会和企业主组织的代表性和独立主体性为前提，针对目前实质意义上的工会组织构建难问题，可以考虑通过形成有效的区域性、行业性工会来加以替代，并将协商成果进行拓展，以最大化其效用，确保劳动者获取合理劳动报酬。

---

[1] William Simpson R.The ILO and Tripartism：Some reflection.Monthly Labour Review，1994（117），pp.40-45.

[2] 乔健：《中国特色的三方协调机制：走向三方协商与社会对话的第一步》，《广东社会科学》2010年第2期，第37页。

第 七 章

我国劳动者报酬份额变动趋势的预测及结语

我国劳动者报酬份额变动趋势的预测

对经济社会发展过程中某变量的预测是一件相当困难的事情，特别是预测的结论要受到以后发展的检验，更增加了预测的艰难性。尽管如此，笔者也要对我国的劳动者报酬份额变动的未来趋势加以预测。本文认为，今后一段时期，由于劳动力供需将出现有利于劳动者的格局，经济长期高速发展所出现的一些问题将面临调整，政府将更加注重民生，劳动者将更加注重自身利益的维护，工会组织将更加注重维护劳动者基本权益，企业将承担更多的社会责任，劳动者报酬将会明显增加，劳动者报酬份额也将逐渐恢复到合理的水平。

从劳动力供需看，我国在"十三五"时期劳动力供给已经步入"刘易斯转折点"，劳动力供需将出现有利于劳动者的局面。齐明珠（2010）以2005年1%人口抽样调查和2000年人口普查数据为基础，对我国2010—2050年劳动力供给和需求进行了预测。预测结果表明，劳动年龄人口的峰值会出现在2013年，达到9.83亿（联合国预测在2015年达到峰值，总量为10亿左右；中国人口与发展研究中心预测的峰值在2016年，总量为9.97亿人）[1]。随后劳动年龄人口逐步下降。假定总和生育率（total fertility rate

---

[1] 蔡昉：《刘易斯转折点——中国经济发展新阶段》，社会科学文献出版社2008年版，第16页。

即 TFR）为 1.6，2050 年的劳动年龄人口将下降到 7.57 亿；总和生育率为 1.8，2050 年劳动年龄人口将下降到 8.14 亿。与此同时，劳动年龄人口内部的结构趋于老化：如果 TFR＝1.6，15—24 岁的劳动年龄人口总体呈快速下降趋势，到 2023 年下降到只有 1.45 亿，2050 年下降到 1.11 亿；25—44 岁的劳动年龄人口从 2010 年的 4.05 亿人缓慢下降到 2030 年的 3.69 亿人，2040 年下降到 3.03 亿，2050 年为 2.94 亿；45—64 岁中老年劳动年龄人口在迅速上升，2019 年达到峰值 4.16 亿，随后下降到 2050 年的 3.53 亿人。实际上，根据国家统计局发布的《人口总量平稳增长，人口素质显著提升——新中国成立 70 周年经济社会发展系列报告之二十》，2012 年，我国劳动年龄人口的总量达到峰值 9.22 亿人，之后增量由正转负，总量进入减少阶段，2018 年为 8.97 亿人，这一数据比齐明珠（2010）的预测年份提早一年，但劳动年龄人口的数量却比齐明珠预测的少了 6000 多万。我国劳动年龄人口占总人口的比重在 2010 年就达到了最高值 74.5%。这也预示着，我国的劳动年龄人口总量和劳动年龄人口占总人口的比重都会出现下降，在"双降"的情况下，我国的劳动年龄人口的供给将会越来越少。

此外，一些学者对劳动力的需求从经济增长和经济结构变动两个方面进行了预测，结论为，在"十二五"期间，劳动力市场上总体仍会表现为劳动力供过于求，2016 年后，劳动力供给和需求的关系会出现逆转，将长期面临劳动力短缺的问题，劳动力供求的结构性因素将变得更加明显。[①]从 2015 年到 2050 年，劳动年龄人口（15—59 岁）总供给量呈现下降趋势，从 2015 年的 71342 万人，减少到 2050 年的 44717 万人，35 年间劳动年龄人口供给量减少 2.66 亿人，分年龄段来看，除 55—59 岁年龄段的劳动供给人

[①] 齐明珠：《我国 2010—2050 年劳动力供给与需求预测》，《人口研究》2010 年第 34 期，第 76—87 页。

口数量没有出现递减趋势外，其他各个年龄段的供给数量均呈现出下降趋势，其中25—29岁减少幅度达6000万人，45—49岁减少幅度达4700多万人，其他年龄段下降幅度也在2000—4000万人之间，更值得关注的是，15—19岁人口不论是人口总量还是劳动供给量，规模都是劳动年龄人口中最少的一类。从劳动力需求看，有两个因素影响：一是经济增长，二是经济结构。通过对经济增长速度和就业弹性进行假定，劳动力的需求量也在不断减少，从2015年71870万人减少到2050年的57715万人。由于劳动力供给总量由2015年的71342万人降低到2050年的44714万人，虽然劳动力供给和需求都呈现出下降趋势，但供给的下降速度显然要快于需求，随着时间的推移，劳动力供给不足的问题将日益凸显。[1]

从供给和需求原理来看，在以后时期，劳动力供给相对减少，劳动者报酬必然增加。最近几年，最低工资标准调整的幅度在提高，频次在加快，统计部门提供的劳动者工资水平，也都表明劳动者报酬和劳动者报酬份额在增加和提高。

从劳动者来看，劳动者维护自身正当权益的诉求将会逐渐增多、增强。同以前的劳动者相比，现在劳动者的知识水平明显改善、工作能力有较大提高，要求受到公正合理对待的情感比较强烈，这些都使其在议价过程中的地位逐渐得以提升。前几年的民工潮比较频繁，而民工潮的主体参与者为新生代农民工，这些农民工多出生于1980年以后。根据2010年农民工调查报告，2010年全国农民工总量达24223万人，其中外出农民工为15335万人，本地农民工8888万人，16—30岁的外出农民工占58.4%，本地农民工占29.7%，此阶段的农民工总量为11598.38万人，占外出农民工

---

[1] 夏伦：《中国中长期劳动力供需趋势分析》，《西北研究》2014年第1期，第47—49页。

的47.88%，在各种经济社会生活中发挥着重要的作用。根据张翼（2011）的研究，这些"80后"的新生代农民工同"80前"相比，得到了更好的受教育机会，具有更高的人力资本。①"80前"的农民工高中及其以上文化程度占比不到14%，但"80后"的农民工高中及其以上文化程度占比超过30%（详见表7-1）。根据乔健（2011）的研究，这些新生代农民工具有时代性、发展性、边缘性和双重性。②时代性指随着农民工物质生活的逐渐丰富，其需求层次逐渐提升，从以前的生存型转向发展型。同其前辈相比，新生代农民工不仅注重工资福利待遇，而且更注重自身技能的提高和合法权益的实现。在现代科技的影响下，他们接受和掌握了更多的现代知识，形成了多元的价值理念和开放性的思维方式。发展性指由于自身处于不断发展成熟之中，对许多问题的认知都具有极大的不确定性，对职业的选择和热情也具有较大的不确定性等等。边缘性一方面指他们对传统的农业生产活动逐渐陌生，在传统农村社会中处于边缘化，另一方面指受自身知识水平和能力的制约，他们在城市也难以获得稳定的工作和收入，难以真正融入城市主流社会，处于城市的底层和边缘化。双重性指他们同时兼有工人和农民双重身份，由于务农收入和务工收入的较大差距，他们经常外出务工，更多关注的是工资收入和劳动条件，但受二元体制的制约，农民身份难以改变。这些特性，使新生代农民工的维权意识日益增强，在维护正当合法权益方面，也从以前的放弃、沉默和被动逐渐转向坚持、发泄和主动，从员工的独自维权向集体维权转变。近几年来，在就业压力逐渐缓解、名义工资水平不断提高、社会保障覆盖不断拓宽、劳动者就业条件逐步改善的大背景下，劳动者的罢工潮不断增多，同我国产业工人的主

---

① 汝信、陆学艺、李培林：《2011社会蓝皮书：2011年中国社会形势分析与预测》，社会科学文献出版社2011年版，第128—129页。
② 同上，第250页。

题——农民工，尤其是新生代农民工有极大的相关性。这些工人维护自身合法权益意识和追求平等对待意识，以及借助于劳工集体力量获取正当利益诉求的意识在不断增强。他们通过自主的集体行动，而非工会来实现自身合法利益诉求的行为应当引起党和政府的高度重视，否则，这种自主的集体行为将很难使党对他们形成有力的领导。

表7-1 "80前"与"80后"农民工的受教育程度比较

出生时段	受教育程度（%）				合计（%）
	小学	初中	高中	中专及以上	
"80前"	32.14	54.03	10.15	3.68	100
"80后"	6.58	62.59	15.67	15.06	100

资料来源：汝信、陆学艺、李培林：《2011社会蓝皮书：2011年中国社会形势分析与预测》，社会科学文献出版社2011年版，第128页。

随着国家对劳动者更加重视，劳动者的受教育程度在大幅提高，我国人口受教育程度有了质的飞跃。1982年全国高中及以上受教育程度人口占总人口的7.2%，1990年占9.4%，2000年占14.7%，2010年达到22.9%，2018年提高到29.3%，呈现稳步提升态势。尤其是大专及以上受教育程度人口占比显著提高，1982年大专及以上受教育程度人口占比仅有0.6%，1990年为1.4%，2000年上升到3.6%。1999年教育部出台了《面向21世纪教育振兴行动计划》，高校招生规模快速增长，高学历层次的人才不断增多，2010年大专及以上受教育程度人口占比为8.9%，比2000年提高了5.3个百分点。2018年达到了13.0%，比2010年提高4.1个百分点，年均提高0.51个百分点。此外，我国6岁及以上人口平均受教育年限从1982年的5.2年提高到2018年的9.26年，增幅将近80%。

从政府来看，我国经济社会发展在近几年面临着较多的矛盾和挑战，加上上面所提及的劳动力供求转变，以及劳动者维护自身合法权益意识和能力的增强，都给政府职能转变形成了较强的外在压力，迫使政府在保持劳动者报酬份额合理方面做好力所能及的工作。政府的主动积极转型，尤其是"以人为本"的科学发展观的提出，"十二五"规划又强调"包容性增长"，让每个劳动者都过上"体面和有尊严的"生活，使民众共享经济社会发展成果的共富理念，2012年的政府工作报告又提出"大力调整收入分配格局，增加中低收入者收入，提高居民消费能力"，并从多渠道增加农民收入、千方百计扩大就业、深化收入分配制度改革等较多领域对此问题具体化。在深化分配制度改革中，又明确提出要"完善工资制度，建立工资正常增长机制，稳步提高最低工资标准"，尤其是重提"扩大中等收入者比重，提高低收入者收入，促进机会公平"。十八届五中全会又提出，城乡居民人均收入比2010年翻一番，坚持共享发展，必须坚持发展为了人民、发展依靠人民、发展成果由人民共享，做出更有效的制度安排，使全体人民在共建共享发展中有更多获得感，增强发展动力，增进人民团结，朝着共同富裕方向稳步前进。坚持居民收入增长和经济增长同步、劳动报酬提高和劳动生产率提高同步，健全科学的工资水平决定机制、正常增长机制、支付保障机制，完善最低工资增长机制，完善市场评价要素贡献并按贡献分配的机制等，也使我们看到了政府在保持合理劳动者报酬份额的内在动力。将这些因素综合起来，可以预计，在今后的一段时期，我国的劳动者报酬会逐渐提高，劳动者报酬份额也会逐渐回归到合理水平。

从代表劳动者利益的工会来看，工会终将职能真正转向维护劳动者的基本权益。早期工会的产生于劳动者为了获取合理的工资而进行的罢工。例如，1636年美国缅因岛的渔民因抗议扣罚其一年的工资而进行的罢工，1768年纽约20名熟练裁缝因抗议削减其工资而进行的罢工。直到18世纪90年代，费城的制鞋工人们才组建了第一个固定工会，是地方性的，并且集中于某一个单一的技术性工种。这些地方的同业工会设立了工作标准和一个最低工资率；工会会员同意不为任何支付的工资低于最低工资标准的雇主工作。随着工人运动的发展，工会发挥着同雇主谈判、领导罢工、解决争端等劳动关系的主要职能，重视对工资、工时和工作条件改善等基本雇佣条件，工会主要是为工人寻求有限的经济利益，而不是要采取激进的改革措施推翻资本主义制度。在工会的建立过程中，工会领导者反对企业建立工会，认为企业工会难以提供合法的雇员话语权，企业工会容易受到资方控制，企业工会的存在会对独立工会进行排斥。此外，企业工会只是能够为劳动者提供了一个同资方交流的公开渠道和一个表达不满的场所，但企业工会不能罢工。工会的发展历程表明，工会的存在就是为了维护劳动者的基本权益。如果工会不能有效代表劳动者的利益，维护劳动者的利益，工会就失去了存在的价值。在经济社会发展过程中，我国之所以会出现罢工现象，主要就是工会维护劳动者权益的职能没有发挥出来。近些年，中央政府已经认识到工会要转向维护劳动者的基本权益，要求工会在党和政府的领导下，有效行使这一职能。我国的各级工会组织也在积极探索维护劳动者基本权益的途径和做法，来确保能够维护劳动者的基本权益。政府也应推动工会成为劳动者最真正利益的代表者，这样才能将劳动者团结在自身的周围。如果不是这样的话，政府面对无组织的劳动者，一旦遇到难以解决的问题，发生冲突，势必两败俱伤。发达国家借助群体冲突能够使冲突双方同时获益的做法，可以为我国所借鉴。他们认为，一个有组织的对手比一个无组织的对手更受欢迎。面对一个无组织的对手时，想要解决冲突或达成妥协几乎是不可能的事。但如果对手是有组织的，那么协商或妥协则有可能达成。而且，更重要的是，有组织的对手因为有统一的领导而使成员们保持一致，从而能够贯彻已经达成的妥协。

从企业来看，全球范围内掀起的社会责任运动将督促企业承担更多的社会责任，尤其是要公正对待劳动者。20世纪90年代以来，在全球范围内掀起了一场企业社会责任运动。其特点主要有：一是制度建设日益完善，即各国政府、政府间组织和非政府组织制定了一系列关于企业社会责任的法律制度和行为标准；二是社会参与日益广泛，即政府、社会公众、媒体、投资者、供应商、客户、员工和研究机构等利益相关者对企业社会责任的关注逐步加强，以各种方式向企业施压，促使企业承担社会责任；三是企业自身日益重视，即越来越多的企业开始重视社会责任，承担社会责任。企业从追求自身利益的最大化，逐渐转向自身利益和劳动者利益的兼顾。日本经营了三家世界500强企业的企业家稻盛和夫在经营理念中谈到，企业运营的实质和根本是要为企业员工的明天而努力，在企业诸多利益相关者中，企业的员工是第一位的。没有企业员工的努力，企业很难得以持续发展。目前，问过劳动力供需关系朝着有利于劳动者的方向发展，政府提出在2020年实现人均居民收入比2010年翻一番，并在十八届五中全会提出"五大"发展理念，对于拖欠劳动者工资数额较大的，还追究刑事责任等，这些都督促企业承担对劳动者的社会责任。相信在以后，许多企业在外在压力和追求自身发展的情况下，会主动按照国家颁布并实施的劳动法律来对待劳动者，压低劳动者报酬、拖欠劳动者报酬的现象将越来越少，劳动者将会获取更加合理的劳动报酬。

第二节 　　　结　语

一、研究结论

　　劳动者报酬份额高低及其变动趋势是党的十七大以来人们关注的热点和焦点问题。尽管争论较多，但少有综合性的深入研究。本文对国内外在该领域的研究进行了详尽综述，借鉴国外已有的分析工具，结合我国转型实际，对我国的劳动者报酬份额变动趋势进行了较长时期的研究，对美国、英国、日本和韩国等国家的劳动者报酬份额的长期变动趋势进行了分析，并按照可比原则对数据进行了调整和比较，指出我国劳动者报酬份额变动的合理与否，基于政府视角提出了政策建议，并对未来的变动趋势进行了预测。研究结论如下：

　　一是改革开放以来的我国劳动者报酬份额变动基本上处于低水平稳定。我国的劳动者报酬份额在1978年已经在40%以上，为49.64%，但研究时段的末期2014年为46.50%，如果只对照这两年的数据，甚至有些下降，下降了3.14个百分点，如果同平均值46.83%相比较，2014年还达不到此时期的平均水平。按照经济学主流观点对劳动者报酬份额的研究，可以认为我国的劳动者报酬份额属于低水平的相对稳定。从获得的数据来看，美国和英国在战后劳动者报酬份额基本都稳定在70%以上，美国在20世纪50年代以后的某些年份甚至达到80%以上，英国劳动者报酬份额在1951年为70.9%，1953年为70.0%，1964年为71.4%，1973年为72.8%，可以说也是多年的相对稳定。而我国的劳动者报酬份额是多年的低水平稳定，稳定在47%的水平，这一低水平相对稳定是多重因素综合作用的结果。这些因素包括市场经济发展的初级阶段、经济发展方式的GDP导向、劳动力的供过于求、产业结构的畸形演变、劳资双方力量的不对等和政府职能的扭曲，等等。

二是在我国劳动者报酬份额低水平稳定的同时，我国雇员报酬份额在不断增加。1978—2007年间，雇员报酬份额从12%左右上升到37%，尤其是2004年以后更是明显增加，增加了2个百分点，而自雇者收入份额则明显下降，从改革开放之初的30%左右，下降到2007年的1.74%，二者的标准差都比较大，都超过了10，自雇者的标准差甚至达到10.13。雇员报酬份额的不断增加，主要是市场经济发展过程，劳动力逐渐从农业就业转向非农就业，由此带来了总劳动力人口中从事雇佣工作的劳动力会逐渐增多，雇佣人员总报酬增加，雇员报酬份额也增加。而劳动者报酬份额的低水平相对稳定则是由于自雇者报酬份额的降低，为雇员报酬份额的增加所弥补，但在雇员报酬份额增加的同时，劳动者报酬增加的幅度赶不上企业利润的增长增幅。

三是认为应辩证看待劳动者报酬份额的高低，只有那些扭曲到正常水平以下的劳动者报酬份额才被认为是低的。在市场经济发展过程中，劳动者报酬份额有高有低。经济发展理论已经表明，在不同的经济发展阶段一般应有相应的劳动者报酬份额。市场或政府等因素的扭曲所导致的使劳动者报酬份额低于这一正常水平，才应当被认为是低的，是不合理的。只要是同经济发展水平相适应，体现市场对资源的配置作用的劳动者报酬份额，就是市场经济规律正常作用结果的劳动者报酬份额，尽管有时从数值来看较低，但也不能认为是低的，因为这一水平是合理的水平。我国在劳动者报酬份额降低的过程中，劳动者报酬是增加的，劳动者分享到了经济社会发展的成果。劳动者报酬份额之所以降低，无非就是改革开放以来劳动者所获得的报酬总额赶不上资本总额所得和政府生产税净额所得的增加。此外，应该看到，2007年以后，我国的劳动者报酬份额尽管仍然较低，但已经逐渐走向了上升通道，同发达国家的差距在逐渐缩小；随着我国全面建成小康社会的第一个百年奋斗目标的实现，我国劳动者报酬及其份额将会提升更快。

四是认为政府职能定位准确是劳动者报酬份额保持合理的关键。发达国家在初次分配领域一般不主张政府干预，而我国作为政府主导型的市场经济国家，政府干预过深，其职能定位至关重要，政府的政策对劳动者报酬份额有重要的影响。诺贝经济学奖获得者斯蒂格利茨曾经指出，美国收入分配恶化，财富分配集中到少数人手中，主要是政府职能错位和不到位，政府实施了有利于富人的政策。从某种程度上说，我国劳动者报酬份额的不合理不但同政府介入过多有一定的关系，而且同政府职能扭曲有很大关系。现实中，经常看到政府对保护劳动者合理权益的法规、法律和政策执行力度不够，某些地方政府在劳资间存在利益纠纷时，过于偏袒企业方，甚至同资方形成强有力的利益共同体，使本来已经处于弱势地位的劳动者劣势更加明显，劳资双方力量更加失衡。我国政府职能也应按照市场经济规律来转型，将政府职能定位在法律法规制定实施、劳资双方行为主体培育、政策引导等方面，并且政府要保持目标行为的公正。从长远来看，劳动者报酬份额的合理还需劳资双方主体行为的有效确立。政府应培育能真正代表劳动者利益的工会组织和真正代表企业利益的企业家组织，使二者进行有效协商，在需要的情况下进行"三方协商"，并确保协商成果的贯彻落实。值得欣慰的是，党的十八届五中全会，中央已经提出"五大发展理念"；十九大提出，中国特色社会主义进入新时代，我国社会主要矛盾已经转化为人民日益增长的美好生活需要和不平衡不充分的发展之间的矛盾，必须坚持以人民为中心的发展思想，不断促进人的全面发展、全体人民共同富裕；在"十三五"及其以后时期，让民众共享发展成果，并且在"十三五"要实现城乡居民收入比2010年翻一番。

五是认为"十三五"及其以后的年份中，我国劳动者报酬份额将逐步提高。这一论断主要基于我国劳动力供给和需求的转变、劳动者自身维护合理权益意识的提升和政府更加注重民生。在"十三五"时期，我国劳动力供过于求的状况将发生根本性转变，刘易斯转折点已经来临，这从客观上增强了劳动者的议价能力，这一因素也是劳动者报酬增加，劳动者报酬份额提高的最重要的支撑。劳动者的主要构成部分为新生代农民工，他们的知识水平和工作能力在增强，渴望得到公正对待的欲望较强烈，并且更多注重借助于集体力量来维护自身合理权益，尤其是新生代农民工，他们维护自身权益的意识更强。如果他们觉得在劳动报酬方面受到了不公正的对待，他们就会"用脚投票"，甚至运用法律武器来维护自身的合法权益。十八大以来，政府更加注重科学发展，更加注重以人为本，并日益看到科学发展的重要性，这增强了其使劳动者获取合理报酬的内在动力；全面建成小康社会后，各级主体对民生问题的更加关注，以及劳动者维护自身合法权益的呼声增强等，也从外界迫使政府将保持合理的劳动者报酬和劳动者报酬份额作为自己的重要工作。

二、进一步研究的问题

本书从理论和实践维度对我国劳动者报酬份额的长期变动趋势进行了

系统研究，得出了一些比较中肯的结论，但仍有一些问题需要深入研究。

一是尚没有构建出一个将各影响因素都纳入进去的计量模型。由于计量模型的精确性，计量模型正在被不断引入劳动收入份额的研究中。按最初的论文设计，研究时准备将各主要影响因素都纳入计量模型中，分析各因素对劳动者报酬份额的影响程度，但由于我国处于转型期，一些变量很难控制，再加上数据准确性及其选择问题，本文只是借用了Solow（1958）构建的劳动份额产业结构变动模型，在白重恩、钱震杰（2009）对我国劳动者报酬份额产业结构变动研究的基础上，对浙江劳动者报酬份额变动的产业影响进行了深入研究，得出了一些有价值的结论，最终并没有构建出一个将各种影响因素都纳入进去的计量模型来对此问题进行深入研究。

二是对某些影响劳动者报酬份额的因素分析还缺少深入挖掘。例如，在全球化背景下，资本和劳动作为生产要素在全球流动不断增强，这对劳动者报酬份额变动会产生较大的影响，全球化应该被作为影响劳动者报酬份额的一个重要因素，但本文只是将其融入其他因素中，并没有单独进行论述。在分析产业结构演变对我国劳动者报酬份额的影响时，认识到在从农业向非农转变的过程中，劳动力的就业变动对劳动份额的影响，指出我国农业劳动者报酬份额偏高主要是由统计口径引起的，尤其是2004年以前《中国统计年鉴》中的数据，由于农民的经营利润和劳动报酬不易区分，都计入了劳动者报酬中，而2004年数据的大幅降低主要是由于统计口径的修改：将自雇者的经营利润和劳动报酬又都作为经营利润，从一个极端走向了另一个极端，但对该影响因素的研究也并没有深入。

三是缺少对劳动者报酬份额构成的进一步细分。发达国家的一些研究人员已经将劳动力区分为非熟练劳动力和人力资本，将非熟练劳动力的收入归为工资，而将具有一定人力资本的劳动者收入归为薪水。在研究中，我们看到美国和英国的雇员报酬数据都清晰列出了工资收入、薪水收入、附加福利和雇主供款等等，但我国并没有这么详尽的数据，所以也很难进行深入研究，这也是笔者以后要继续研究的一个方向。

参考文献

◎ 中文文献 ◎

[1]阿弗里德·马歇尔.经济学原理[M].北京:商务印书馆,1964.

[2]阿塔纳修斯·阿西马科普洛斯.收入分配理论[M].北京:商务印书馆,1995.

[3]安东尼·阿泰金森.不平等,我们能做什么[M].北京:中信出版社,2016.

[4]安体富,蒋震.对调整我国国民收入分配格局、提高居民分配份额的研究[J].经济研究参考,2009(25).

[5]白重恩,钱震杰,武康平.中国工业部门要素分配份额决定因素研究[J].经济研究,2008(8).

[6]白重恩,钱震杰.国民收入的要素分配:统计数据背后的故事[J].经济研究,2009(3).

[7]白重恩,钱震杰.我国资本收入份额影响因素及变化原因分析——基于省际面板数据的研究[J].清华大学学报(哲学社会科学版),2009(4).

[8]白重恩,钱震杰.谁在挤占居民的收入——中国国民收入分配格局分析[J].中国社会科学,2009(5).

[9]蔡彤.工会与集体谈判理论研究述评[J].经济学动态,2009(6).

[10]蔡昉.刘易斯转折点——中国经济发展新阶段[M].北京:社会科

学文献出版社,2008.

　　[11]蔡昉.人口转变、人口红利与刘易斯转折点[J].经济研究,2010(4).

　　[12]蔡昉.刘易斯转折点与公共政策方向的转变——关于中国社会保护的若干特征性事实[J].经济学动态,2010(6).

　　[13]蔡昉,都阳.工资增长、工资趋同与刘易斯转折点[J].经济学动态,2011(9).

　　[14]常进雄,王丹枫.就业增长、投资与初次分配中的劳动报酬占比[J].经济管理,2011(3).

　　[15]常进雄,王丹枫.初次分配中的劳动份额:变化趋势与要素贡献[J].统计研究,2011(5).

　　[16]常凯.当代中国劳资关系研究丛书[M].北京:中国劳动出版社,2004.

　　[17]陈永杰.充分激发中国经济持续增长的内生动力——民营经济发展"十一五"回顾与"十二五"展望[J].经济理论与经济管理,2011(2).

　　[18]崔鹏.提高"劳动所得"势在必行[N].人民日报,2009-12-3.

　　[19]戴维·皮尔斯 W.现代经济学词典[M].上海:上海译文出版社,1988.

　　[20]丹尼尔·奎因·米尔斯.劳工关系[M].第5版.北京:机械工业出版社,2000.

　　[21]丁梓楠,穆怀中.要根据产业的不同来谋划提高劳动收入份额的对策[J].经济纵横,2011(6).

　　[22]董全瑞.1870—2009年美国的功能收入分配及启示[J].现代经济探讨,2011(1).

　　[23]都阳,曲玥.劳动报酬、劳动生产率与劳动力成本优势——对

2000—2007年中国制造业企业的经验研究[J].中国工业经济,2009(5).

[24]范从来,张中锦.提升总体劳动收入份额过程中的结构优化问题研究——基于产业与部门的视角[J].中国工业经济,2012(1).

[25]樊纲.现代三大经济理论体系的比较与综合[M].上海:上海三联书店、上海人民出版社,1990.

[26]范一飞.国民收入流程及分配格局分析[M].北京:中国人民大学出版社,1994.

[27]方文全.中国劳动收入份额决定因素的实证研究:结构调整抑或财政效应?[J].金融研究,2011(2).

[28]冯志轩.国民收入中劳动报酬占比测算理论基础和方法的讨论——基于马克思主义经济学的方法[J].经济学家,2012(3).

[29]龚刚,杨光.从功能性收入看中国收入分配的不平等[J].中国社会科学,2010(2).

[30]国家统计局.中国统计年鉴[M].北京:中国统计出版社,各卷.

[31]国家统计局.国际统计年鉴[M].北京:中国统计出版社,各卷.

[32]国家统计局国民经济核算司.中国国内生产总值核算历史资料(1996—2002)[M].北京:中国统计出版社,2004.

[33]国家统计局国民经济核算司.中国国内生产总值核算历史资料:1952—2004年[M].北京:中国统计出版社,2007.

[34]国际劳工局.世界就业报告(2004—2005年)就业、生产率和减少贫困[M].中华人民共和国劳动和社会保障部国际劳工与信息研究所,译.北京:中国劳动社会保障出版社,2006.

[35]郭树清,韩文秀.中国GNP中的分配和使用[M].北京:中国人民大学出版社,1991.

[36]韩金华,李忠华,白子芳.改革开放以来劳动报酬占初次分配比重

演变轨迹、原因及对策研究[J].中央财经大学学报,2009(12).

[37]何帆.21世纪资本论导读本[M].北京:中信出版社,2015.

[38]华生.劳动者报酬占GDP比重的严重误读[N].中国证券报,2010-10-14(A21).

[39]黄丹,席酉民,望益群.要素收入份额短期变动的结构分析[J].经济科学,2000(2).

[40]黄乾,魏下海.中国劳动收入比重下降的宏观经济效应——基于省级面板数据的实证分析[J].财贸经济,2010(4).

[41]黄泰岩.初次分配制度变动的发展方式解释[J].经济学动态,2009(6).

[42]黄先海,徐圣.中国劳动收入比重下降成因分析——基于劳动节约型技术进步的视角[J].经济研究,2009(7).

[43]贾康,刘微.提高国民收入分配"两个比重"遏制收入差距扩大的财税思考与建议[J].财政研究,2010(12).

[44]金森久雄.日本经济增长讲话[M].北京:中国社会科学出版社,1980.

[45]凯恩斯.就业利息和货币通论[M].北京:商务印书馆,1999.

[46]克拉克.财富的分配[M].北京:商务印书馆,1983.

[47]李炳炎.劳动报酬随劳动生产率同步提高的初次分配制度研究[J].学习论坛,2011(10).

[48]李稻葵,刘霖林,王红领.GDP中劳动份额演变的U形规律[J].经济研究,2009(1).

[49]李稻葵,何梦杰,刘霖林.我国现阶段初次分配中劳动收入下降分析[J].经济理论与经济管理,2010(2).

[50]李嘉图.政治经济学及赋税原理[M].北京:商务印书馆,1962.

[51]李实,李婷.库兹涅茨假说可以解说中国的收入差距吗?[J].经济理论与经济管理,2010(3).

[52]李兴山.收入分配改革应统一认识,抓住根本,多管齐下[J].理论视野,2010(6).

[53]李兴山.从应对国际金融危机的经验与启示看政府与市场的关系[J].理论视野,2011(1).

[54]李兴山.社会主义市场经济理论与实践[M].北京:中共中央党校出版社,2004.

[55]李扬.收入功能分配的调整:对国民收入分配向个人倾斜现象的思考[J].经济研究,1992(7).

[56]李扬,殷剑峰.中国高储蓄率问题探究——1992—2003年中国资金流量表的分析[J].经济研究,2007(6).

[57]梁东黎.初次分配格局的形成和变化的基本规律[J].经济学家,2008(6).

[58]刘易斯.二元经济论[M].北京:北京经济学院出版社,1989.

[59]陆雪琴.中国劳动收入份额下降之谜:市场力量和制度成因[D].杭州:浙江大学,2016.

[60]罗长远.卡尔多特征事实再思考:对劳动收入占比的分析[J].世界经济,2008(11).

[61]罗长远,张军.劳动收入占比下降的经济学解释[J].管理世界,2009(5).

[62]罗长远,张军.经济发展中的劳动收入占比:基于中国产业数据的实证研究[J].中国社会科学,2009(4).

[63]马克思.资本论[M].北京:人民出版社,1975.

[64]内野达朗.战后日本经济史[M].北京:新华出版社,1982.

[65]潘云良.提高劳动报酬比重的理论思考[J].中共中央党校学报,2011(3).

[66]齐明珠.我国2010—2050年劳动力供给与需求预测[J].人口研究,2010(5).

[67]钱晓烨,迟巍.国民收入初次分配中劳动收入份额的地区差异[J].经济学动态,2011(5).

[68]钱震杰.中国国民收入的要素分配份额研究[M].北京:中国金融出版社,2011.

[69]乔健.中国特色的三方协调机制:走向三方协商与社会对话的第一步[J].广东社会科学,2010(2).

[70]桥本寿朗.日本经济论——20世纪体系和日本经济[M].上海:上海财经大学出版社,1997.

[71]乔榛.我国初次收入分配结构变迁的探讨[J].经济学动态,2011(9).

[72]曲玥.制造业劳动生产率变动及其源泉——基于中国2000—2007年规模以上制造业企业数据的估算[J].经济理论与经济管理,2010(12).

[73]任太增.劳动份额、制度羁绊与劳动者讨价还价能力[J].改革,2010(5).

[74]任太增.政府主导、企业偏向与国民收入分配格局失衡——一个基于三方博弈的分析[J].经济学家,2011(3).

[75]汝信,陆学艺,李培林.2011社会蓝皮书[M].北京:社会科学文献出版社,2011.

[76]阮加,阮敬科.收入分配问题现状、原因及对策探讨[J].经济学动态,2011(2).

[77]邵敏,黄玖立.外资与我国劳动收入份额——基于工业行业的经验

研究[J].经济学(季刊),2010(4).

[78]斯密.国民财富的性质和原因的研究[M].商务印书馆,1972.

[79]宋冬林,王林辉,董直庆.技能偏向型技术进步存在吗？——来自中国的经验证据[J].经济研究,2010(5).

[80]宋圭武.提高劳动报酬所占比重的理论基础和实现途径[J].学习论坛,2011(5).

[81]宋晓梧.政府对初次分配大有可为[J].求是,2011(2).

[82]宋晓梧.提高劳动报酬在初次分配中的比重是改善民生的重要举措[J].理论视野,2011(1).

[83]宋晓梧.中国社会体制改革30年回顾与展望[M].北京:人民出版社,2008.

[84]宋晓梧,李实,石小敏,等.中国收入分配:探究与争论[M].北京:中国经济出版社,2011.

[85]孙慧文.经济发展战略选择下我国劳动收入份额持续下降的原因与对策研究[J].当代经济研究,2011(2).

[86]孙露晞.初次分配中劳动份额的结构性差异与调节[J].改革,2010(10).

[87]唐东波,王洁华.贸易扩张、危机与劳动收入份额下降——基于中国工业行业的实证研究[J].金融研究,2011(9).

[88]王洛林.日本经济蓝皮书[M].北京:社会科学文献出版社,2009.

[89]王天义."十二五"提高劳动报酬是收入分配改革的重点[J].学习月刊,2010(29).

[90]王永进,盛丹.要素积累、偏向型技术进步与劳动收入占比[J].世界经济文汇,2010(4).

[91]王振中.劳动与资本在分配中的地位[N].中国社会科学院院报,

2003(3).

[92]王志平.我国劳动者报酬在初次分配中的比重究竟是多少[J].上海行政学院学报,2010(6).

[93]翁杰.国际贸易、租金分享和工资水平——基于浙江制造业的实证研究[J].国际贸易问题,2008(11).

[94]翁杰,周礼.中国工业部门劳动收入份额的变动研究:1997—2008年[J].中国人口科学,2010(4).

[95]伍山林.劳动收入份额决定机制:一个微观模型[J].经济研究,2011(9).

[96]西蒙·库兹涅茨.各国的经济增长[M].北京:商务印书馆,1985.

[97]吴宣恭.分配不公的主要矛盾、根源和解决途径[J].经济学动态,2010(11).

[98]肖红叶,郝枫.中国收入初次分配结构及其国际比较[J].财贸经济,2009(2).

[99]肖文,周明海.劳动收入份额变动的结构因素——收入法GDP和资金流量表的比较分析[J].当代经济科学,2010(3).

[100]肖文,周明海.贸易模式转变与劳动收入份额下降——基于中国工业分行业的实证研究[J].浙江大学学报(人文社会科学版),2010(5).

[101]谢攀,李文溥,刘榆.谈判地位、价格加成与劳资博弈——我国劳动报酬份额下降的微观机制分析[J].中国高校社会科学,2013(7).

[102]信卫平.提高劳动收入的深层思考[J].中国劳动关系学院学报,2007(5).

[103]杨俊,廖尝君,邵汉华.经济分权模式下地方政府赶超与劳动收入占比——基于中国省级面板数据的实证分析[J].财经研究,2010(8).

[104]余斌,陈昌盛.国民收入分配困境与出路[M].北京:中国发展出

版社,2011.

[105]曾湘泉.我国劳动报酬占GDP比重十年来一直下降[EB/OL].
http://npc.people.com.cn/GB/10553996.html.

[106]张车伟,程杰.正确认识我国劳动报酬份额问题[J].中国人党政
干部论坛,2013(4).

[107]张车伟,张士斌.中国初次收入分配格局的变动与问题——以劳
动报酬占GDP份额为视角[J].中国人口科学,2010(5).

[108]张东生.中国居民收入分配年度报告[M].北京:中国财政经济出
版社,2008—2011.

[109]张虎,梁东黎.我国劳动份额研究:基于马克思的方法[J].当代经
济研究,2009(10).

[110]张璐琴.合理定位政府职责,提高劳动报酬比重[J].宏观经济研
究,2011(5).

[111]张全红.我国劳动收入份额影响因素及变化原因——基于省际面
板数据的检验[J].财经科学,2010(6).

[112]张亚斌,吴江,冯迪.劳动收入份额的地区差异实证研究——来自
中国省级面板数据的证据[J].经济地理,2011(9).

[113]章上峰,许冰.初次分配中劳动报酬比重测算方法研究[J].统计
研究,2010(8).

[114]赵淳.韩国的经济发展[M].北京:中国发展出版社,1997.

[115]赵登辉,林康,王旭.实现劳动报酬增长与劳动生产率提高同步的
路径选择[J].现代经济探讨,2011(9).

[116]赵俊康.我国劳资分配比例分析[J].统计研究,2006(12).

[117]赵振华.关于提高初次分配中劳动报酬比例的思考[J].中共中央
党校学报,2007(6).

[118]赵振华.关于缩小我国居民收入差距若干问题的思考[J].学习论坛,2010(7).

[119]周国强.中国初次收入分配格局及其国际比较[J].经济研究参考,2011(58).

[120]周明海,肖文,姚先国.中国经济非均衡增长和国民收入分配失衡[J].中国工业经济,2010(6).

[121]周明海,肖文,姚先国.企业异质性、所有制结构与劳动收入份额[J].管理世界,2010(10).

[122]周申,杨红彦.国际贸易、技术变动对我国工业部门劳动收入份额的影响[J].国际经贸探索,2011(4).

[123]周晓光,王美艳.中国劳资冲突的现状、特征与解决措施——基于279个群体性事件的分析[J].学术研究,2015(4).

[124]邹红,喻开志.劳动收入份额、城乡收入差距与中国居民消费[J].经济理论与经济管理,2011(3).

[125]卓勇良.关于劳动所得比重下降和资本所得比重上升的研究[J].浙江社会科学,2007(3).

◎　　外文文献　　◎

［1］Acemoglu Daron. Labor and Capital-Augmenting Technical Change［J］. Journal of the European Economic Association,2003(1):1-37.

［2］Adam Smith.An Inquiry into the Nature and Causes of the Wealth of Nations［M］. Oxford:Clarendon Press,1776.

［3］Alec Cairncross, Mohinder Puri. Employment Income Distribution and Development Strategy: Problems of the Developing Countries［M］. New York: Holmes & Meier Publishers,1979.

［4］Alesina Alberto,Rodrik Dani.Distributive Politics and Economic Growth ［J］. The Quarterly Journal of Economics,1994,109(2):465-490.

［5］Ákos Valentinyi, Berthold Herrendorf. Measuring Factor Income Shares at the Sectoral Level［J］. Review of Economic Dynamics,2008,11(4):820-835.

［6］Arnel Kalleberc, Michael Wallace, Lawrencee Raffalovich. Accounting for Labor's Share:Class and Income Distribution in the Printing Industry［J］. Industrial and Labor Relations Review,1984,37(3):386-402.

［7］Ashok Mitra.The Share of Wages in National Income［M］. Calcutta:Oxford University Press,1980.

［8］Atkinson A B. The Economics of Inequality ［M］. Oxford: Clarendon Press,1983.

［9］Atkinson A B.Factor Shares:the Principal Problem of Political Economy? ［J］. Oxford Review of Economic Policy,2009,25(1):3-16.

［10］Bental Benjamin, Demougin Dominique.Declining labor shares and bargaining power: An institutional explanation［J］. Journal of Macroeconomics, 2010,32(1):443-456.

［11］Berthold Norbert, Fehn Ranier, Thode Eric. Falling Labor Share and Rising Unemployment: Long-Run Consequences of Institutional Shocks? ［J］. German Economic Review,2002,3(4):431-459.

［12］Blanchard O.The Medium Run［J］. Brookings Papers on Economic Activity,1997(2):89-158.

［13］Blanchard O. The crisis in the left［J］. Liberation,2002(12).

［14］Blanchard O, Giavazzi F.Macroeconomic Effects of Regulation and Deregulation in Goods and Labor Markets［J］. Quarterly Journal of Economics,2003 (118):879-907.

［15］Bruno Decreusey, Paul Maarekz.Can the HOS Model Explain Changes in Labor Shares? A Tale of Trade and Wage Rigidities［Z］. University of Aix-Marseilles II This draft,2011(1).

［16］Caballero R J, Hammour M L.Jobless Growth: Appropriability, Factor Substitution and Unemployment［J］. Carnegie-Rochester Conference Series on Public Policy,1998,48(1):51-94.

［17］Cem Oyvat. Globalization, Wage Shares and Income Distribution in Turkey［J］. Cambridge Jnl Regions,Econ and Society,2011,4(1):123-138.

［18］Champlin Dell, Olson Paulette.The Impact of Globalization on U.S. Labor Markets: Redefining the Debate［J］. Journal of Economic Issues, 1999, 33 (2):443-451.

［19］Feinstein C H.Statistical Tables of National Income, Expenditure and Output of the U.K.1855-1965［M］. London: Cambridge University Press,1972.

[20] Charles Jones I, Paul Romer M.The New Kaldor Facts: Ideas, Institutions, Population, andHuman Capital[J]. American Economic Journal: Macroeconomics, 2010, 2(1): 224-245.

[21] Cobb C, Douglas P H. A Theory of Production[J]. American Economic Review, 1928(18): 139 -165.

[22] Davis D.Does European Unemployment Prop Up American Wages? National Labor Markets and Global Trade[J]. American Economic Review, 1998 (88): 478-494.

[23] Gale Johnson D.Allocation of Agricultural Income[J]. Journal of Farm Economics, 1948, 30(4): 724-749.

[24] Gale Johnson D. The Functional Distribution of Income in the United States, 1850-1952[J]. The Review of Economics and Statistics, 1954, 36(2): 175-182.

[25] Dixon Robert.The Wage Share and Capital Accumulation[J]. Journal of Post Keynesian Economics, 1981, 4(1): 3-9.

[26] Driffield N, Munday M.The Impact of Foreign Direct Investment on UK Manufacturing: Is There A Profit Squeeze In Domestic Firms? [J]. Applied Economics, 1998, 30(5): 705-709.

[27] Phelps Brown E H, Hart P E. The Share of Wages in National Income [J]. The Economic Journal, 1952, 62(246): 253-277.

[28] Ellis L, Smith K. The Global Upward Trend in the Profit Share[R]. BIS Working Paper, 2007: 231.

[29] Ferguson C E, Moroney John R. The Sources of Change in Labor's Relative Share: A Neoclassical Aaalysis[J]. Southern Economic Journal, 1969, 35(4): 308-322.

［30］Frank Close A，David Shulenburger E.Labor's Share by Sector and Industry，1948-1965［J］. Industrial and Labor Relations Review，1971，24（4）：588-602.

［31］Hahn F H.The Share of Wages in the National Income［J］. Oxford Economic Papers，1951，3（2）：147-157.

［32］Garrett G，Mitchell D.Globalization，Government Spending and Taxation in the OECD［R］. European Journal of Political Research，2000.

［33］Giammarioli N，Messina J，Steinberger T，et al.European labour share dynamics：An institutional perspective［R］. European University Institute Working Paper ECO，2002.

［34］Gideon Fishelson.Relative Shares of Labor and Capital in Agriculture：A Subarid Area Israel，1952-1969［J］. The Review of Economics and Statistics，1974，56（3）：348-352.

［35］Glyn A.Explaining Labor's Declining Share of National Income［J］. G-24 Policy Brief，2006（4）.

［36］Glyn A.Functional Distribution and Inequality，in Salverda W. ，Nolan B. And Smeeding T.M. （eds），Oxford Handbook of Economic Inequality［M］. Oxford：Oxford University Press，2009.

［37］Gollin D. Getting Income Shares Right［J］. Journal of Political Economy，2002，110（2）：458-474.

［38］Gopinath Munisamy，Chen Wieyan.Foreign direct investment and wages：a cross-country analysis［J］. Journal of International Trade and Economic Development，2004，12（3）：285-309.

［39］Grossman Gene M，Esteban Rossi-Hansberg.The Rise of Offshoring：It's Not Wine for Cloth Anymore［R］. Paper presented at Federal Reserve Bank of

Kansas City symposium, 2006.

[40]Guscina A. Effects of Globalization on Labor's Share in National Income [R]. IMF Working Paper, 2006, No. 294.

[41]Harrison A E. Has Globalization Eroded Labor's Share? Some Cross-Country Evidence, Mimeo[D]. Berkeley: University of California, 2002.

[42]Hernando Zuleta. Why Labor Income Shares Seem to be Constant? [J]. Int. Trade & Economic Development, 2007, 16(4): 551-557.

[43]Hernando Zuleta. An empirical note on factor shares[J]. The Journal of International Trade & Economic Development, 2008, 17(3): 379-390.

[44]Hornstein A, Krusell P, Violante G L. Vintage Capital as an Origin of Inequalities[Z]. CEPR Discussion Paper, 2002: 3596.

[45]Hornstein A, Krusell P, Violante G L. Technology-Policy Interaction in Frictional Labor-Markets [J]. Review of Economic Studies, 2007(74): 1089-1124.

[46]James Beck W. An Interindustry Aanlysis of Labor's Share[J]. Industrinal and Labor Relations Review, 1958, 11(2): 231-246.

[47]Jan Tinbergen. Income Distribution Analysis and Policies[M]. Oxford: North-Holland Publishing Company-Amsterdam, 1976.

[48]Jaumotte F, Tytell I. How Has the Globalization of Labor Affected the Labor Share in Advanced Countries? [R]. IMF Working Paper, 2007(7): 298.

[49]Jayadev A. Capital Account Openess and the Labor Share of Income[J]. CambridgeJournal of Economics, 2007(31): 423-443.

[50]Johnson Gale D. The Functional Distribution of Income in the United States, 1850-1952 [J]. Review of Economics and Statistics, 1954, 35 (2): 175-82.

[51]Jonathan Edward Leightner.Technology transfer and the functional distribution of income in japan: 1952-1981[J]. The International Trade Journal, 1992,7(2):221-254.

[52]Kaldor N. Alternative Theories of Distribution[J]. Review of Economic Studies,1955,23(2):83-100.

[53]Katharine Abraham G,James Spletzer R,Jay Stewart C. Why Do Different Wage Series Tell Different Stories? [J]. The American Economic Review, 1999,89(2):34-39.

[54]Kazushi Ohkawa,Henry Rosovsky.Japanesee Economic Growth,Standford University Press,Stanford California[M]. London:Oxford University Press, 1973.

[55] Keynes John M.Relative Movements in Real Wages and Output[J]. Economic Journal,1939,49(1):917-49.

[56]Kravis Irving.Relative Income Shares in Fact and Theory[J]. American Economic Review,1959,49(5):917-49.

[57] Krueger A B. Measuring Labor's Share [J]. American Economic Reiview,1999,89(2):45-51.

[58]Krugman P. For Richer[J]. New York Times Magazine, 2002(10).

[59]Ranadive K R.Income Distribution-the Unsolved Puzzle[M]. London: Oxford University Press,1978.

[60]Lianos Theodore P.The Relative Share of Labor in United States Agriculture, 1949-1968[J]. AmericanJournalof Agricultural Economics, 1971, 53 (3):411-422.

[61]Lily Jiang, Yi-Pin Su.Foreign Direct Investment and Wage Differentials in Taiwan[J]. Journal of International Trade and Economic Development,

2006,15(4):525-536.

[62]Mark Ahlseen J.The impact of unionization on labor's share of income [J]. Journal of Labor Research,1990,11(3):337-346.

[63]Michael Howard C.Morden Theories of Income Distribution[M]. New York:St.Martin's Press,1979.

[64]Michael Wallace,Kevin Leicht T,Lawrence Raffalovich E. Unions, Strikes,and Labor's Share of Income:A Quarterly Analysis of the United States, 1949-1992[J]. Social Science Research,1999(28):265-288.

[65]Milberg William,Winkler Deborah. Economic insecurity in the new wave of globalization:offshoring and the labor share under varieties of capitalism [J]. International Review of Applied Economics,2010,24(3):285-308.

[66]Minami Ryoshin,Ono Akira.Behavior of Income Shares in a Labor Surplus Economy:Japan's Experience[J]. Economic Development and Cultural Change,1981,29(2):309-324.

[67]Morris Copeland A. The Social and Economic Determinants of the Distribution of Income in the United States[J]. The American Economic Review, 1947,37(1):56-75.

[68]Kalecki M. The Share of Wages in the Nationa Income[J]. Bulletin of the Oxford University Institute of Economics and Statistics, 1941,3(9):196-198.

[69]Berthold N,Fehn R,Thode E. Falling Labor Share and Rising Unemployment[J]. German Economic Review,2002,3(4):431-459.

[70]Nita Rudra.Are Workers in the Developing World Winners or Losers in the Current Era of Globalization?[J]. Studies in Comparative International Development,2005,40(3):29-64.

[71]Ochsen Carsten,Welsch Heinz.Technology,Trade,and Income Distri-bution in West Germany:A Factor–Share Aanlysis,1976–1994[J]. Journal of Applied Economics,2005,8(2):321–345.

[72]Onaran Ozlem.Wage share,globalization and crisis:the case of the man-ufacturing industry in Korea,Mexico and Turkey[J]. International Review of Ap-plied Economics,2009,23(2):113–134.

[73]Pasinetti L L. Rate of Profit and Income Distribution in Relation to the Rate of Economic Growth[J]. Review of Economic Studies,1962,29(4):267–279.

[74]Peter Lambert J. The Distribution and Redistribution of Income–A Mathematical Analysis[M]. Manchester and New York:Manchester University Press,1993.

[75]Pettengill John S. Labour Unions and the Wage Structure:A General Equilibrium Approach[J]. Review of Economic Studies,1979,46(145):675–693.

[76]Piero Sraffa.TheWorksand Correspondence of David Ricardo,Volume I On The Principles of Political Economy and Taxation[M]. London:Cambridge University Press,1951.

[77]Pillay Devan.Globalization and the Challenges to Labour and Develop-ment[J]. Labour,Capital and Society,2007,40(1&2):2–16.

[78]Poterba J M. The Rate of Return to Corporate Capital and Factor Shares:New Estimates Using Revised National Income Accounts and Capital Stock Data[R]. NBER Working Paper,1997:6263.

[79]Matthews R C O,Feinstein C H,Odling–Smee J C. British Economic Growth 1856–1973[M]. Oxford:Clarendon Press,1982.

［80］Rodrik Dani.Has Globalization Gone Too Far? ［R］. Washington, D. C. :Institute for International Economics,1997.

［81］Rudy Fichtenbaum. The Impact of Unions on Labor's Share of Income: A Time-Series Analysis［J］. Review of Political Economy, 2009, 21(4):567-588.

［82］Schmitt Gunther.Simon Kuznet's Sectoral Shares in Labor Force:A Different Explanation of His(I＋S)/A Ratio［J］. The American Economic Review, 1989,79(5):1262-1276.

［83］Scott Carter.Real Wage Productivity Elasticity across Advanced Economies, 1963-1996［J］. Journal of Post Keynesian Economics,2007,29(4):573-598.

［84］Simon Kuznets.Economic Growth and Income Inequality［J］. The American Economic Review,1955,45(1):1-28.

［85］Simon Mohun.Distributive shares in the US economy,1964-2001［J］. Cambridge Journal of Economics,2006,30(3):347-370.

［86］Solow R M. A Skeptical Note on the Constancy of Relative Shares［J］. American Economic Review,1958(48):618-631.

［87］Solow R M.Substitutions and Fixed Proportions in the Theory of Capital ［J］. Review of Economic Studies,1962(29):207-218.

［88］Thomas Sargent J, Neil Wallace.The Elasticity of Substitution and Cyclical Behavior of Productivity,Wages,and Labor's Share［J］. The American Economic Review,1974,64(2):257-263.

［89］Young A. The Tyranny of Numbers:Confronting the Statistical Realities of the East Asian Growth Experience［J］. Quarterly Journal of Economics, 1995 (110):641-680.

［90］Young A T. One of the Things We Know That Ain't So：Is U.S. Labor's Share Relatively Stable? （Mimeo）［J］. Oxford：University of Mississipi，2006.

［91］Young A T，Zuleta H. Re-Measuring Labor Share［R］. Working Paper，Universidad del Rosario，2008.

［92］Brenner Y S，Hartmut Kaelble，Mark Thomas.Income Distribution in Historical Perspective［M］. New York：Cambridge University Press，1991.

致　谢

　　本书稿内容主要基于本人的博士论文。2009年9月,我有幸投入李兴山老师门下攻读博士研究生,时光如梭,一晃三年将过。在三年的研究生学习和博士论文写作中,得到了许多老师和同学的关心和帮助,我在此一并深表感谢!

　　感谢李兴山导师和师母! 尽管对导师学识和为人的崇拜由来已久,但真正初识导师还是在其为地方领导干部所做的一次报告现场。做报告时,导师渊博的学识、严谨的逻辑、生动的语言、独到的观点和分析问题的深刻程度都深深令我折服,也立下了师从导师的念想,2009年终于如愿以偿。读博三年间,感谢导师在对我学习严要求的同时,注重发挥我的主观能动性,尤其是在进行博士论文选题时,认可我根据自身的学术积累和学习兴趣来确定,并对不妥之处进行了多次指导,使博士论文匿名评审得以顺利通过。每次去导师家请教问题和交流学习体会时,都会受到师母的热情款待。她总是热心地询问我在学习和生活上有没有什么困难,并给予及时帮助,让我体会到了母亲般的慈爱和家的温馨。在此,我要向师母道一声谢:感谢您对我的关心和帮助!

　　感谢培育、帮助和支持过我的各位老师! 感谢中央党校经济学部的赵振华教授、韩保江教授、徐祥临教授、鲍永升书记等在学习中给予的帮助!感谢中央党校经济学部的曹新教授、曹立教授,中国社会科学院人口和劳动经济研究所的张车伟研究员等在论文开题和写作过程中给予的指导和点拨! 感谢中央党校研究生院的段若鹏老师,感谢秦真英老师等给予的热情帮助！

　　感谢帮助过我的同学和朋友！感谢李中博士、周会祥博士、郑晓博士、徐沈博士、王奎茂博士、王永志博士等！他们在我博士生学习和论文撰写过程中,给予了较多的帮助。

　　感谢我的父母！他们尽管年迈,但时时关注着我,成为我能够圆满完成学业的动力。感谢我的爱人和儿子！他们的支持,使我能够安心学习和完成论文写作。

赵洪山

2020 年 5 月